内蒙古财经大学实训与案例教材系列丛书

丛书主编 金 桩 徐全忠

U0505566

上市公司财务报告阅读与 案例研究

梁 勇 编著

中国财经出版传媒集团

经济科学出版社
Economic Science Press

图书在版编目（CIP）数据

上市公司财务报告阅读与案例研究/梁勇编著 . —北京：
经济科学出版社，2020. 6
（内蒙古财经大学实训与案例教材系列丛书）
ISBN 978 - 7 - 5218 - 1642 - 6

Ⅰ. ①上…　Ⅱ. ①梁…　Ⅲ. ①上市公司－会计报表－
会计分析　Ⅳ. ①F276. 6

中国版本图书馆 CIP 数据核字（2020）第 104253 号

责任编辑：于海汛　冯　蓉
责任校对：隗立娜
责任印制：李　鹏　范　艳

上市公司财务报告阅读与案例研究
梁　勇　编著
经济科学出版社出版、发行　新华书店经销
社址：北京市海淀区阜成路甲 28 号　邮编：100142
总编部电话：010 - 88191217　发行部电话：010 - 88191522
网址：www. esp. com. cn
电子邮件：esp@ esp. com. cn
天猫网店：经济科学出版社旗舰店
网址：http://jjkxcbs. tmall. com
北京密兴印刷有限公司印装
787 × 1092　16 开　14. 75 印张　320000 字
2020 年 10 月第 1 版　2020 年 10 月第 1 次印刷
ISBN 978 - 7 - 5218 - 1642 - 6　定价：49. 00 元
（图书出现印装问题，本社负责调换。电话：010 - 88191510）
（版权所有　侵权必究　打击盗版　举报热线：010 - 88191661
QQ：2242791300　营销中心电话：010 - 88191537
电子邮箱：dbts@ esp. com. cn）

目 录
CONTENTS

第一章　上市公司财务报告分析基础

学习目标：本章主要介绍上市公司财务报告阅读与分析的基础知识。通过本章的学习，学生要了解企业财务报告的目标及信息披露的利益与成本，掌握我国企业财务报告的构成内容，正确认识证券市场的效率与财务报表分析之间的关系，理解财务报表编制的基本假设与企业会计处理基础，了解我国财务报告的八项信息质量特征与会计要素计量属性，熟悉我国企业会计准则体系与上市公司信息披露制度，了解财务分析的一些基本方法。

第一节　企业财务报告目标及信息披露的利益与成本

一、企业财务报告目标

财务会计通过财务报告对外传递企业相关信息，因此财务报告的目标对财务报告披露信息的内容、方式和途径就起决定性的作用。财务报告目标作为会计信息系统的重要组成部分，是指在特定的会计环境下，企业进行一系列的会计活动所期望达到的结果。财务报告目标是研究其他财务理论的前提，也是财务报告概念框架的逻辑起点。关于财务报告目标，目前主要有两种观点：受托责任观和决策有用观。

（一）受托责任观

持受托责任观的人认为，对外财务报告的目标是向资源所有者（股东）如实反映资源的受托者（管理当局）对受托资源的管理和使用情况，财务报告应主要反映企业历史的、客观的信息。

受托责任的含义包括以下三方面：一是资源的受托方接受委托，管理委托方所交付的资源，受托方承担有效的管理与使用受托资源、使其保值增值的责任；二是资源的受托方承担如实向资源的委托方报告受托责任履行过程与结果的义务；三是资源受托方的企业管理当局负有重要的社会责任。由此可见，受托责任产生的原因在于所有权与经营权的二权分离，而且必须有明确的委托受托关系存在。如果受托方和委托方中任何一方存在模糊或缺位现象,都将会影响受托责任的履行,所以要求委托方和受托方处在直接接触的位置上。

(二) 决策有用观

持决策有用观的人认为,财务报告目标是向会计信息使用者提供企业财务状况的信息、经营成果的信息和现金流动的信息等对他们决策有用的信息。

决策有用学派观点主要包括两方面内容:一是关于企业现金流量的信息,二是关于经营业绩及资源变动的信息。决策有用观适用的经济环境是所有权与经营权的二权分离,并且资源的分配是通过资本市场进行的,也就是说委托方与受托方的关系不是直接建立起来的,而是通过资本市场建立的,这导致了二者关系的模糊。

我国企业财务报告的目标,是向财务报告使用者提供与企业财务状况、经营成果和现金流量等有关的会计信息,反映企业管理层受托责任履行情况,有助于财务报告使用者作出经济决策。我国对财务报告目标的界定,兼顾了受托责任观与决策有用观两种观点。

受托责任观注重对企业经营管理责任的评价以及资源的使用情况,主要反映企业过去的信息,在经济发展水平较低的情况下,报表信息使用者强调企业经管责任和资源使用情况,受托责任观能够满足使用者的要求。但是随着经济环境的发展变化,报表使用者不再满足于对过去信息的了解,而是关注企业未来的、潜在的会计信息。决策有用观正是在这种条件下产生和发展起来的,适应了经济发展的产物,与受托责任观相比,满足了信息使用者的需要,在现代经济环境中有一定的优势。现行财务报表列报模式下,由于经济发展程度的不一致,受托责任观和决策有用观的取舍也不同。经济比较发达的国家,往往比较注重决策有用,而经济欠发达国家则更加强调受托责任。但是随着经济发展的全球化,随着我国证券市场的进一步完善,信息使用者对决策有用信息的需求也会随之加大,财务报告的目标逐渐由受托责任观过渡到决策有用观,在相关信息的实际需求驱动下,我国的财务报告目标会逐步偏向于决策有用观,财务报表列报模式的变革成为未来报表发展的趋势。

 二、信息披露的利益与成本

(一) 信息披露的利益

我国财务报告的信息使用者包括投资人、债权人、政府部门、潜在投资人和其他利益相关方等 (见图1-1)。

信息披露是连接股票市场资金供给方和需求方的重要纽带,信息披露的质量理应受到股票市场各类参与者的高度重视。

首先,从股票市场资金供给方——投资者的行为来看,在其他条件既定的情况下,投资者要求的回报率与预测的风险水平成正比,未来收益的不确定性越高,投资者要求的回报率就越高；而公司通过提高披露质量，可以降低投资者评估股票价值时考虑的风险水平，从而降低投资者所要求的投资回报率。同时，公司增加披露还可以降低分析师对公司有关情况进行预测的不确定性，从而使公司获得更多分析师的关注，分析师之间的预测分歧也将变得较小，相应地，也将降低投资者对公司风险的评估。

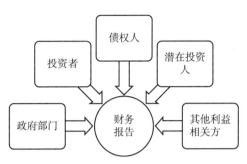

图 1 - 1　财务报告的信息使用者

其次，从股票市场资金需求方——上市公司的行为来看，公司通过增加信息披露可以减少与投资者之间的信息不对称，使潜在投资者更愿意投资于公司，或者使股票的交易成本降低，从而增强股票的流动性，降低投资者要求的回报率。

（二）信息披露的成本

财务报告信息披露在给企业带来上述利益的同时，也会使企业发生一些成本，主要包括：处理和提供信息的成本、因信息披露而引起的诉讼的成本、披露导致竞争劣势而产生的成本、政治成本以及管理行为受到限制引起的成本等（见图 1 - 2）。

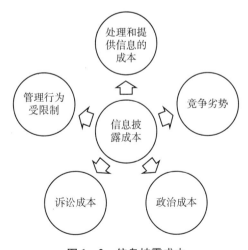

图 1 - 2　信息披露成本

1. 处理和提供信息的成本

处理和提供信息的成本包括收集、处理、审计、传输以及解释财务报告信息过程中所发生的各项成本。企业为信息披露而发生的成本，最终是由其所有者承担。

2. 诉讼成本

诉讼成本，指由于错误指控而引起的诉讼成本，它是因有效信息的披露而导致的。由错误指控导致的诉讼成本，无论对于被起诉公司或者对于整个企业，都是一个消极因素。随着政府监管机构对上市公司财务报告信息披露的要求日益提高，公司财务报告信息披露的内容越来越多，也越来越具体，而信息披露越多越具体，就越容易引起错误指控。

3. 竞争劣势

财务报告信息的披露可能使企业处于竞争劣势。例如，有关技术和管理创新方面的信息，包括生产过程、更为有效的质量改进技术以及营销技巧等；有关战略、计划及策略方面的信息，包括计划中的产品开发、新的市场目标等；有关经营的信息，包括分部门的销售和生产成本、生产效率等。

4. 政治成本

所谓政治成本，是指当公司（尤其是垄断行业的公司）显示出过高的盈利水平时，政府就可以采取一定办法使公司积累的财富部分地转移至政府，并直接或间接地将其再分配给其他利益团体。为了避免发生政治成本，企业就会尽可能通过采取保守的会计政策等手段，使账面显示的盈利水平不至于过高。

5. 管理行为受限制

有些信息披露之后，可能会给上市公司管理层此后的管理行为带来一定的限制。例如，公司若在年初披露了预测的每股收益，就会给管理层带来一种压力，即必须在该年度采取措施以实现预测的每股收益。为此，管理层有时就可能不得不采取一些短期行为，如放弃某些有助于增加公司长期价值但会导致本年利润减少的战略行动。

第二节　企业财务报告的构成

 一、财务报告的构成与国际比较

企业财务报表是企业对外提供会计信息的文件，它描述的是企业在某一特定时点的财务状况和某一特定时期经营成果、现金流量等财务数据。会计信息是通过报告的形式来反映的，作为财务报告的重要组成部分，财务报表的结构是不是合理、报表体系是不是完善，很大程度上反映了会计信息在数量上和质量上的披露水平。

随着经济的发展，报表使用者对信息的需求不断变化，财务报表的构成体系也一直在不断地发展和健全。纵观世界各国不同时期的报表构成体系，可以看出，报表体系的组成在不同时期，其构成也不同。财务报表的历史演进概括来说主要经历了由"一表体系—二表体系—三表体系—四表体系—新三表体系"的发展历程。总的发展趋势表现为报表种类的多样化、报表服务对象的外部延伸化、列报内容的复杂化等特点。

20 世纪初期，报表主要体现为以资产负债表为主的一表体系；到了 20 世纪中期，在原来资产负债表的基础上加了利润表，构成了包括资产负债表和利润表的二表体系；进入 20 世纪 70 年代，在原有的二表体系的基础上又增加了财务状况变动表，从而形成了以资产负债表、利润表和财务状况变动表为组成要素的三表体系；20 世纪 80 年代末，将财务状况变动表改为现金流量表，发展成了新的三表体系；20 世纪 90 年代，报表体系又有了新的变化，在原有的三表体系的基础上又增加了全面收益表，从而形成了新的四表体系；进入 21 世纪以来，财务报表的组成又发生了改变，由财务状况表、全面收益表和现金流量表形成新的三表体系。

目前各国财务报表体系主要由资产负债表（财务状况表）、损益表（利润表）、现金流量表、全面收益表为主体构成。2006 年我国颁布企业会计准则，构建了新的财务报表体系，主要由资产负债表、利润表、现金流量表和所有者权益变动表四部分组成，整体上更加科学。国际会计准则理事会（IASB）、美国财务会计准则委员会（FASB）、英国会计准则委员会（ASB）及中国的现行财务报表体系如表 1-1 所示。

表 1-1　　　　IASB、FASB、ASB 及中国的现行财务报表体系比较

中国与国际财务报表准则	财务报表体系
财政部会计准则委员会（CASC）	资产负债表
	利润表
	现金流量表
	所有者权益变动表
	报表附注
国际会计准则理事会（IASB）	财务状况表
	全面收益表
	现金流量表
	报表附注
美国财务会计准则委员会（FASB）	资产负债表
	全面收益表
	现金流量表
	报表附注
英国会计准则委员会（ASB）	资产负债表
	损益表
	现金流量表
	全部已确认利得与损失
	报表附注

从表 1-1 可以看出，在现行财务报表体系中，国际会计准则理事会（IASB）与美国（FASB）在报表的组成方面基本一致，都是将损益表并入全面收益表中，不再编制损益表。而我国的现行财务报表体系则与英国的相似，除了编制利润表（或损益表）外，还另外要求编制所有者权益变动表或全部已确认利得与损失表。随着经济发展的国际化，财务报表列报的国际趋同成为未来发展的趋势，有必要对财务报表列报进行改革。

二、财务报表之间的勾稽关系

我国资产负债表、利润表、现金流量表与所有者权益变动表四者之间的勾稽关系可以用图示的方式表述，如图 1-3 所示。

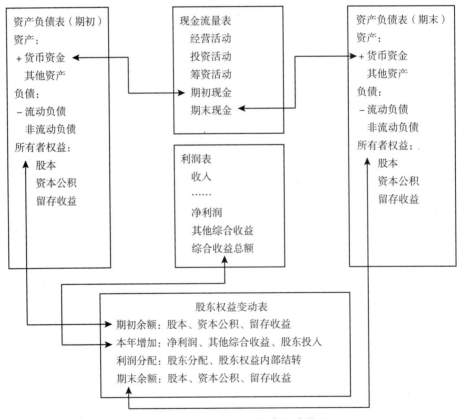

图 1-3　我国四张财务报表勾稽关系

第三节　证券市场的效率与财务报表分析之间的关系

 一、证券市场效率的概念

从经济学的角度来看，证券市场的效率是上市公司股票的价格所反映的与该只股票有关的所有公开或内幕信息的程度的计量。一般可以将证券市场的效率划分为三种形态。

（一）弱形态的市场

如果上市公司股票的当前价格仅反映了其历史价格的变动信息，而未反映与该股票有关的所有公开信息，这样的证券市场是弱形态效率的市场。

（二）半强形态的市场

如果上市公司股票的当前价格不仅反映了其历史价格的变动信息，而且反映了与该股票有关的所有公开信息，这样的证券市场称之为半强形态效率的市场。

（三）强形态的市场

如果上市公司股票的当前价格反映与该股票有关的所有公开信息，而且反映了与该股票有关的内幕消息，这样的证券市场称之为强形态效率的市场。

目前西方国家如美国和英国的资本市场比较成熟，对这些市场的实证研究表明它们基本上是半强形态的市场，也就是说股价在大多数情况下反映了与该只股票有关的所有公开信息。国内一些研究者对中国证券市场的看法是：中国的证券市场目前基本上是一个弱形态的市场，即上市公司股价往往未能反映与其有关的所有公开信息。

 二、市场效率与财务报表分析之间的关系

（一）市场效率的极端拥护者的观点

在西方，认为市场十分有效率的人们认为：既然市场十分有效率，那么任何市场公布的关于某只股票的信息将被市场的分析师、投资者迅速高效地分析并作出买卖决策，从而这些公开信息将瞬间反映在股票的价格上。因此，投资者对财务报表的分析并不导致在股市上有超越他人的优势。

（二）沃伦·巴菲特关于市场效率的观点

沃伦·巴菲特认为市场效率论的拥护者关于市场是有效率的观点是对的，但他同时又认为："市场通常是有效率的，但并不总是有效率的。"他认为，分析者的能力是有差异的，不同的人对同一财务报表会得出不同的见解，通过超越他人的分析能力可以获取超越他人的股票投资业绩。

（三）中国资本市场的市场效率和上市公司的报表分析

从上述关于市场效率和财务报表分析之间关系的讨论中，我们可以得出这样一个结论：市场效率越低，报表分析对于投资者的价值就会越大。中国证券交易市场从1990年成立至今短短30年，与西方成熟资本市场相比，不可避免地存在着许多制度规范与公司监管方面的不足。这就需要我国在实践中不断总结与完善。在这样一个弱形态效率的市场向半强形态市场不断迈进的过程中，对于那些拥有超越他人能力的报表分析者来说，通过财务报告分析指导证券投资，从而获取超过市场平均回报的投资收益就会有更多和更大的机会。

图1-4、图1-5、图1-6分别列示了上证指数、深证成指与恒生指数近几年的月K线图，从图中可以看出这些指数均处于历史相对低位。有理由相信，未来伴随着中国经济的高速发展，在上海、深圳及中国香港证券交易所上市的那些绩优、低估值且高速成长具有投资价值的上市公司必将会给投资人带来丰厚回报。（月K线图片来源上海证券交易所、深圳证券交易所与中国香港证券交易平台，全书同。）

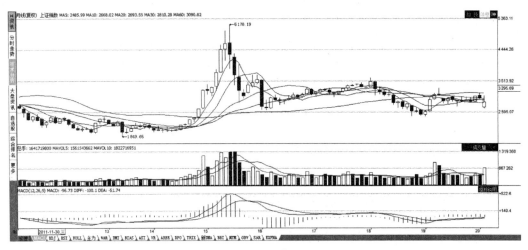

图1-4 上证指数月K线（截至2020年2月28日）

图 1-5 深证成指月 K 线（截至 2020 年 2 月 28 日）

图 1-6 恒生指数月 K 线（截至 2020 年 2 月 28 日）

三、价值投资的内涵

对于什么是价值投资，很多投资者并不完全清楚价值投资的内涵。他们片面地认为，买业绩好的股票或者是买盘子大的、市盈率低的股票就是价值投资，而对于价值投资当中的一些风险成分也不是很清楚。也有的投资者对于证券市场中存在的一些乱象感到非常失望，一概地认为价值投资在 A 股是不适用的。

从内涵上来看，价值投资实际上就是要选择优秀的上市公司，并且长期持有股票，追求上市公司的经营业绩，以分享上市公司的利润为投资目标，而不是通过短期炒作来获得投机价差的利润。

价值投资是一个严密且不断发展的思想体系，而它的核心理念却是非常鲜明而稳定的。从价值投资来看，买股票在商业本质上等同于买企业。每一只股票对应的都是一家实实在在的公司，股票代表着公司的资产所有权，而不是毫无实质内容的一串交易代码。

价值投资要求投资者以企业所有者和经营者的视角和态度来投资股票，这个要求看起来是有点太高了。在中国资本市场，很多投资者觉得价值投资不适用，原因其实是多方面的。比如在 A 股市场上股票长期处于一种供不应求的饥渴状态，很多股票价格在大多数时期都是高于价值，用价值投资方法的投资者往往感到很难选出符合标准的股票。另外，做价值投资很大程度上是要研究公司经营情况的，一般是按基本面来投资、交易。很多投资者是基于四表——资产负债表、利润表、现金流量表、所有者权益变动表来研究判断是否投资上市公司，而对于这四大财务报表到底是真是假，却没有能力鉴别。面对频繁出现的市场操纵、财务造假等问题，很多一开始秉承价值投资理念的投资者最后无所适从，最终就不再坚持了。再加上 A 股中一些上市公司缺乏回报投资者的理念，长期不分红，导致了投资股票只能靠博取价差来获利。

从本质上来说，价值投资的基础是对财产权利的尊重、对合同的保护以及对市场制度的坚定信念。三者缺一不可，缺少其中任何一个环节，价值投资都无从谈起。以往价值投资在 A 股市场上确实面临太多的制度和经营上的障碍，而现在随着监管层铁腕治市，整体的市场环境得到改善，法治在不断的健全，当越来越多的投资者转变投资观念的时候，价值投资的春天也将慢慢地到来。

巴菲特曾经说过："我们始终在寻找那些业务清晰易懂、业绩持续优异、由能力非凡并且为股东着想的管理层来经营的大公司。这种目标公司并不能充分保证我们的投资盈利，我们不仅要在合理的价格上买入，而且我们买入的公司的未来业绩与我们估计相符，这种寻找超级明星股投资的方法给我们提供了走向真正成功的唯一机会。"

第四节　财务报表编制的基本假设与会计处理基础

一、财务报表编制的基本假设

会计基本假设是企业会计确认、计量和报告的前提，是对会计核算所处时间、空间环境等所作的合理设定。会计基本假设包括会计主体、持续经营、会计分期和货币计量。

（一）会计主体

会计主体，是指企业会计确认、计量和报告的空间范围。为了向财务报告使用者反映企业财务状况、经营成果和现金流量，提供与其决策有用的信息，会计核算和财务报告的编制应当集中于反映特定对象的活动，并将其与其他经济实体区别开来，才能实现财务报告的目标。

在会计主体假设下，企业应当对其本身发生的交易或者事项进行会计确认、计量和报告，反映企业本身所从事的各项生产经营活动。明确界定会计主体是开展会计确认、计量和报告工作的重要前提。

首先，明确会计主体，才能划定会计所要处理的各项交易或事项的范围。在会计工作中，只有那些影响企业本身经济利益的各项交易或事项才能加以确认、计量和报告，那些不影响企业本身经济利益的各项交易或事项则不能加以确认、计量和报告。会计工作中通常所讲的资产、负债的确认，收入的实现，费用的发生等，都是针对特定会计主体而言的。

其次，明确会计主体，才能将会计主体的交易或者事项与会计主体所有者的交易或者事项以及其他会计主体的交易或者事项区分开来。例如，企业所有者的经济交易或者事项是属于企业所有者主体所发生的，不应纳入企业会计核算的范围，但是企业所有者投入到企业的资本或者企业向所有者分配的利润，则属于企业主体所发生的交易或者事项，应当纳入企业会计核算的范围。

会计主体不同于法律主体。一般来说，法律主体必然是一个会计主体。例如，一个企业作为一个法律主体，应当建立财务会计系统，独立反映其财务状况、经营成果和现金流量。但是，会计主体不一定是法律主体。例如，在企业集团的情况下，一个母公司拥有若干子公司，母子公司虽然是不同的法律主体但是母公司对于子公司拥有控制权，为了全面反映企业集团的财务状况、经营成果和现金流量，就有必要将企业集团作为一个会计主体，编制合并财务报表。再如，由企业管理的证券投资基金、企业年金基金等，尽管不属于法律主体，但属于会计主体，应当对每项基金进行会计确认、计量和报告。

（二）持续经营

持续经营，是指在可以预见的将来，企业将会按当前的规模和状态继续经营下去不会停业，也不会大规模削减业务。在持续经营前提下，会计确认、计量和报告应当以企业持续、正常的生产经营活动为前提。

企业是否持续经营，在会计原则、会计方法的选择上有很大差别。一般情况下，应当假定企业将会按照当前的规模和状态继续经营下去。明确这个基本假设，就意味着会计主体将按照既定用途使用资产，按照既定的合约条件清偿债务，会计人员就可以在此基础上选择会计原则和会计方法。如果判断企业会持续经营，就可以假定企业的固定资产会在持续经营的生产经营过程中长期发挥作用，并服务于生产经营过程，固定资产就可以根据历史成本进行记录，并采用折旧的方法，将历史成本分摊到各个会计期间或相关产品的成本中。如果判断企业不会持续经营，固定资产就不应采用历史成本进行记录并按期计提折旧。

（三）会计分期

会计分期，是指将一个企业持续经营的生产经营活动划分为一个个连续的、长短相同的期间。会计分期的目的，在于通过会计期间的划分，将持续经营的生产经营活动划分成连续、相等的期间，据以结算盈亏，按期编报财务报告，从而及时向财务报告使用者提供有关企业财务状况、经营成果和现金流量的信息。

在会计分期假设下，企业应当划分会计期间，分期结算账目和编制财务报告。会计期间通常分为年度和中期。中期，是指短于一个完整的会计年度的报告期间。

根据持续经营假设，一个企业将按当前的规模和状态持续经营下去。但是，无论是企业的生产经营决策还是投资者、债权人等的决策都需要及时的信息，都需要将企业持续的生产经营活动划分为一个个连续的、长短相同的期间，分期确认、计量和报告企业的财务状况、经营成果和现金流量。明确会计分期假设意义重大，由于会计分期，才产生了当期与以前期间、以后期间的差别，才使不同类型的会计主体有了记账的基准，进而出现了折旧、摊销等会计处理方法。

（四）货币计量

货币计量，是指会计主体在财务会计确认、计量和报告时以货币计量反映会计主体的生产经营活动。

在会计的确认、计量和报告过程中之所以选择货币为基础进行计量，是由货币的本身属性决定的。货币是商品的一般等价物，是衡量一般商品价值的共同尺度，具有价值尺度、流通手段、贮藏手段和支付手段等特点。其他计量单位，如重量、长度、容积、台、件等，只能从一个侧面反映企业的生产经营情况，无法在量上进行汇总和比较，不便于会计计量和经营管理，只有选择货币尺度进行计量才能充分反映企业的生产经营情况，所以，基本准则规定，会计确认、计量和报告选择货币作为计量单位。

在有些情况下，统一采用货币计量也有缺陷，某些影响企业财务状况和经营成果的因素，如企业经营战略、研发能力、市场竞争力等，往往难以用货币来计量，但这些信息对于使用者决策来讲也很重要，企业可以在财务报告中补充披露有关非财务信息来弥补上述缺陷。

 二、会计处理基础

企业会计的确认、计量和报告应当以权责发生制为基础。权责发生制基础要求，凡是当期已经实现的收入和已经发生或应当负担的费用，无论款项是否收付，都应当作为当期的收入和费用，计入利润表；凡是不属于当期的收入和费用，即使款项已在当期收付，也不应当作为当期的收入和费用。

在实务中，企业交易或者事项的发生时间与相关货币收支时间有时并不完全一致。例如，款项已经收到，但销售并未实现；或者款项已经支付，但并不是为本期生产经营活动而发生的。为了更加真实、公允地反映特定会计期间的财务状况和经营成果，基本准则明确规定，企业在会计确认、计量和报告中应当以权责发生制为基础。

收付实现制是与权责发生制相对应的一种会计基础，它是以收到或支付的现金作为确认收入和费用等的依据。收付实现制也称现金制。按收付日期确定其归属期，凡是属本期收到的收入和支出的费用，不管其是否应归属本期，都作为本期的收入和费用；反之，凡本期未收到的收入和不支付的费用，即使应归属本期收入和费用，也不应作为本期的收入和费用。目前，我国的行政单位会计采用收付实现制，事业单位会计除经营业务可以采用权责发生制外，其他大部分业务采用收付实现制。

第五节　财务报告信息质量特征与会计要素计量属性

 一、国外财务报告信息质量特征沿革

1966 年由美国会计学会（AAA）颁布的《论基本会计理论》中提到了实现会计目标的会计信息质量评价标准。1970 年，美国会计原则委员会（APB）提出了"财务会计基本特征、一般目标和质的目标"。以上探讨可以被视为"财务信息质量特征体系"的雏形。

1980 年 5 月，美国财务会计准则委员会（FASB）在财务会计概念公告第 2 号（SFAC2）中首次明确提出了"会计信息质量特征"的概念，并采用绘图的形式首次表达了信息质量特征"层级"的概念。1989 年，国际会计准则委员会（IASC）发布了编制财务报表的框架，详细叙述了财务报表质量特征，并将其定义为"使得在财务报表中提供给使用者的信息有用的属性"。

（一）FASB 关于会计信息质量特征的规定

FASB 以"决策有用性"为会计信息质量的目标，如图 1 - 7 所示，将会计信息质量特征分为"首要信息质量特征""首要信息质量特征的组成部分"以及"次级和交互作用的信息质量特征"，同时还增加了"与使用者相关的信息质量特征""确认的门槛""普遍性约束"等。SFAC2 形成了一个较为复杂的信息质量特征体系，对会计信息质量做出了指引。

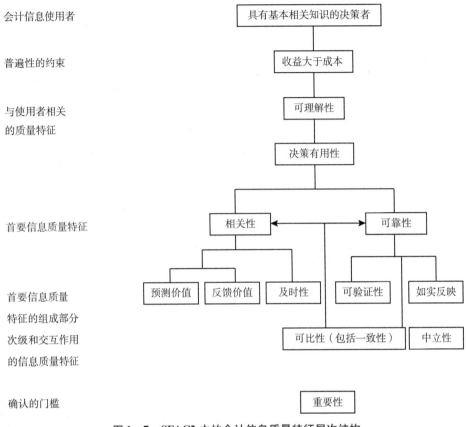

会计信息使用者 — 具有基本相关知识的决策者

普遍性的约束 — 收益大于成本

与使用者相关
的质量特征 — 可理解性

决策有用性

首要信息质量特征 — 相关性 ←→ 可靠性

首要信息质量
特征的组成部分
次级和交互作用
的信息质量特征 — 预测价值 反馈价值 及时性 可验证性 如实反映 可比性（包括一致性） 中立性

确认的门槛 — 重要性

图 1 - 7　SFAC2 中的会计信息质量特征层次结构

（二）IASB 概念框架中关于会计信息质量特征的规定

IASB 在 2001 年采用了由国际会计准则委员会（IASC）在 1989 年发布的财务报表编报概念框架，详细论述了"财务报表质量特征"，如图 1 - 8 所示。IASB 把会计信息质量特征归纳为四项首要信息质量特征，并在此基础上提出了首要信息质量特征的组成部分，另外还对首要信息质量特征中的相关性和可靠性两项特征的约束条件进行了多方面阐述。

相比 SFAC2，IASB 把"可比性"和"可理解性"加入了"首要信息质量特征"，使得质量特征的层次体系更清晰，进一步丰富了首要信息特征的内涵。同时，对"谨慎性""及时性""重要性"等特征的考虑，体现了 IASB 制定该框架时在会计目标方面与 FASB 存在分歧。

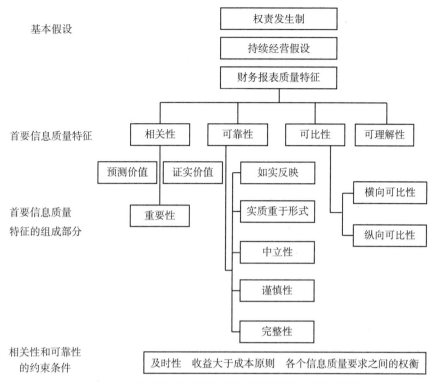

图1-8　IASB概念框架中财务报表的质量特征层次结构

(三) 联合概念框架中有用财务信息质量特征体系

IASB和FASB于2010年发布的联合概念框架将财务信息质量分为两个层次，如图1-9所示，包括基本信息质量特征和强化信息质量特征。把最重要的特征归入基本信息质量特征，把相对不那么重要但是对增强财务报告有用性不可缺少的特征归入强化信息质量特征。联合概念框架对于"相关性"的组成元素继承了IASB原来的做法，服从"决策有用性"的财务报告目标。但用"如实反映"替代了"可靠性"，原因是FASB和IASB认为，"可靠性"一词并没有在以前的任何一份财务报告概念框架中被清楚地表达，会计准则制定者并没有很好理解"可靠性"并在准则制定过程中合理运用。"如实反映"意味着财务信息应包括所有有助于使用者理解的信息，不应含有偏见等非公允反映事实的情况，但并不意味着财务信息需要在所有方面完全准确。在此基础上，联合概念框架把原有概念框架中的"谨慎性""实质重于形式"等特征剔除了，因为它们不符合现有体系的定义。比如谨慎的会计信息并没有如实反映企业财务状况和经营成果，而"实质重于形式"探讨的是要求财务报告如实反映经济业务发生的状况，其本身已经被包含在"如实反映"的表述当中。联合概念框架中也没有包括IASB概念框架中原本包括的"权责发生制"和"持续经营假设"的内容，因为IASB和FASB认为这些内容属于会计基本假设，不应当包括在财务信息质量特征体系中。

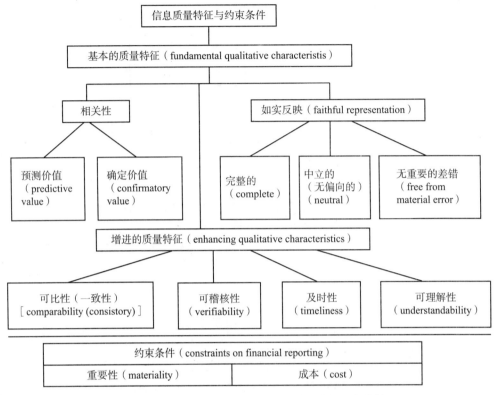

图1-9 联合概念框架中财务信息质量特征层次结构

二、我国会计信息质量要求

会计信息质量要求是对企业财务报告中所提供会计信息质量的基本要求，是使财务报告中所提供会计信息对投资者等使用者决策有用应具备的基本特征，它主要包括可靠性、相关性、可理解性、可比性、实质重于形式、重要性、谨慎性和及时性等。

(一) 可靠性

可靠性要求企业应当以实际发生的交易或者事项为依据进行确认、计量和报告，如实反映符合确认和计量要求的各项会计要素及其他相关信息，保证会计信息真实可靠、内容完整。

会计信息要有用，必须以可靠为基础，如果财务报告所提供的会计信息是不可靠的，就会给投资者等使用者的决策产生误导甚至损失。为了贯彻可靠性要求，企业应当做到：

第一，以实际发生的交易或者事项为依据进行确认、计量，将符合会计要素定义及其确认条件的资产、负债、所有者权益、收入、费用和利润等如实反映在财务报表中，不得根据虚构的、没有发生的或者尚未发生的交易或者事项进行确认、计量和报告。

第二，在符合重要性和成本效益原则的前提下，保证会计信息的完整性，其中包括应当编报的报表及其附注内容等应当保持完整，不能随意遗漏或者减少应予披露的信息，与使用者决策相关的有用信息都应当充分披露。

第三，包括在财务报告中的会计信息应当是中立的、无偏的。如果企业在财务报告中为了达到事先设定的结果或效果，通过选择或列示有关会计信息以影响决策和判断的，这样的财务报告信息就不是中立的。

（二）相关性

相关性要求企业提供的会计信息应当与投资者等财务报告使用者的经济决策需要相关，有助于投资者等财务报告使用者对企业过去、现在或者未来的情况作出评价或者预测。

会计信息是否有用、是否具有价值，关键是看其与使用者的决策需要是否相关，是否有助于决策或者提高决策水平。相关的会计信息应当能够有助于使用者评价企业过去的决策，证实或者修正过去的有关预测，因而具有反馈价值。相关的会计信息还应当具有预测价值，有助于使用者根据财务报告所提供的会计信息预测企业未来的财务状况、经营成果和现金流量。例如，区分收入和利得、费用和损失，区分流动资产和非流动资产、流动负债和非流动负债以及适度引入公允价值等，都可以提高会计信息的预测价值，进而提升会计信息的相关性。

会计信息质量的相关性要求，需要企业在确认、计量和报告会计信息的过程中，充分考虑使用者的决策模式和信息需要。但是，相关性是以可靠性为基础的，两者之间并不矛盾，不应将两者对立起来。也就是说，会计信息在可靠性前提下，尽可能做到相关性，以满足投资者等财务报告使用者的决策需要。

（三）可理解性

可理解性要求企业提供的会计信息应当清晰明了，便于投资者等财务报告使用者理解和使用。

企业编制财务报告、提供会计信息的目的在于使用，而要使使用者有效使用会计信息，应当能让其了解会计信息的内涵，弄懂会计信息的内容，这就要求财务报告所提供的会计信息应当清晰明了，易于理解。只有这样，才能提高会计信息的有用性，实现财务报告的目标，满足向投资者等财务报告使用者提供决策有用信息的要求。

会计信息毕竟是一种专业性较强的信息产品，在强调会计信息的可理解性要求的同时，还应假定使用者具有一定的有关企业经营活动和会计方面的知识，并且愿意付出努力去研究这些信息。对于某些复杂的信息，如交易本身较为复杂或者会计处理较为复杂，但其对使用者的经济决策相关的，企业就应当在财务报告中予以充分披露。

（四）可比性

可比性要求企业提供的会计信息应当相互可比。这主要包括两层含义：

1. 同一企业不同时期可比

为了便于投资者等财务报告使用者了解企业财务状况、经营成果和现金流量的变化趋势，比较企业在不同时期的财务报告信息，全面、客观地评价过去、预测未来，从而作出决策。会计信息质量的可比性要求同一企业不同时期发生的相同或者相似的交易或者事项，应当采用一致的会计政策，不得随意变更。但是，满足会计信息可比性要求，并非表明企业不得变更会计政策，如果按照规定或者在会计政策变更后可以提供更可靠、更相关的会计信息，可以变更会计政策。有关会计政策变更的情况，应当在附注中予以说明。

2. 不同企业相同会计期间可比

为了便于投资者等财务报告使用者评价不同企业的财务状况、经营成果和现金流量及其变动情况，会计信息质量的可比性要求不同企业同一会计期间发生的相同或者相似的交易或者事项，应当采用规定的会计政策，确保会计信息口径一致、相互可比，以使不同企业按照一致的确认、计量和报告要求提供有关会计信息。

（五）实质重于形式

实质重于形式要求企业应当按照交易或者事项的经济实质进行会计确认、计量和报告，不仅以交易或者事项的法律形式为依据。

企业发生的交易或事项在多数情况下，其经济实质和法律形式是一致的。但在有些情况下，会出现不一致。例如，以融资租赁方式租入的资产虽然从法律形式来讲企业并不拥有其所有权，但是由于租赁合同中规定的租赁期相当长，接近于该资产的使用寿命；租赁期结束时承租企业有优先购买该资产的选择权；在租赁期内承租企业有权支配资产并从中受益等，因此，从其经济实质来看，企业能够控制融资租入资产所创造的未来经济利益，在会计确认、计量和报告上就应当将以融资租赁方式租入的资产视为企业的资产，列入企业的资产负债表。

又如，企业按照销售合同销售商品但又签订了售后回购协议，虽然从法律形式上实现了收入，但如果企业没有将商品所有权上的主要风险和报酬转移给购货方，没有满足收入确认的各项条件，即使签订了商品销售合同或者已将商品交付给购货方，也不应当确认销售收入。

（六）重要性

重要性要求企业提供的会计信息应当反映与企业财务状况、经营成果和现金流量有关的所有重要交易或者事项。

在实务中，如果会计信息的省略或者错报会影响投资者等财务报告使用者据此作出决策的，该信息就具有重要性。重要性的应用需要依赖职业判断，企业应当根据其所处环境和实际情况，从项目的性质和金额大小两方面加以判断。

例如，我国上市公司要求对外提供季度财务报告，考虑到季度财务报告披露的时间较短，从成本效益原则的考虑，季度财务报告没有必要像年度财务报告那样披露详细的附注信息。因此，中期财务报告准则规定，公司季度财务报告附注应当以年初至本中期末为基础编制，披露自上年度资产负债表日之后发生的、有助于理解企业财务状况、经营成果和现金流量变化情况的重要交易或者事项。这种附注披露，就体现了会计信息质量的重要性要求。

（七）谨慎性

谨慎性要求企业对交易或者事项进行会计确认、计量和报告应当保持应有的谨慎，不应高估资产或者收益、低估负债或者费用。

在市场经济环境下，企业的生产经营活动面临着许多风险和不确定性，如应收款项的可收回性、固定资产的使用寿命、无形资产的使用寿命、售出存货可能发生的退货或者返修等。会计信息质量的谨慎性要求，需要企业在面临不确定性因素的情况下作出职业判断时，应当保持应有的谨慎，充分估计到各种风险和损失，既不高估资产或者收益，也不低估负债或者费用。例如，要求企业对可能发生的资产减值损失计提资产减值准备、对售出商品可能发生的保修义务等确认预计负债等，就体现了会计信息质量的谨慎性要求。

谨慎性的应用也不允许企业设置秘密准备，如果企业故意低估资产或者收益，或者故意高估负债或者费用，将不符合会计信息的可靠性和相关性要求，损害会计信息质量，扭曲企业实际的财务状况和经营成果，从而对使用者的决策产生误导，这是会计准则所不允许的。

（八）及时性

及时性要求企业对于已经发生的交易或者事项，应当及时进行确认、计量和报告，不得提前或者延后。

会计信息的价值在于帮助所有者或者其他方面作出经济决策，具有时效性。即使是可靠、相关的会计信息，如果不及时提供，就失去了时效性，对于使用者的效用就大大降低甚至不再具有实际意义。在会计确认、计量和报告过程中贯彻及时性，一是要求及时收集会计信息，即在经济交易或者事项发生后，及时收集整理各种原始单据或者凭证；二是要求及时处理会计信息，即按照会计准则的规定，及时对经济交易或者事项进行确认或者计量，并编制出财务报告；三是要求及时传递会计信息，即按照国家规定的有关时限，及时地将编制的财务报告传递给财务报告使用者，便于其及时使用和决策。

在实务中，为了及时提供会计信息，可能需要在有关交易或者事项的信息全部获得之前即进行会计处理，这样就满足了会计信息的及时性要求，但可能会影响会计信息的可靠性；反之，如果企业等到与交易或者事项有关的全部信息获得之后再进行会计处理，这样的信息披露可能会由于时效性问题，对投资者等财务报告使用者决策的有用性将大大降低。这就需要在及时性和可靠性之间作相应权衡，以最好地满足投资者等财务报告使用者的经济决策需要为判断标准。

三、会计要素计量属性

会计计量是为了将符合确认条件的会计要素登记入账并列报于财务报表而确定其金额的过程。企业应当按照规定的会计计量属性进行计量，确定相关金额。计量属性是指所予计量的某一要素的特性方面，如桌子的长度、铁矿的重量、楼房的高度等。从会计角度，计量属性反映的是会计要素金额的确定基础，主要包括历史成本、重置成本、可变现净值、现值和公允价值等。

（一）历史成本

在历史成本计量下，资产按照购置时支付的现金或者现金等价物的金额，或者按照购置资产时所付出的对价的公允价值计量。负债按照因承担现时义务而实际收到的款项或者资产的金额，或者承担现时义务的合同金额，或者按照日常活动中为偿还负债预期需要支付的现金或者现金等价物的金额计量。

（二）重置成本

在重置成本计量下，资产按照现在购买相同或者相似资产所需支付的现金或者现金等价物的金额计量。负债按照现在偿付该项债务所需支付的现金或者现金等价物的金额计量。

（三）可变现净值

在可变现净值计量下，资产按照其正常对外销售所能收到现金或者现金等价物的金额扣减该资产至完工时估计将要发生的成本、估计的销售费用以及相关税费后的金额计量。

（四）现值

货币的时间价值，是指货币经历一定时间的投资和再投资所增加的价值。由于货币存在时间价值，不同时点上的等额货币价值不同，因此在比较不同时点上的货币金额时，需要把它们折算到同一时点上才能比较，由此引出了终值和现值的概念。终值是指现在一定金额的货币在未来某一时点上的价值，即本利和。现值是指未来某一时点上一定金额的货币在现在的价值，即本金。在期限大于 1 年的情况下，货币的时间价值计算就会出现单利和复利两种方法。目前我们在实务工作中主要采用复利方法计算。复利，是指在每经过一个计息期后，都要将所生利息加入本金，以计算下期的利息。这样，在每一计息期，上一个计息期的利息都要成为生息的本金，即以利生利，也就是俗称的"利滚利"。

在现值计量下，资产按照预计从其持续使用和最终处置中所产生的未来净现金流入量的折现金额计量。负债按照预计期限内需要偿还的未来净现金流出量的折现金额计量。

（五）公允价值

公允价值，在公允价值计量下，资产和负债按照市场参与者在计量日发生的有序交易中，出售资产所能收到或者转移负债所需支付的价格计量。

第六节　企业会计准则体系与上市公司信息披露制度

 ## 一、企业会计准则体系

财政部于 2006 年 2 月出台了会计准则体系，企业会计准则（CAS）包括 1 项基本会计准则和 38 项具体会计准则及若干应用指南，自 2007 年 1 月 1 日起施行。准则对加强和规范企业会计行为，提高企业经营管理水平和会计规范处理，促进企业可持续发展起到指导作用。我国的企业会计准则体系由基本准则、具体准则、会计准则应用指南和解释公告等组成。其中，基本准则在整个企业会计准则体系中扮演着概念框架的角色，起着统驭作用；具体准则是在基本准则的基础上，对具体交易或者事项会计处理的规范；应用指南是对具体准则的一些重点难点问题做出的操作性规定；解释公告是随着企业会计准则的贯彻实施，就实务中遇到的实施问题而对准则做出的具体解释。

2014 年，财政部相继对《企业会计准则——基本准则》《企业会计准则第 2 号——长期股权投资》《企业会计准则第 9 号——职工薪酬》《企业会计准则第 30 号——财务报表列报》《企业会计准则第 33 号——合并财务报表》《企业会计准则第 37 号——金融工具列报》进行了修订，并发布了《企业会计准则第 39 号——公允价值计量》《企业会计准则第 40 号——合营安排》和《企业会计准则第 41 号——在其他主体中权益的披露》三项具体准则。

2017 年，财政部相继对《企业会计准则第 22 号——金融工具确认和计量》《企业会计准则第 23 号——金融资产转移》《企业会计准则第 24 号——套期会计》《企业会计准则第 37 号——金融工具列报》《企业会计准则第 16 号——政府补助》《企业会计准则第 14 号——收入》进行了修订。新增了一项会计准则《企业会计准则第 42 号——持有待售的非流动资产、处置组和终止经营》。

2018 年财政部修订了《企业会计准则第 21 号——租赁》。

2019 年财政部修订了《企业会计准则第 7 号——非货币性资产交换》和《企业会计准则第 12 号——债务重组》。

企业会计准则体系中具体会计准则如表 1-2 所示。

表 1-2   企业会计准则体系中具体会计准则一览

编号	具体会计准则名称	发布日期	修订日期
1	存货	2006 年 2 月 15 日	—
2	长期股权投资	2006 年 2 月 15 日	2014 年 3 月 13 日
3	投资性房地产	2006 年 2 月 15 日	—
4	固定资产	2006 年 2 月 15 日	—
5	生物资产	2006 年 2 月 15 日	—
6	无形资产	2006 年 2 月 15 日	—
7	非货币性资产交换	2006 年 2 月 15 日	2019 年 5 月 9 日
8	资产减值	2006 年 2 月 15 日	—
9	职工薪酬	2006 年 2 月 15 日	2014 年 1 月 27 日
10	企业年金基金	2006 年 2 月 15 日	—
11	股份支付	2006 年 2 月 15 日	—
12	债务重组	2006 年 2 月 15 日	2019 年 5 月 16 日
13	或有事项	2006 年 2 月 15 日	—
14	收入	2006 年 2 月 15 日	2017 年 7 月 5 日
15	建造合同	2006 年 2 月 15 日	—
16	政府补助	2006 年 2 月 15 日	2017 年 5 月 10 日
17	借款费用	2006 年 2 月 15 日	—
18	所得税	2006 年 2 月 15 日	—
19	外币折算	2006 年 2 月 15 日	—
20	企业合并	2006 年 2 月 15 日	—
21	租赁	2006 年 2 月 15 日	2018 年 12 月 7 日
22	金融工具确认和计量	2006 年 2 月 15 日	2017 年 3 月 31 日
23	金融资产转移	2006 年 2 月 15 日	2017 年 3 月 31 日
24	套期会计	2006 年 2 月 15 日	2017 年 3 月 31 日
25	原保险合同	2006 年 2 月 15 日	—
26	再保险合同	2006 年 2 月 15 日	—
27	石油天然气开采	2006 年 2 月 15 日	—
28	会计政策、会计估计变更和差错更正	2006 年 2 月 15 日	—
29	资产负债表日后事项	2006 年 2 月 15 日	—
30	财务报表列报	2006 年 2 月 15 日	2014 年 1 月 26 日
31	现金流量表	2006 年 2 月 15 日	—

续表

编号	具体会计准则名称	发布日期	修订日期
32	中期财务报告	2006 年 2 月 15 日	—
33	合并财务报表	2006 年 2 月 15 日	2014 年 2 月 17 日
34	每股收益	2006 年 2 月 15 日	—
35	分部报告	2006 年 2 月 15 日	—
36	关联方披露	2006 年 2 月 15 日	—
37	金融工具列报	2006 年 2 月 15 日	2014 年 6 月 20 日 2017 年 5 月 2 日
38	首次执行企业会计准则	2006 年 2 月 15 日	—
39	公允价值计量	2014 年 1 月 26 日	—
40	合营安排	2014 年 1 月 27 日	—
41	在其他主体中权益的披露	2014 年 3 月 14 日	—
42	持有待售的非流动资产、处置组和终止经营	2017 年 4 月 28 日	—

二、上市公司信息披露制度

(一) 上市公司信息披露制度

中国已建立起具有国际水平的信息披露制度体系。当前规范我国上市公司信息披露制度的体系包括四个层次。

(1)《中华人民共和国证券法》(2019 年 12 月 28 日第二次修订,2020 年 3 月 1 日起施行。以下简称《证券法》)和《中华人民共和国公司法》(以下简称《公司法》)等国家基本法律。

(2)《股票发行与交易管理暂行条例》《股份有限公司境内上市外资股的规定》等行政法规。

(3)《公开发行股票公司信息披露实施细则》《公开发行股票公司信息披露的内容与格式准则》等。

(4) 中国证监会制定的部门规章和自律规则——沪深证券交易所制定的《上市规则》等。

可以说,中国证券市场建立了以《证券法》为主体,相关的行政法规、部门规章等规范性文件为补充的全方位、多层次的上市公司信息披露制度框架。该框架从原则性规范到操作性规范,从信息披露的内容、形式到手段,都做出了较为合理的规定,并参考了国际通行的规范,披露标准较高,制定过程较为透明,基本达到了国际水平。

按照《公开发行股票公司信息披露实施细则(试行)》的规定,股份有限公司公开发行股票并将其在证券交易场所交易，必须公开披露的信息包括：招股说明书、上市公告书、定期报告、临时报告、配股信息披露等。

（二）查找上市公司相关资料的方法

（1）巨潮资讯网站、上海、深圳证券交易所网站。

（2）免费下载安装某一证券公司的证券交易系统，点击 F10 键，可以获得上市公司基本情况与财务分析等的海量信息。

（3）新浪财经等相关互联网平台。财务分析指标中有特色的是上市公司的杜邦分析图等。

（4）Wind 资讯等专业数据平台。

第七节　财务分析的基本方法

 ## 一、比率分析法

比率分析法是利用财务比率进行分析、揭示企业财务状况和经营成果的一种分析方法。

在比率分析中常用的财务比率有：

（一）相关比率

相关比率是同一时期财务报表及有关财会资料中两项相关数值的比率。这类比率包括：反映偿债能力的比率、反映营运能力的比率、反映盈利能力的比率和反映贡献能力的比率。

（二）结构比率

结构比率是财务报表中某项目的数值与各项目总和的比率。这类比率揭示了部分与整体的关系，通过不同时期结构比率的比较还可以揭示其变化趋势。存货与流动资产的比率、流动资产与全部资产的比率等都属于这类比率。

（三）动态比率

动态比率是财务报表及有关财会资料中某项目不同时期的两项数值的比率。这类比率又分为定基比率和环比比率，可分别从不同角度揭示某项财务指标的变化趋势和发展速度。

二、比较分析法

比较分析法是通过某项财务指标与性质相同的指标评价标准进行对比，揭示企业财务状况和经营成果的一种分析方法。

在比较分析中常用的指标评价标准有：

（一）行业标准

行业标准是反映某行业水平的指标评价标准。与同行业平均水平、先进水平、公认标准指标对比。通过比较，有利于揭示本企业在同行业中所处的地位及存在的差距。

（二）历史标准

历史标准是反映本企业历史水平的指标评价标准。包括期末与期初对比、本期与历史同期对比、本期与历史最好水平对比。通过比较，有利于揭示企业财务状况和经营成果的变化趋势及存在的差距。

（三）目标标准

常采用预算标准。是反映本企业目标水平的指标评价标准。当企业的实际财务指标达不到目标标准时，应进一步分析原因，以便改进财务管理工作。

 ## 三、趋势分析法

趋势分析法是利用财务报表等提供的数据资料，将各期实际指标与历史指标进行定基对比和环比对比，揭示企业财务状况和经营成果变化趋势的一种分析方法。

采用趋势分析法通常要编制比较财务报表，具体做法有两种：

①编制绝对数比较财务报表，即将一般财务报表的"金额栏"划分成若干期的金额，以便进行比较分析。

②编制相对数比较财务报表，即将财务报表上的某一关键项目的金额当作100%，再计算出其他项目对关键项目的百分比，以显示各项目的相对地位，然后把连续若干期按相对数编制的财务报表合并为一张比较财务报表，以反映各项目结构上的变化。

第二章 资产负债表分析与案例研究

学习目标：通过本章的学习，学生要熟悉资产负债表的内容与结构，理解资产质量分析理论。熟练掌握货币资金、金融资产、存货、长期股权投资、投资性房地产、固定资产与在建工程、无形资产、负债、所有者权益的各项目的质量分析技巧。掌握与资产负债表有关短期与长期偿债能力分析指标、资产管理效率分析指标、投资报酬率分析指标及与市场价值有关的财务比率分析指标。

第一节 资产负债表的内容与结构

 一、资产负债表的内容

资产负债表是反映企业在某一特定日期财务状况的会计报表。它反映企业在某一特定日期所拥有或控制的经济资源、所承担的现时义务和所有者对净资产的要求权。

资产负债表上资产和负债是按照流动性分别分为流动资产和非流动资产、流动负债和非流动负债列示的。流动性，通常按资产的变现或耗用时间长短或者负债的偿还时间长短来确定。企业先列报流动性强的资产或负债，再列报流动性弱的资产或负债。对于一般企业（比如工商企业）而言，通常在明显可识别的营业周期内销售产品或提供服务，应当将资产和负债分为流动资产和非流动资产、流动负债和非流动负债分别列示，有助于反映本营业周期内预期能实现的资产和应偿还的负债。但是，对于银行、证券、保险等金融企业而言，其销售产品或提供服务不具有明显可识别营业周期，在经营内容上也不同于一般企业，导致其资产和负债的构成项目也与一般企业有所不同，具有特殊性，金融企业的有些资产或负债无法严格区分为流动资产和非流动资产。在这种情况下，按照流动性列示往往能够提供可靠且更相关的会计信息，因此，金融企业等特殊行业企业等可以大体按照流动性顺序列示所有的资产和负债。对于从事多种经营的企业，可以采用混合的列报基础进行列报，即对一部分资产和负债按照流动资产和非流动资产、流动负债和非流动负债列报，同时对其他资产和负债按照流动性顺序列报，但前提是能够提供可靠且更加相关的信息。

资产负债表遵循了"资产 = 负债 + 所有者权益"这一会计恒等式,把企业在特定时日所拥有的经济资源和与之相对应的企业所承担的债务及偿债以后属于所有者的权益充分反映出来。因此,资产负债表应当分别列示资产总计项目和负债与所有者权益之和的总计项目,并且这二者的金额应当相等。

 二、资产负债表的结构

资产负债表采用账户式的格式,即左侧列报资产方,右侧列报负债方和所有者权益方,且资产负债表中的资产各项目的合计等于负债和所有者权益各项目的合计。

企业需要提供比较资产负债表,以便报表使用者通过比较不同时点资产负债表的数据,掌握企业财务状况的变动情况及发展趋势。资产负债表还就各项目再分为"年初余额"和"期末余额"两栏分别填列。一般企业资产负债表的格式如表2-1所示。

表 2 - 1 　　　　　　　　　　资产负债表　　　　　　　　　　会企 01 表

编制单位:　　　　　　　　　　年　月　日　　　　　　　　　　单位:元

资产	期末余额	年初余额	负债及股东权益	期末余额	年初余额
流动资产			流动负债		
货币资金			短期借款		
结算备付金			向中央银行借款		
拆出资金			拆入资金		
交易性金融资产			交易性金融负债		
以公允价值计量且其变动计入当期损益的金融资产			以公允价值计量且其变动计入当期损益的金融负债		
衍生金融资产			衍生金融负债		
应收票据			应付票据		
应收账款			应付账款		
应收款项融资			预收款项		
预付款项			卖出回购金融资产款		
应收保费			吸收存款及同业存放		
应收分保账款			代理承销证券款		
应收分保合同准备金			代理买卖证券款		
其他应收款			应付职工薪酬		
其中:应收利息			应交税费		
应收股利			其他应付款		
买入返售金融资产			其中:应付利息		

资产	期末余额	年初余额	负债及股东权益	期末余额	年初余额
存货			应付股利		
持有待售资产			应付手续费及佣金		
一年内到期的非流动资产			应付分保账款		
其他流动资产			持有待售负债		
流动资产合计			一年内到期的非流动负债		
			其他流动负债		
			流动负债合计		
非流动资产			非流动负债		
发放贷款和垫款			保险合同准备金		
债权投资			长期借款		
可供出售金融资产			应付债券		
其他债权投资			其中：优先股		
持有至到期投资			永续债		
长期应收款			租赁负债		
长期股权投资			长期应付款		
其他权益工具投资			长期应付职工薪酬		
其他非流动金融资产			预计负债		
投资性房地产			递延收益		
固定资产			递延所得税负债		
在建工程			其他非流动负债		
生产性生物资产			非流动负债合计		
油气资产			负债合计		
使用权资产			股东权益		
无形资产			股本		
开发支出			其他权益工具		
商誉			其中：优先股		
长期待摊费用			永续债		
递延所得税资产			资本公积		
其他非流动资产			减：库存股		
非流动资产合计			其他综合收益		
			专项储备		
			盈余公积		

续表

资产	期末余额	年初余额	负债及股东权益	期末余额	年初余额
			一般风险准备金		
			未分配利润		
			归属于母公司股东权益合计		
			少数股东权益		
			股东权益合计		
资产总计			负债及股东权益总计		

第二节 资产质量分析理论

资产质量是指资产在特定的经济组织中,实际所发挥的效用与其预期效用之间的吻合程度。企业对资产的安排与使用程度上的差异,即资产质量的好坏,将直接导致企业实现利润,创造价值水平方面的差异。因此,不断优化资产质量,促进资产的新陈代谢,保持资产的良性循环,是决定企业能否长久保持竞争优势的关键。

由于不同的资产在企业创造价值过程中的作用不同,资产的质量会表现出不同的特性。综合来说,资产的质量特征表现为资产的增值质量、盈利质量、变现质量、被利用的质量、与其他资产组合的增值性等几个方面。

 ## 一、增值质量

资产的增值质量是指资产的账面价值与其可变现净值和公允价值之间差异的大小。高质量的资产应具有增值前景,其可变现净值和公允价值应高于其账面价值。

 ## 二、盈利质量

资产的盈利质量是指资产在使用过程中为企业创造经济利益的能力。资产的定义要求资产应能够给企业带来未来经济利益,因此,盈利性是资产的内在属性。资产质量好的公司盈利能力一般较高,而稳定的收益又能够确保资产升值。资产的盈利性是资产质量的最综合表现,是评价资产质量必然要考虑的因素。

 ## 三、变现质量

资产的变现质量是指非现金资产通过交换能够直接转换为现金的能力和速度。它决定了企业资金链能否良性循环以及企业能否保证到期债务的偿还,这些又决定了企业能否健康地生存与发展。企业拥有的流动资产部分，一般需要考核其变现质量，如存货的周转速度，短期债权的回收等。一般来说流动资产的变现速度越快，其质量就会越好。

四、被利用的质量

资产被利用的质量是指某些资产既没有增值潜力又不会迅速变现周转，这类资产的质量特征更多地表现为被利用的质量，如固定资产和无形资产的质量。在企业持续经营的条件下，企业一般不会将其正在使用中的固定资产对外出售，同时相当一部分固定资产（如机器设备）会因为技术含量不高、相关技术进步较快而正在面临快速贬值。因此，这类资产的质量特征主要体现在被企业进一步利用的质量上，这种质量表现为资产是否被最大限度地利用，是否能够生产出体现企业竞争优势、帮助企业占领市场份额的适销产品。对这类资产利用越充分，企业赚取收益的能力越强，资产被利用的质量越高。

五、与其他资产组合的增值性

与其他资产组合增值的质量是指资产通过与其他资产的适当组合，产生协和效应，发挥出大于单项资产个别效用总和的联合效用。一项资产如果在特定企业中不能发挥，即使物理质量再好，也不能算优质资产。但通过与企业的其他资产进行适当组合，共同满足企业的战略要求，该资产的质量才真正地体现。这也是企业资产重组的基础。因此，应考察资产的组合增值能力，而不是一味强调资产的单独质量。

六、资产的结构质量

资产结构是指各种资产相互之间的比例关系。资产的结构质量是指资产结构是否体现了企业的发展战略和行业特点，资产结构与资金来源的期限结构是否保持匹配性，资产结构是否保持一定程度的流动性以确保对流动负债的偿还。高质量的资产结构应通过经营资产和投资资产的结构安排来实现其经营主导型或投资主导型战略的实施，流动资产和长期资产的比例应该与流动负债和长期资金来源的期限结构匹配，流动资产的规模应能保证到期债务的偿还。

第三节　货币资金质量分析

流动资产一般是指主要为交易目的而持有，在一年内或者超过一年的一个营业周期内转化为货币，或被销售、耗用的资产。资产负债表上按照流动性的强弱，流动资产依次为货币资金、交易性金融资产、应收票据、应收账款、应收款项融资、预付账款、其他应收款、存货、一年内到期的非流动资产和其他流动资产等。

 一、货币资金质量分析

货币资金是指企业的经营资金在周转过程中暂时停留在货币形态上的那部分资金，是随时可以用以支付、任何人都会马上接受并不打任何折扣的资产，其流动性最强。按其存放地点和用途的不同分为现金、银行存款和其他货币资金等。

货币资金质量，主要是指企业货币资金的运用质量以及货币资金的构成质量。因此，在对企业货币资金进行分析时，主要从以下几方面进行：

1. 分析企业日常货币资金规模是否适当

企业的资产规模与业务规模、筹集资金能力、企业对货币资金的运用能力、企业所处的行业特点等都将影响其货币资金规模。

2. 分析企业对国家有关货币资金管理规定执行的质量

企业由于没有遵守国家现金管理制度而保留过多现金的条件下，企业有可能存在遭受失窃、白条抵库的损失，或受到国家相关管理部门的处罚等的风险。对国家有关政策遵守质量，形成企业货币资金运用质量的又一重要方面。

3. 分析企业货币资金构成质量

企业的经济业务涉及多种货币，企业的货币资金由不同的币种构成。不同货币币值的走向决定了相应货币的质量。此时对企业保有的各种货币进行汇率趋势分析，就可以确定企业持有的货币资金的未来质量。

另外，货币资金项目出于某些原因被指定了特殊用途，如保证金存款，这些货币资金因不能随意支用而不能充当企业真正的支付手段。在分析中，分析此部分资金的占比来考察货币资金自由度，有助于揭示企业实际的支付能力。

一般而言，货币资金越多，表明企业的偿债能力就越强。但是如果货币资金经常处于比重较大的状况，则很可能是企业不能有效利用资金资源的表现。在对货币资金分析时，还要结合公司的行业特点和业务规模。一般来讲，企业业务规模越大，业务收支越频繁，持有的货币资金就越多。另外，不同行业的公司，其合理的货币资金比重也会有较大差异。要特别注意的是公司是否存在"高现金、高负债情况"，即公司财务报表列示有大量现金却负债金额较高。

 二、货币资金案例分析

【案例 2-1】　　　　　　　　　　**贵州茅台（600519）**

贵州茅台酒股份有限公司是国内白酒行业的标志性企业，主要生产销售世界三大名酒之一的茅台酒，同时进行饮料、食品、包装材料的生产和销售，防伪技术开发，信息产业相关产品的研制开发。

贵州茅台业绩优良,酒类业务占主营业务收入的比重为99%以上,且毛利率非常高,在92%左右。图2-1列示了贵州茅台2006~2019年三季度的货币资金,从图中我们不难看出,贵州茅台货币资金现金流充裕。同时,贵州茅台应收票据、应收账款长期低位运行,短期借款、长期借款金额长期为零。

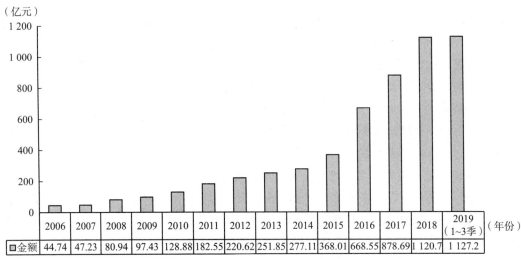

（亿元）

	2006	2007	2008	2009	2010	2011	2012	2013	2014	2015	2016	2017	2018	2019（1~3季）
金额	44.74	47.23	80.94	97.43	128.88	182.55	220.62	251.85	277.11	368.01	668.55	878.69	1 120.7	1 127.2

图2-1 贵州茅台2006~2019年三季度报货币资金①

从图2-2、图2-3可以看出,贵州茅台预收账款2015~2016年大幅增长,存货金额在2016年后增幅放缓,凸显市场需求旺盛,销售火爆。贵州茅台后续将会有不断提

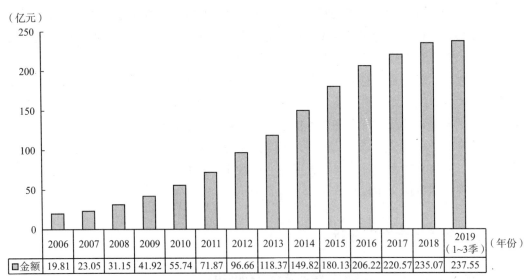

（亿元）

	2006	2007	2008	2009	2010	2011	2012	2013	2014	2015	2016	2017	2018	2019（1~3季）
金额	19.81	23.05	31.15	41.92	55.74	71.87	96.66	118.37	149.82	180.13	206.22	220.57	235.07	237.55

图2-2 贵州茅台2006~2019年三季度报存货

---

① 资料来源:笔者根据贵州茅台酒股份有限公司各年财务报表数据绘制,全书其他图表数据均依据各上市公司各年财务报表数据绘制,下面不再重复。

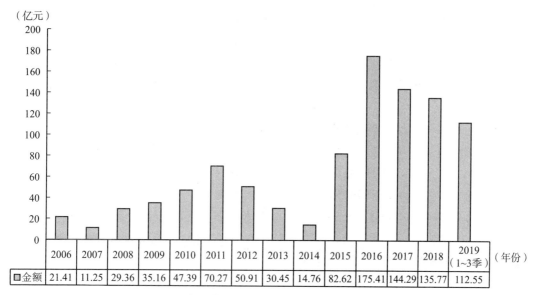

图 2-3　贵州茅台 2006~2019 年三季度报预收账款

升价格、扩大再生产的预期。这一点我们又在公司在建工程项目上得到验证，贵州茅台在 2014~2016 年中，在建工程大幅度增加，2016 年在建工程金额超过公司固定资产总金额的一半以上，说明公司扩大再生产的力度超前，未来投产的固定资产产能的释放有望影响 2017 年及以后年度的利润大幅度增加。图 2-4 列示了贵州茅台 2014 年以来的月 K 线图，从图可见，贵州茅台由于良好的业绩表现，长期来看，股价上扬明显。

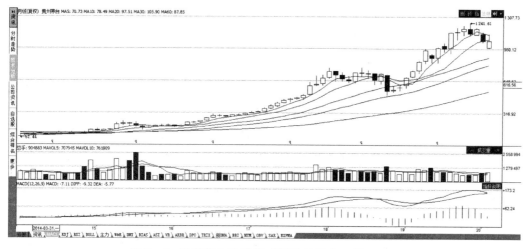

图 2-4　贵州茅台月 K 线（截至 2020 年 2 月 28 日）

【案例 2-2】

资产负债表中的货币资金与现金流量表中的现金概念相差无几，具有勾稽关系。现金流量表里的现金概念是一广义含义，包括库存现金、银行存款、其他货币资金与现金等价物。而现金等价物一般是指 3 个月内到期的债券投资，例如 3 个月内到期的国债投资，短期之内即可变现，变现能力强。一般企业现金等价物很少，这样资产负债表中的"货币资金"的"年末数"与"年初数"的差额即大致与现金流量表中的"现金及现金等价物净增加额"相等。我们可以利用这一勾稽关系可以发现上市公司财务报表的编制正确与否。

　　某一上市公司常年资产负债表中的"货币资金"的"年末数"与"年初数"的差与现金流量表中的"现金及现金等价物净增加额"相差甚远。例如该公司 2015 年货币资金期末数为 1 517 563 873.40 元，期初数为 2 301 655 097.90 元，那么我们可以计算出货币资金减少了 784 091 224.50 元，而现金流量表中"现金及现金等价物净增加额"项目列示为减少金额为 460 586 504.32 元，两者相差甚远。该公司 2016 年货币资金期末数为 3 935 002 688.45 元，期初数为 1 517 563 873.40 元，我们可以计算出货币资金增加了 2 417 438 815.05 元，而现金流量表中"现金及现金等价物净增加额"增加了 2 722 237 277.19 元，两者相差较多。该上市公司两张会计报表之间数据差异长期存在且数据差异较大，说明该公司的财务报表存在错报或财务舞弊可能性较大。

第四节　金融资产项目分析

 一、金融资产的分类与计量

（一）金融资产的分类

　　金融资产主要包括库存现金、银行存款、应收账款、应收票据、贷款、垫款、其他应收款、应收利息、债权投资、股权投资、基金投资等。金融资产的分类与金融资产的计量密切相关。

　　金融资产是企业从事金融工具交易所形成的资产。而金融工具一般是指形成一个企业的金融资产，并形成另一个企业的金融负债或权益工具的合同。从会计的角度看，金融工具的本质属性是一项合同，该合同必然形成投资方的金融资产，同时形成对应一方的金融负债或权益工具。

　　金融资产是指企业持有的货币资金、其他方的权益工具、从其他方收取现金或其他金融资产的合同权利以及在潜在有利条件下与其他方交换金融资产或金融负债的合同权利等。

　　企业应当在初始确认金融资产时，根据管理金融资产的业务模式和合同现金流量特征，对于所有在准则范围内的金融资产，都采用相同的分类标准将金融资产分为以下三类（见图 2 - 5）：

①以摊余成本计量的金融资产（AMC）；
②以公允价值计量且其变动计入其他综合收益的金融资产（FVOCI）；
③以公允价值计量且其变动计入当期损益的金融资产（FVPL）。

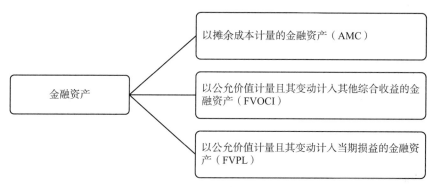

图 2 - 5　金融资产的分类

业务模式，是指企业如何管理其金融资产以获得现金流量，一是只收取合同现金流量；二是出售金融资产赚取价差；三是收取合同现金流的同时获取买卖价差。企业对业务模式评估时，应在合理预期的情况下，从整体层面进行业务评估，而不是根据对个别金融工具的管理意图来评估其业务模式；如果仅在应急情形下出售金融资产，并不会影响对业务模式的评估。此外，对业务模式的评估需要考虑过去的现金流量，也需要考虑未来相关信息，如果现金流实现方式改变，将影响业务模式的评估。

合同现金流量特征，是指金融资产的合同现金流量是否仅包含本金和以未支付本金为基础的利息。一般来说，权益工具和衍生工具不符合该现金流量特征，现金流比较简单的债权工具，如普通债券、贷款、应收款项等，可以通过该现金流量测试，但是对于复杂的、混合型债权工具要根据具体条款逐一进行判断。具体判断方法如图 2 - 6 所示。

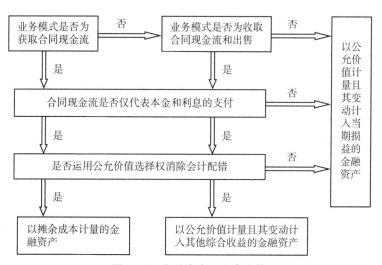

图 2 - 6　金融资产三分类决策

（二）金融资产的计量

金融资产的初始计量与后续计量特点总结如表 2 - 2 所示。

表 2 - 2　　　　　　　　　三类金融资产初始计量与后续计量区别

类别	初始计量	后续计量
以摊余成本计量的金融资产（AMC） →债权投资		摊余成本计量；采用实际利率法计算持有期间的利息收益
以公允价值计量且变动计入其他综合收益的金融资产（FVOCI） →其他权益工具投资 →其他债权投资	公允价值计量，交易费用计入初始入账金额	其他权益工具投资：公允价值变动确认其他综合收益，不影响损益；终止确认时其他综合收益金额调整留存收益； 其他债权投资：公允价值变动反映在其他综合收益，终止确认时从其他综合收益转入到投资收益；持有期间的利息收入为摊余成本与实际利率计算确定
以公允价值计量且变动计入当期损益的金融资产（FVPL） →交易性金融资产	公允价值计量，交易费用计入当期损益	公允价值计量，变动计入当期损益；持有期间的股息收入、利息收入确认为当期损益；终止确认时，确认投资收益

二、交易性金融资产质量分析

以公允价值计量且其变动计入当期损益的金融资产，可以进一步划分为交易性金融资产和直接指定为以公允价值计量且其变动计入当期损益的金融资产。

交易性金融资产是指企业为了近期之内出售而持有的金融资产，主要是以赚取差价为目的从二级市场购入的股票、债券和基金等。企业持有交易性金融资产的目的是将闲置的货币资金转化为有价证券，从而获取高于同期银行存款利率的超额收益，同时又保持其高度的变现性，即企业在急需资金时，可以将其及时出手变现。

交易性金融资产以公允价值为基本计量属性，企业在持有交易性金融资产期间，公允价值变动在利润表上以公允价值变动损益计入当期损益，当出售交易性金融资产时，在确认出售损益的同时，还要将原计入公允价值变动损益的金额计入投资收益里。

在分析交易性金融资产质量时，应重点关注公允价值这一计量属性，着重分析其营利性的大小。在具体分析中，结合利润表中"公允价值变动损益"科目（核算企业交易性金融资产等公允价值变动而形成的应计入当期损益的利得或损失）、"投资收益"科目（核算企业持有交易性金融资产等期间取得的投资收益以及处置交易性金融资产等实现的投资收益或损失）及其在会计报表附注中对该项目的详细说明，通过把握交易性金融资产投资而产生的公允价值变动损益情况或是投资收益情况来判断该项资产的盈利能力。

在整体资产中，交易性金融资产占比较大，必然影响企业正常的生产经营。不排除人为将可供出售金融资产、持有至到期投资及长期股权投资等项目转入该项目挂账的可能，以改善其流动比率。因此，应从其规模的流动情况、现金支付能力、投资收益构成等方面进行判断。

交易性金融资产应关注：

①交易性金融资产具有金额经常波动的特点，跨年度不变或金额较为整齐的则有可能是长期投资。

②企业将长期投资人为地划拨为短期投资，只能改变流动比率，不可能改变企业的现金支付能力和其他流动资产项目的变现能力。企业的流动比率状况好但现金支付能力差本身就是短期投资长期性的一个信号。

③交易性金融资产的投资收益具有盈亏不定、交易频繁的特点，而长期投资收益一般具有固定性、业务笔数较少的特点。如果在投资收益的构成中出现异常情况，则是企业操纵行为的又一佐证。

 ### 三、应收票据质量分析

应收票据是指企业持有的还没有到期、尚未兑现的票据，是企业未来收取货款的权利。这种权利和将来应收取的货款金额以书面文件的形式约定下来，因此它受到法律的保护，具有法律上的约束力，是一种债权凭证。同时，其本身也是一种有价证券，在到期前可将持有的商业汇票背书后向银行或其他金融机构贴现取得现金，因此该项资产具有较强的变现性。

应收票据核算的商业汇票包括银行承兑汇票和商业承兑汇票两种。由于承兑主体上的差别，这两种汇票的变现能力有较大的差别。同时，票据贴现具有追索权，即如果票据承兑人到期不能兑付，背书人负有连带付款责任。因此，已贴现的商业汇票就是一种或有负债。已贴现的应收票据（商业承兑汇票）金额过大，也可能会对企业的财务状况产生较大的影响。因此，在分析该项目时，需了解企业是否存在已贴现的商业汇票，判断其是否会影响到企业将来的偿债能力。

 ### 四、应收款项质量分析与案例解读

应收账款是企业因销售商品、材料、提供劳务等业务而形成的商业债权。这种债权应向购货单位或接受劳务单位收取。

企业赊销商品就是向购买方提供商业信用。因此企业的信用政策对其商业债权的规模有着直接的影响。放宽信用政策将会刺激销售，增大债权规模；紧缩信用政策则会制约销售，减少债权规模。企业应收账款规模越大，发生坏账的可能性也就越大。也就是说，企业在放宽信用政策至一定程度后，销售规模的进一步扩大，并不一定能最终带来企业盈利的提高。因此，合理的信用政策，就是在刺激销售和减少坏账之间寻求赊销政策的最佳点。

应收账款的质量分析主要是在于分析其变现性的强弱，即应收账款的可收回性，其转化为货币的能力和速度。具体从以下几方面进行：

1. 对债权的账龄进行分析

通过对债权的形成时间进行分析，进而对不同账龄的债权分别判断质量。未过信用期或已过信用期但拖欠期较短的债券出现坏账的可能性，比已过信用期较长时间的债权发生坏账的可能性小。

2. 对债务人的构成进行分析

主要可以从债务人的行业构成、区域性、财务实力、集中度、债权企业与债务人关系的稳定程度及关联状况等来分析。

3. 对债权的周转情况进行分析

可借助应收账款周转率、应收账款平均周转天数等指标进行分析。在一定赊账政策条件下，企业应收账款平均周转天数越长，债权周转速度越慢，债权的变现性也就越差。

4. 对坏账准备政策进行分析

在分析应收账款的质量时应重点关注其坏账准备计提的合理性。应收账款的坏账准备，列示在报表附注中。应收账款作为一项金融资产，应在资产负债表日对其进行减值测试，将其账面价值与预期未来现金流量现值之间的差额确认为减值损失，计入当期损益，企业的应收账款是否发生减值以及减值程度大小取决于该项目预计未来现金流量的现值，主观可操作性强。因此应关注坏账准备的计提方法与比例的变化，结合当年实际业绩及审计报告内容判断其变更的合理性，从而判断该项目的质量。

其他应收款核算企业除应收票据、应收账款、预付账款等以外的其他各种应收、暂付款项。其他应收款主要包括：应收的各种赔款、罚款。如因企业财产等遭受意外损失而应向有关保险公司收取的赔款等；应收出租包装物租金；应向职工收取的各种垫付款项，如为职工垫付的水电费、应由职工负担的医药费、房租费等；存出保证金，如租入包装物支付的押金；其他各种应收、暂付款项。对于其他应收款的分析要警惕企业将该项目作为粉饰利润或让大股东无偿占用资金的工具。"其他应收、应付是个筐，什么东西都往里装。"

【案例 2-3】贵州茅台（600519）与山西汾酒（600809）的坏账准备计提会计政策比较

根据贵州茅台与山西汾酒披露的 2016 年年度财务报告附注坏账准备会计政策信息披露内容，比较如下：

1. 单项金额重大并单项计提坏账准备的应收款项

贵州茅台：单项金额重大的判断依据或金额标准：单项金额在 500 万元以上且占期末净资产的 1‰以上。单项金额重大并单项计提坏账准备的计提方法：根据其预计未来现金流量现值低于其账面价值的差额，单独进行减值测试，计提坏账准备。

山西汾酒：单项金额重大的判断依据或金额标准：单项余额占应收款项余额 10%以上的款项。单项金额重大并单项计提坏账准备的计提方法：单独进行减值测试，如有客观证据表明其发生了减值的，根据其未来现金流量现值低于其账面价值的差额，确认减值损失，计提坏账准备。如减值测试后，预计未来现金流量不低于其账面价值的，则按照账龄分析法计提坏账准备。

2. 按信用风险特征组合计提坏账准备的应收款项

组合中，采用账龄分析法计提坏账准备（见表 2−3）。

表 2−3　　　　　　　贵州茅台与山西汾酒账龄分析法比较（2016 年）　　　　　单位：%

账龄	贵州茅台坏账准备计提	山西汾酒坏账准备计提
1 年以内（含 1 年）	5	10
1～2 年	10	30
2～3 年	30	50
3～4 年	30～50	70
4～5 年	50～80	70
5 年以上	100	100

山西汾酒对于坏账准备计提的会计政策进行过调整。我们查阅山西汾酒 2009 年年报可以发现，当时公司对于账龄在 1 年内的应收账款计提 10% 坏账准备，1～2 年的应收账款计提 30% 坏账准备，2～3 年应收账款计提 50% 坏账准备，3 年以上的应收账款计提 70% 坏账准备。可以看出，山西汾酒近几年调整了应收账款计提政策，财务更加稳健谨慎。

五、其他权益工具投资（可供出售金融资产）质量分析与案例解读

其他权益工具投资，主要是指非交易性股票以及不具有控制、共同控制和重大影响的且没有公允价值的股权等。企业取得其他权益工具投资，一般应指定为以公允价值计量且其变动计入其他综合收益的金融资产。例如，企业持有的上市公司限售股。尽管这些限售股在活跃市场有报价，但由于出售受到限制，不能随时出售，可指定为以公允价值计量且其变动计入其他综合收益的金融资产。企业对此类资产不打算随时变现，或是某些条件约束无法短期内变现，而是通过长期持有来获取收益。因此一般而言该项目的周转性并不强。

2018 年及之前报表列示的可供出售金融资产应当按取得该金融资产的公允价值和相关交易费用之和作为初始确认金额。期末资产负债表日，可供出售金融资产应当以公允价值计量，其公允价值变动计入其他综合收益。处置可供出售金融资产时，将取得的价款与账面价值之间的差额计入投资损益，同时，将原直接计入其他综合收益的公允价值变动累计额对应处置部分的金额转出计入投资损益。

2019 年后执行新的金融工具系列准则重分类后的其他权益工具投资的公允价值变动应计入其他综合收益；终止确认时，之前计入其他综合收益的累计利得或损失应当从其他综合收益中转出，计入留存收益。其他权益工具投资不需要计提减值准备。

【案例 2 - 4】　　　　　　　　**西水股份（600291）**

内蒙古西水创业股份有限公司是一家以建材行业、电子行业、保险为主要业务的公司。公司主要经营保险业务、水泥、熟料、网络集成技术等。2015 年天安财险通过资产重组使西水股份转型为一家保险企业。

根据 2009 年西水股份年报资料，可供出售金融资产情况期末公允价值为 2 710 144 090.50 元，期初公允价值为 1 111 157 863.80 元。截至 2009 年 12 月 31 日，本公司持有兴业银行股票 67 232 550 股，以 2009 年 12 月 31 日的收盘价 40.31 元/股确认可供出售金融资产的期末公允价值。截至 2009 年 12 月 31 日，本公司可供出售金融资产期末较期初增加 2 710 143 946.60 元，增长 143.90%，主要系本期兴业银行股票股价上涨所致。西水股份后续年份每年在年尾的时候都出售一部分兴业银行的股票以弥补主业效益不佳的状况。

西水股份 2016 年三季度可供出售金融资产为 215 284 554 396.07 元，占总资产的 72.84%，2015 年可供出售金融资产为 96 250 570 778.98 元，占 2015 年公司总资产的 55.65%，2014 年可供出售金融资产 29 351 716 002.5 元，占 2014 年公司总资产的 60.21%。可供出售金融资产增加的主要原因是本期天安财险股票及证券投资基金增加所致。

根据西水股份 2015 年年报信息披露，西水股份 2015 年可供出售金融资产分项列示如表 2 - 4 和图 2 - 7 所示。

表 2 - 4　　　　　　　　西水股份 2015 年可供出售金融资产分项列示

项目	2015 年 12 月 31 日			2014 年 12 月 31 日
	账面余额	减值准备	账面价值	账面价值
可供出售债务工具				
金融债券	1 631 292 255.67		1 623 378 830.54	299 680 310.00
企业债券	10 737 844 697.30	7 913 425.13	10 737 844 697.30	7 629 432 676.38
信托投资	2 130 000 000.00		2 130 000 000.00	5 360 000 000.00
资产管理产品	1 590 000 000.00		1 590 000 000.00	1 365 000 000.00
可供出售权益工具				
股票	28 768 480 711.72	765 755 998.22	28 002 724 713.50	5 999 031 782.93
证券投资基金	37 607 194 045.45		37 607 194 045.45	5 158 145 351.81
信托投资				
资产管理产品	4 546 202 392.19		4 546 202 392.19	1 440 425 881.39
股权投资	10 013 226 100.00		10 013 226 100.00	2 100 000 000.00
合计	97 024 240 202.33	773 669 423.35	96 250 570 778.98	29 351 716 002.51

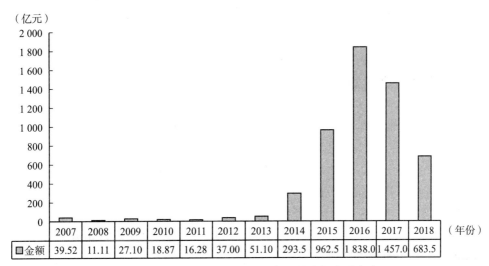

（亿元）

	2007	2008	2009	2010	2011	2012	2013	2014	2015	2016	2017	2018
金额	39.52	11.11	27.10	18.87	16.28	37.00	51.10	293.5	962.5	1 838.0	1 457.0	683.5

（年份）

图 2 - 7 西水股份 2007～2018 年可供出售金融资产

注：2019 年执行新的金融工具系列准则，可供出售金融资产重分类为其他权益工具投资等。

2016 年 12 月 19 日，兴业银行召开临时股东大会，选举了天安财险资产管理部总经理奚星华为公司董事，随着 2017 年 2 月银监会对奚星华任职资格的批复，天安财险在兴业银行扮演的角色有所改变。据西水股份披露，奚星华走马上任兴业银行董事后，根据规定，该公司及天安财险将对兴业银行有重大影响，公司及天安财险自 2017 年 2 月 1 日起，所持兴业银行股权由可供出售金融资产转换为长期股权投资，按照权益法进行核算。本次转换，原按照可供出售金融资产核算确定的兴业银行原股权投资的公允价值，将作为改按权益法核算的初始投资成本。原持有的兴业银行股权投资的公允价值与账面价值之间的差额，即原计入其他综合收益的累计公允价值变动应当转入改按权益法核算的当期损益。

近年来，西水股份不断靠出售兴业银行股份及收取兴业银行巨额分红来"调剂"利润表。

2014 年，西水股份出售所持兴业银行股票 2 486.17 万股，出售股票收益 1.95 亿元。当期，西水股份还收到兴业银行分红 6 629.98 万元，上述收入全部计入当期利润总额，助力西水股份全年实现净利润 8 522.19 万元。

2015 年，西水股份再出售兴业银行股份 752.32 万股，确认股票收益 1.37 亿元，报告期内还获得兴业银行分红 7 786.59 万元，亦全部计入当期利润总额，使得公司当年实现净利润 1.78 亿元。

据西水股份披露，截至 2017 年 2 月 7 日，公司持有兴业银行 1.37 亿股，天安财险持有兴业银行 5.41 亿股，二者合计持有兴业银行 6.78 亿股，占兴业银行总股份的 3.56%。

对比定期报告，西水股份 2016 年没有出售兴业银行股份，这也直接反映在公司报表上。西水股份 2016 年全年实现净利润 3 407.36 万元，同比下降 80.84%，主要原因就在于没有出售兴业银行股份贡献收益。

资料来源：岳薇：《卖股票调剂利润成往事 西水股份（600291）重新"绑定"兴业银行》，载于《证券时报》，2017 – 02 – 14。

 六、金融资产的重分类

企业购入的债券根据业务管理模式可以分别确认为交易性金融资产、债权投资、其他债权投资。

金融资产的重分类，是指企业购入债券的重分类。当企业外部或内部经营条件发生变动，改变其管理金融资产的业务模式时，应当对所有受影响的相关金融资产进行重分类。

企业对金融资产重分类，应当自重分类日起采用未来适用法进行相关会计处理，不得对以前已经确认的利得、损失（包括减值损失或利得）或利息进行追溯调整。重分类日，是指导致企业对金融资产进行重分类的业务模式发生变更后的首个报告期间的第1天。

（一）债权投资重分类为交易性金融资产

上市公司将一项债权投资重分类为交易性金融资产时，应当按照该资产在重分类日的公允价值进行计量，原账面价值与公允价值之间的差额计入当期损益。

（二）债权投资重分类为其他债权投资

上市公司将一项债权投资重分类为其他债权投资时，应当按照该金融资产在重分类日的公允价值进行计量，原账面价值与公允价值之间的差额计入其他综合收益。该金融资产重分类不影响其实际利率和预期信用损失的计量。

（三）其他债权投资重分类为债权投资

上市公司将一项其他债权投资重分类为债权投资时，应当将之前计入其他综合收益的累计利得或损失转出，调整该金融资产在重分类日的公允价值，并以调整后的金额作为新的账面价值，即视同该金融资产一直以摊余成本计量。该金融资产重分类不影响其实际利率和预期信用损失的计量。

（四）其他债权投资重分类为交易性金融资产

上市公司将一项其他债权投资重分类为交易性金融资产时，应当继续以公允价值计量该金融资产，同时将之前进入其他综合收益的累积利得或损失从其他综合收益转入当期损益。

（五）交易性金融资产重分类为债权投资

上市公司将一项交易性金融资产重分类为债权投资时，应当以其在重分类日的公允价值作为新的账面余额，以该金融资产在重分类日的公允价值确定其实际利率。其后，按照债权投资的相关规定进行后续计量。

（六）交易性金融资产重分类为其他债权投资

上市公司将交易性金融资产重分类为其他债权投资时，应当继续以公允价值计量该金融资产，并根据该金融资产在重分类日的公允价值确定其实际利率。其后，按照其他债权投资的相关规定进行后续计量，并将重分类日视为初始确认日。

第五节 存货项目的分析

存货，是指企业在日常活动中持有以备出售的产成品或商品、处在生产过程中的在产品、在生产过程或提供劳务过程中耗用的材料和物料等，是企业一项重要的流动资产，所占比重大，对于企业的风险影响和财务状况来说至关重要。

存货项目占用企业大量的资金，会给企业带来持有成本（机会成本、仓储成本等）和持有风险（过期风险、降价风险等）。因此，如何在保证正常生产经营安全的同时，最大限度地降低存货持有量并保持存货价值，尽可能加速存货周转，成为存货管理的关键。存货质量分析主要围绕变现能力、营利性、周期性等方面来进行。

 一、存货真实性分析

存货是企业重要的实物资产，资产负债表上列示的存货应与存货的实物相符，待售产品是否完好无损，产成品品质是否符合相应产品等级要求，库存的原材料应属于生产所需等。真实性分析应结合附注披露的存货结构及种类的详细信息。同时，应结合企业的内部控制制度来进行。由于存货种类多，数量大，没有完善的管理制度控制极易流失。企业存货的质量，不仅取决于存货的账面数字，还与企业存货的管理制度密切相关。

 二、存货品种构成的分析

存货主要由原材料、在产品、产成品构成。存货结构，是指各类存货在存货总额中的比重。各类存货在企业再生产过程中的作用是不同的。原材料是保持再生产活动的必要物质基础，要限制在能够保证再生产正常进行的最低水平上。产成品是存在于流通领域的存货，不是保证再生产过程持续进行的必要条件，因此必须压缩至最低限度。而在产品是保证生产过程持续进行的存货，企业的生产规模和生产周期，决定在产品的存量。在正常的经营条件下，在产品应保持一个相对稳定的比例，任何存货比重变动剧烈，都表明企业在生产经营过程中有异常情况发生，应深入分析其原因，以便最终能够判断存货的合理性。

 三、对存货计价的分析

资产负债表中存货是以实际成本反映的。但在日常会计核算中，由于同类存货的进价成本不同，在计算耗用成本或销售成本时，要采用一定的计量方法进行核算。不同的计价方法，对企业的财务状况、盈亏情况会产生不同的影响。在实际工作中，企业可能存在利用不同的存货计价方法，来实现操纵利润的目的。例如，物价持续上升时，将存货的计价方法由加权平均法改为先进先出法，能够提高期末存货成本，从而达到增加本期利润的效果。因此企业当期的存货计量方法发生变化时，应关注变更的真正原因及其对利润的影响。

 四、对存货跌价准备的分析

存货的期末计价采用成本与可变现净值孰低法，对于可变现净值低于成本的部分应当计提存货跌价准备。计提存货跌价准备会产生以下影响：①减少存货资产的价值；②增加本期的资产减值损失，从而减少当期利润；③计提准备后，存货账面价值较低，以后期间存货耗用或销售时，所结转的成本也较低，相应产生较高的利润，对未来会计期间的利润产生积极的影响。要确定存货的可变现净值需要进行估计，在很多情况下，难以避免人的主观因素的影响。因此，在通过对计提存货跌价准备的分析，考察存货的变现性时应首先对其计提的合理性进行判断。

 五、结合财务报表的其他信息间接判断存货的质量

结合资产负债表中固定资产，现金流量表中投资活动产生的现金流量进行分析，固定资产更新速度快，说明企业在产产品技术含量与产品市场需求状况较好，间接反映存货的质量状况。

结合利润表中的营业成本计算存货周转速度，在其他条件相同的情况下，存货周转速度越快，一定时期的盈利水平也就越高。因此，关注利润表中核心利润（毛利减去三费）水平，同样也间接反映存货的质量状况。

结合资产负债表中应收账款、预付账款、预收账款、应付账款的分析，判断企业与供货商、客户的谈判地位，间接反映存货的质量状况。

关注报表附注中有关存货担保、抵押方面的说明。如果存在上述情况，那么这部分存货的变现性就会受到影响。

【案例 2-5】　　　　　　　　　　伊利股份（600887）

内蒙古伊利实业集团股份有限公司是一家主要经营液体乳及乳制品和混合饲料制造业务的公司，公司的主要产品有液体乳、冷饮系列、奶粉及奶制品、混合饲料等。

从图 2-8 和图 2-9 可以看出伊利集团由于所售产品的特质，产品保质期短，对于存货库存的控制与流转都是非常快速与专业的。2015 年开始销售收入增加而存货金额下降，说明市场销售旺盛，存货管理与物流配送能力得到加强。2018 年随着营业收入的

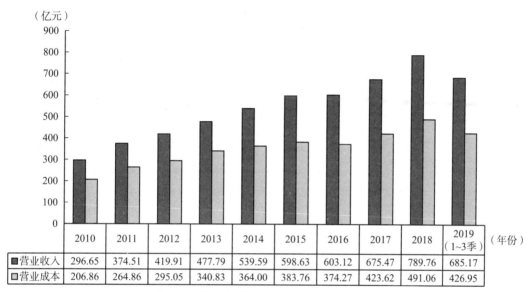

（亿元）	2010	2011	2012	2013	2014	2015	2016	2017	2018	2019（1~3季）
营业收入	296.65	374.51	419.91	477.79	539.59	598.63	603.12	675.47	789.76	685.17
营业成本	206.86	264.86	295.05	340.83	364.00	383.76	374.27	423.62	491.06	426.95

图 2-8　伊利股份营业收入与营业成本对比

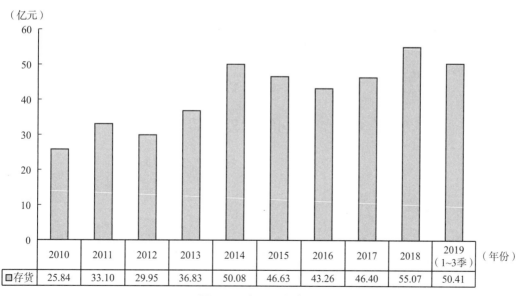

（亿元）	2010	2011	2012	2013	2014	2015	2016	2017	2018	2019（1~3季）
存货	25.84	33.10	29.95	36.83	50.08	46.63	43.26	46.40	55.07	50.41

图 2-9　伊利股份存货

进一步放大，存货有所增加，但控制在一定的增长幅度内，物流效率进一步提升。随着消费者对牛奶类产品的进一步需求，预测伊利集团后续还有不断加大固定资产投入、扩大再生产方面的发展战略。

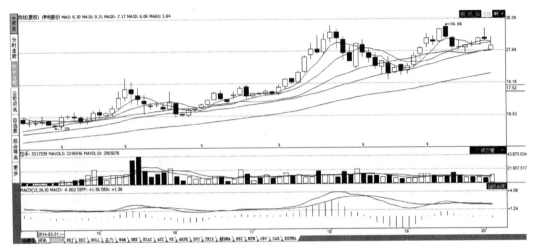

图 2 – 10　伊利股份月 K 线（截至 2020 年 2 月 28 日）

六、预付账款质量分析

预付账款是企业按照购货合同规定预先支付给供应单位的货款而形成的债权，通常情况下，企业的预付账款不会构成流动资产的主体部分。在双方合作关系稳定的情况之下，企业的预付款应该按照约定转为存货。因此，正常的预付账款质量较高。

如果预付账款较高，则一定与其所处行业的经营特点与付款方式相关。但也不排除企业以往商业信用不高的可能，或是企业向相关单位提供贷款。尤其是后种情形，该项目往往很有可能成为不良资产区域。

第六节　长期股权投资质量分析

一、长期股权投资会计核算概述

长期股权投资包括以下内容：①投资企业能够对被投资单位实施控制的权益性投资，即对子公司投资；②投资企业与其他合营方一同对被投资单位实施共同控制的权益性投资，即对合营企业投资；③投资企业对被投资单位具有重大影响的权益性投资，即对联营企业投资。

所谓控制（control）是指企业拥有通过参与被投资企业的相关活动而享有可变回报的权力，并且有能力运用该权力影响其回报金额。企业参与被投资企业的相关活动是指对被投资企业的回报产生重大影响的活动，通常包括商品或劳务的销售和购买、金融资产的管理、资产的购买和处置、研究与开发活动以及融资活动等。企业在判断是否拥有控制被投资企业的权力时，应当仅考虑与被投资企业相关的实质性权利，包括自身所享有的实质性权利以及其他投资方所享有的实质性权利。

一般来说，企业拥有下列实质性权力，可以视为能够对被投资企业实施控制：

①持有被投资企业半数以上的表决权。

②持有被投资企业半数或以下的表决权，但通过与其他表决权持有人之间的协议能够控制半数以上表决权。

③持有被投资企业半数或以下的表决权，且未与其他表决权持有人签订协议，不能够控制半数以上表决权，但综合考虑下列事实和情况后，如果认为企业持有的表决权足以使其有能力主导被投资企业相关活动的，视为对被投资企业拥有控制的权利：a. 持有的表决权相对于其他投资方持有的表决权份额较大，且其他投资方持有的表决权比较分散；b. 持有被投资企业的潜在表决权，如可转换公司债券、可执行认股权证等；c. 其他合同安排产生的权力；d. 被投资企业以往的表决权行使情况等其他相关事实和情况。

④在难以判断其享有的实质性权利是否足以使其拥有控制被投资企业的权力时，如果存在其具有实际能力以单方面主导被投资企业相关活动的证据，视为拥有控制被投资企业的权利。这些证据包括但不限于下列事项：a. 能够任命或批准被投资企业的关键管理人员；b. 能够出于其自身利益决定或否决被投资企业的重大交易；c. 能够掌控被投资企业董事会等类似权力机构成员的任命程序；d. 与被投资企业的关键管理人员或董事会等类似权力机构中的多数成员存在关联方关系。

共同控制（joint control）是指按照相关约定对被投资企业所共有的控制，并且该被投资企业的相关活动必须经过分享控制权的各投资方一致同意后才能决策。被各投资方共同控制的企业一般称为投资企业的合营企业。

重大影响（significant influence）是指企业对被投资企业的财务和经营政策有参与决策的权力，但并不能够控制或者与其他投资方一起共同控制这些政策的制定。投资企业能够对被投资企业施加重大影响，则被投资企业称为投资企业的联营企业。

长期股权投资的取得分为控股合并形成的长期股权投资和其他方式取得的长期股权投资两种。控股合并形成的长期股权投资又分为同一控制下的企业合并和非同一控制下的企业合并两种。

同一控制下的企业合并，是指参与合并的企业在合并前后均受同一方或相同的多方最终控制且该控制并非暂时性的。同一控制下的控股合并，合并双方的合并行为不完全是自愿进行和完成的，这种控股合并并不属于交易行为，而是参与合并各方资产和负债的重新组合，因此合并方应以被合并方所有者权益的账面价值为基础，对长期股权投资进行初始计量。

　　非同一控制下的企业合并，是指参与合并各方在合并前后不受同一方或相同的多方最终控制的合并交易，即除判断属于同一控制下企业合并的情况以外其他的企业合并。相对于同一控制下的控股合并而言，非同一控制下的控股合并是合并各方自愿进行的交易行为，作为一种公平的交易，应当以公允价值为基础进行计量。

　　形成同一控制下企业合并的长期股权投资，合并方以合并日享有被合并方账面所有者权益的份额作为形成长期股权投资的初始投资成本。非同一控制下的控股合并中，购买方按照确定的企业合并成本作为长期股权投资的初始投资成本，企业合并成本包括购买方付出的资产、发生或承担的负债、发行的权益性证券的公允价值之和。

　　长期股权投资在各种取得方式下的初始计量特点如图 2-11 所示。

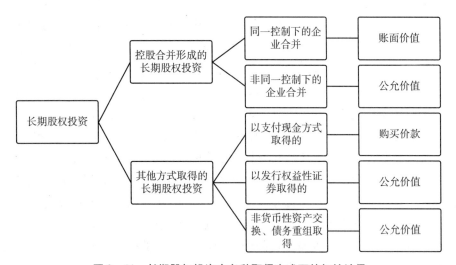

图 2-11　长期股权投资在各种取得方式下的初始计量

　　长期股权投资的后续计量方法有成本法和权益法两种。

　　成本法的适用条件一般是：投资企业对被投资单位实施控制的长期股权投资（母子公司关系）。成本法下的长期股权投资按照成本计算，但是在编制合并报表时，按照权益法进行调整。采用成本法时，除追加或收回投资外，长期股权投资的账面价值一般保持不变。被投资单位宣告分派的利润或现金股利，确认为当期投资收益。

　　投资企业对被投资单位具有共同控制或重大影响的，长期股权投资采用权益法核算。采用权益法时，投资企业在取得股权投资后按享有或应分担的被投资单位当年实现的净利润或发生的净亏损的份额（法规或公司章程规定不属于投资企业的净利润除外），调整投资的账面价值并确认为当期投资损益。投资企业按被投资单位宣告分派的利润或现金股利计算应分得的部分相应减少投资的账面价值。

　　成本法和权益法两种核算方法各有利弊。成本法操作简便，在被投资企业有盈利的情况下，使得投资方财务状况更为稳健，净利润与现金流量比较接近，但成本法不能全面反映长期股权投资的盈亏状况。同时，如果投资方实际上能够对被投资方利润分配政策施加影响，那么该方法也就容易被投资方用于操纵自身的投资收益。权益法能够全面反映长期股权投资的盈亏状况，当被投资单位出现亏损时，使得投资方的财务状况的表现更为稳健。但是操作复杂，且在被投资企业有盈利的情况下使得投资方财务状况表达不够稳健，净利润与现金流量之间的差异可能很大。

 ## 二、长期股权投资质量分析

长期股权投资对公司的作用和影响主要体现为以下几方面：①公司通过对外长期股权投资实施企业发展战略；②公司通过对外长期股权投资实现多元化经营；③复杂的对外长期股权投资可能为某些盈余操纵行为提供空间；④长期股权投资项目中的企业资产，在一定程度上是企业难以直接控制的资产；⑤长期投资收益的增加可能会加剧投资收益和现金收入之间不一致的状况。

对长期股权投资进行质量分析时，首先应关注企业对长期股权投资核算方法的选择，其次关注长期股权投资减值准备的分析。

计提长期股权投资减值准备，是指期末时按账面价值与可收回金额孰低的原则来计量，对可收回金额低于账面价值的差额计提长期股权投资减值准备，一经计提减值准备在以后期间不得转回。现行准则在对该项目的会计处理上，充分体现了谨慎性原则，企业无法通过转回资产减值准备操纵利润。

【案例 2 – 6】　　　　　　　　顺丰控股（002352）

鼎泰新材原是从事钢丝、钢绞线生产的专业厂家。2016 年顺丰控股通过重大资产重组，将原有鼎泰新材产业置出，同时注入盈利能力较强，发展前景广阔的快递物流相关业务。公司持有顺丰控股 100% 股权，进而从传统的金属制品制造转型成为国内领先的快递物流综合服务提供商。顺丰控股系国内领先的快递物流综合服务提供商，不仅为客户提供全方位的物流服务，也提供包括仓储服务和信息服务在内的一体化供应链解决方案。

根据顺丰控股 2018 年年度报告信息披露内容，表 2 – 5 列示了顺丰控股分行业的毛利率情况。

表 2 – 5　　　　　　　　　顺丰控股分行业毛利率情况（2018 年）

项目名	营业收入（万元）	营业利润（万元）	毛利率（%）	占主营业务收入比例（%）
速运物流收入（行业）	8 967 688.15	1 600 136.21	17.84	98.61
商业销售收入（行业）	40 595.96	727.26	1.79	0.45
其他（行业）	77 138.72	23 525.95	30.50	0.85
其他业务（补充）（行业）	8 846.60	5 661.71	64.00	0.10
合计（行业）	9 094 269.43	1 630 051.13	17.92	100.00

顺丰控股近几年快速扩张，长期股权投资 2015 年为 14.82 亿元，2016 年为 7.70 亿元，2018 年为 22.03 亿元，2019 年中期为 22.51 亿元。主要是对合营企业与联营企业的投资（见表 2-6）。

表 2-6　　　　　　　顺丰控股 2019 年中报长期股权投资附注信息节选

	2019 年 6 月 30 日	2018 年 12 月 31 日
成本：		
合营企业	1 341 533 741.80	1 326 581 550.05
联营企业	984 020 811.60	934 446 087.67
	2 325 554 553.40	2 261 027 637.72
减：长期股权投资减值准备		
－合营企业	(30 718 697.26)	(28 236 883.66)
－联营企业	(43 988 895.88)	(29 359 632.03)
	(74 707 593.14)	(57 596 515.69)
合营企业（a）	1 310 815 044.54	1 298 344 666.39
联营企业（b）	940 031 915.72	905 086 455.64
	2 250 846 960.26	2 203 431 122.03

随着我国快递物流行业的超常规快速发展，相信未来顺丰控股也会步入企业发展的快车道（见图 2-12）。

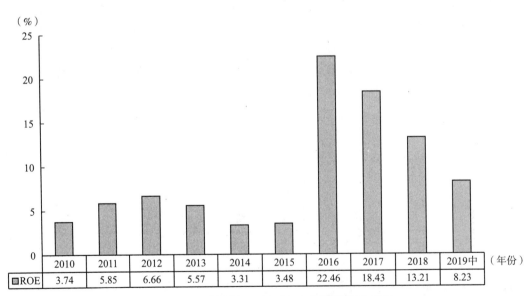

	2010	2011	2012	2013	2014	2015	2016	2017	2018	2019中
ROE	3.74	5.85	6.66	5.57	3.31	3.48	22.46	18.43	13.21	8.23

图 2-12　顺丰控股（002352）加权净资产收益率

图 2-13 列示了顺丰控股近年来的月 K 线图，2016 年借壳上市以来股价大幅上涨后回落明显。相信随着我们快递物流行业的快速发展，顺丰控股应该会有较好的价值成长。

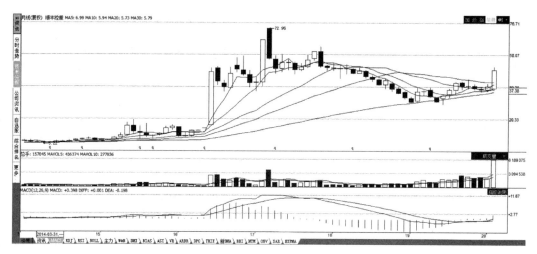

图 2 - 13　顺丰控股（002352）月 K 线（截至 2020 年 2 月 28 日）

第七节　投资性房地产质量分析

 一、投资性房地产质量分析

投资性房地产是指为赚取租金或资本增值，或两者兼有而持有的房地产。投资性房地产应当能够单独计量和出售，主要包括已出租的土地使用权、持有并准备增值后转让的土地使用权以及已出租的建筑物。

企业通常应当采用成本模式对投资性房地产进行后续计量，也可以采用公允价值模式对投资性房地产进行后续计量。但是，同一企业只能采用一种模式对所有投资性房地产进行后续计量，不得同时采用两种计量模式。

只有存在确凿证据表明投资性房地产的公允价值能够持续可靠取得，才可以采用公允价值模式对投资性房地产进行后续计量。

公允价值能够持续可靠取得，应当同时满足：投资性房地产所在地有活跃的房地产交易市场；企业能够从活跃的房地产交易市场上取得同类或类似房地产的市场价格及其他相关信息，从而对投资性房地产的公允价值作出合理的估计。成本模式转为公允价值模式，应当作为会计政策变更处理。已采用公允价值计量的投资性房地产，不得从公允价值模式转为成本模式。

企业采用公允价值模式进行后续计量的，不对投资性房地产计提折旧或进行摊销，应当以资产负债表日投资性房地产的公允价值为基础调整其账面价值，公允价值与原账面价值之间的差额计入当期损益（公允价值变动损益）。

投资性房地产取得的租金收入确认为其他业务收入。

在近年来国内房产价值大幅上涨的背景下，拥有投资性房产的企业一旦采取公允价值核算，其业绩将会有大幅增加。但投资性房产的营利性并不会随着资产价值的重估或入账模式的改变而有所变化。对该项目的分析，首先应注意企业对投资性房地产的分类是否恰当，其次分析其盈利性。

 二、投资性房地产案例解读

【案例 2－7】 万科 A（000002）

公司是中国最大的专业住宅开发企业，中国大陆首批公开上市的企业之一。产品定位于城市主流住宅市场，主要为城市普通家庭供应住房。表 2－7 列示了万科 A 2018 年主营业务的构成情况及毛利率信息。从表中可以看出，万科 A 的房地产业务毛利率为37.78%，毛利率较高。

表 2－7　　　　　　　　　　　万科 A 2018 年主营构成分析

项目名	营业收入（万元）	营业利润（万元）	毛利率（%）	占主营业务收入比例（%）
房地产	28 462 112.54	10 753 521.70	37.78	95.61
物业服务	979 564.84	182 569.73	18.64	3.29
其他业务	326 255.73	221 419.26	67.87	1.10
合计	29 767 933.11	11 157 510.69	37.48	100.00

万科 A 采用成本模式计量投资性房地产，即以成本减累计折旧摊销及减值准备在资产负债表内列示。将投资性房地产的成本扣除预计净残值（残值率 0～7%）和累计减值准备后在使用寿命内（20～70 年）按年限平均法计提折旧或进行摊销。图 2－14 列示

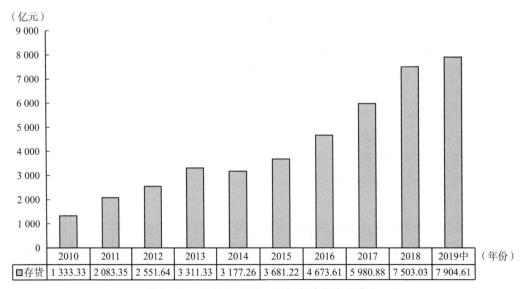

（亿元）	2010	2011	2012	2013	2014	2015	2016	2017	2018	2019中	（年份）
存货	1 333.33	2 083.35	2 551.64	3 311.33	3 177.26	3 681.22	4 673.61	5 980.88	7 503.03	7 904.61	

图 2－14　万科 A 2010～2019 年中期存货变化

了万科 A 2010～2019 年中期的存货变化，从图中可以看出，万科 A 的存货在 2016 年后快速增加。图 2－15 列示了万科 A 在 2010～2019 年中期投资性房地产的变化，从图中可以看出，万科 A 的投资性房地产在 2018 年以后快速增加。近年来由于房地产价格不断上扬，我们可以预料到公司采用成本模式计量的投资性房地产将会在未来出售时产生大量收益。

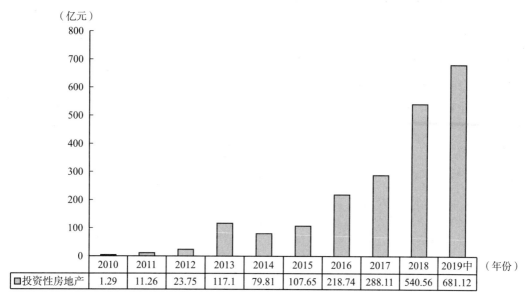

（年份）	2010	2011	2012	2013	2014	2015	2016	2017	2018	2019中
投资性房地产	1.29	11.26	23.75	117.1	79.81	107.65	218.74	288.11	540.56	681.12

图 2－15 万科 A 2010～2019 年中期投资性房地产变化

图 2－16 列示了近年来万科 A 的月 K 线图。长期来看，万科 A 震荡上扬。

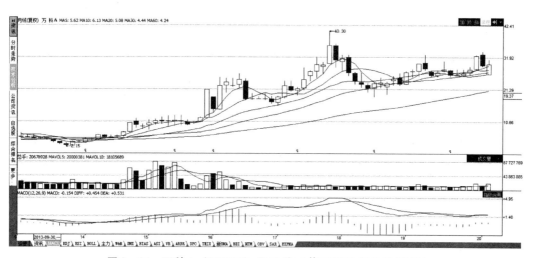

图 2－16 万科 A（000002）月 K 线（截至 2020 年 2 月 28 日）

第八节　固定资产与在建工程质量分析

 一、固定资产与在建工程质量分析

固定资产是指使用寿命超过一个会计年度，为生产商品、提供劳务出租或经营管理而持有的有形资产，是企业维持经营所必需的投资，是企业获取盈利的主要物质基础。固定资产同时满足两个条件：与该固定资产有关的经济利益很可能流入企业；该固定资产的成本能够可靠地计量才能予以确认。

固定资产的特点是长期拥有并在经营中发挥作用，投资额大，反映企业生产的技术水平与工艺水平，对企业经济效益和财务状况影响巨大，变现能力差。在进行固定资产质量分析时，要关注其营利性、周期性和变现性，同时应主要关注以下方面：

（一）规模和结构的分析

固定资产投资规模，应当与企业整体的生产经营水平、发展战略以及所处行业特点相适应。对于制造业企业，在其各类固定资产中，生产用固定资产特别是其中的生产设备，同企业生产经营直接相关，在全部资产中应占较大的比重。非生产用固定资产应在发展生产的基础之上，根据实际需要适当安排，但其增长速度一般情况下不应超过生产用固定资产的增长速度。未使用和不需用的固定资产所占比例较大，会影响企业固定资产整体的使用效果，应及时查明原因采取措施予以处理。

企业固定资产分布与配置往往与其生产经营特点、技术水平和发展战略等相关，其分布与配合的合理与否在很大程度上决定其利用效率和效益的高低。

（二）变现性的分析

固定资产作为长期债务的直接物资保障，其数量、结构、完整性和先进性都直接制约着企业的长期偿债能力。但固定资产的保值程度，即变现性将直接决定企业偿债能力的大小。因此在分析固定资产质量时，应对其是否有增值潜力进行分析，即分析其市场价值的未来走向是否增值。另外资产的专用性在一定程度上决定资产的变现性。资产的专用性越高，其变现的风险就越大。

（三）折旧的计提合理性分析

我国的固定资产的折旧方法有四种：①年限平均法；②工作量法；③年数总和法；④双倍余额递减法。后两种方法为加速折旧方法。采用合理的资产折旧方法计提固定资产折旧额，对加强企业经济核算，正确计算产品成本和企业盈利，对于足额补偿固定资产损耗，保证固定资产再生的顺利进行具有重要的意义。同时不同的折旧方法的使用，对企业的利润会产生不同的影响。

在进行折旧计提分析时，关注分析企业固定资产折旧方法的合理性，观察企业的固定资产折旧方法是否前后一致。对固定资产净残值及使用年限的估计，要注意是否符合国家有关规定，是否符合企业的实际情况。

（四）减值分析

企业对于固定资产的使用目的绝不是为了将其出售收回，而是在长期使用过程中逐渐收回。因此必须考虑固定资产在企业被利用的状态如何。如何能够按既定的用途被企业所利用，即使其市场价格已低于账面价值，也不能认为企业的固定资产质量低劣。另外企业会计准则规定固定资产的资产减值损失不得转回。

（五）结合其他报表进行分析

固定资产原值在年内的变化在一定程度上反映了企业优化资产结构、提高固定资产先进性、改进固定资产利用效果方面的努力，进而反映固定资产的质量变化过程。由于报表中只披露固定资产净值，因此应充分关注报表附注中关于固定资产原值变动的明细资料以及现金流量表中投资经营活动现金流的变化，能够判断固定资产的更新速度。

将存货的变动额与销售成本的合计数（可以视同为固定资产的产值）与固定资产的原价进行比较。一般情况下，比值越高固定资产的利用率越充分。通过与以前年度比较，分析其变动原因，可能会从中发现闲置固定资产或已减少固定资产未在账户中注销的情况。

在建工程本质上是正在形成的固定资产，是固定资产的一种特殊表现形式。在分析项目时应了解建设工期的情况。如果工程管理出现问题，会导致大量的流动资金沉淀，导致企业流动资金周转困难。同时关注已完工但没有及时结转固定资产的工程项目，这通常是企业推迟计提折旧包装利润的迹象。

二、固定资产与在建工程案例解读

【案例2-8】　贵州茅台（600519）与山西汾酒（600809）固定资产折旧政策比较

如表2-8和表2-9所示，对于白酒类上市公司贵州茅台与山西汾酒，两家企业对各类固定资产的折旧年限与净残值估计存在明显差异。另外，贵州茅台对于2014年后新购进的专门用于研发的仪器、设备加快折旧年限，体现了企业鼓励创新的折旧政策。

表 2 – 8   贵州茅台固定资产折旧年限与残值率

类别	贵州茅台（直线法）			
	折旧年限	残值率（%）	年折旧率（%）	对于 2014 年 1 月 1 日后新购进的专门用于研发的仪器、设备，金额在 100 万元以下的，一次性计入当期成本费用。超过 100 万元的，机器设备折旧年限为 6 年，电子设备为 2 年。对于 5 000 元以下的固定资产，一次性计入当期成本费用
房屋及建筑物	20	5	4.75	
机器设备	10	5	9.50	
电子设备	5	5	19	
运输设备	5	5	19	

表 2 – 9   山西汾酒固定资产折旧年限与残值率

类别	山西汾酒（直线法）		
	折旧年限	残值率（%）	年折旧率（%）
房屋及建筑物	15 ~ 35	3	2.77 ~ 6.47
专用设备	10	3	9.70
通用设备	4 ~ 10	3	9.70 ~ 24.25
运输设备	6	3	16.17
其他设备	5 ~ 10	3	9.70 ~ 19.40

【案例 2 – 9】　恒瑞医药（600276）固定资产与在建工程比较

恒瑞医药是国内最大的抗肿瘤药和手术用药的研究和生产基地，国内最具创新能力的大型制药企业之一，致力于在抗肿瘤药、手术用药、内分泌治疗药、心血管药及抗感染药等领域的创新发展，并逐步形成品牌优势。公司在美国、上海和连云港建有四大研究中心和一个临床医学部，并建立了国家级企业技术中心和博士后科研工作站。公司先后被评为"全国医药系统先进集体""国家重点高新技术企业"，国家火炬计划新医药研究开发及产业化基地的骨干企业之一，"国家 863 计划成果产业化基地"，连续多年被国家统计局列为全国化学制药行业十佳效益企业。

图 2 – 17 列示了恒瑞医药 2007 ~ 2019 年三季度固定资产与在建工程，从图 2 – 17 可知，恒瑞医药过去十几年固定资产稳步增加，在建工程 2016 年前增加幅度较慢。2016 年恒瑞医药在建工程增加 7.97 亿元，占 2016 年固定资产的 48%，增幅接近一半。2016 年后续的几年中，恒瑞医药在建工程增加明显，我们查看恒瑞医药的附注信息可以看出，资金大多投入研发领域的工程建设，可以判断未来几年将是这部分大幅增加的在建工程完工投入生产的产能释放期，有理由相信，恒瑞医药未来业绩可能会有大幅增加。

图 2 – 18 列示了恒瑞医药近年来的月 K 线图，股价快速上扬，相信未来随着在建工程的进一步转入固定资产释放产能，股价应该会不断水涨船高。

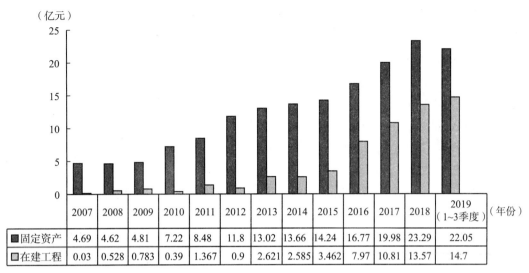

（亿元）

（年份）	2007	2008	2009	2010	2011	2012	2013	2014	2015	2016	2017	2018	2019 （1~3季度）
■固定资产	4.69	4.62	4.81	7.22	8.48	11.8	13.02	13.66	14.24	16.77	19.98	23.29	22.05
□在建工程	0.03	0.528	0.783	0.39	1.367	0.9	2.621	2.585	3.462	7.97	10.81	13.57	14.7

图 2 – 17 恒瑞医药 2007～2019 年三季度固定资产与在建工程对比

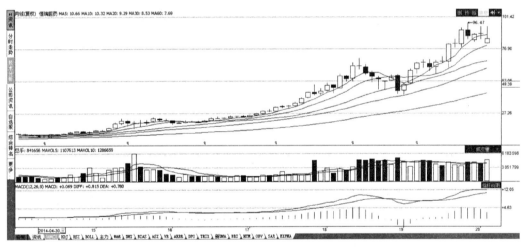

图 2 – 18 恒瑞医药月 K 线（截至 2020 年 2 月 28 日）

第九节 无形资产质量分析

 一、无形资产质量分析

无形资产是指企业拥有或者控制的没有实物形态的可辨认的非货币性资产，主要包括专利权、非专利技术、商标权、著作权、土地使用权、特许权等。

无形资产会计披露的特点：

①报表上作为无形资产和开发支出列示的是企业外购的无形资产和已经成功的开发支出。

②企业存在由于会计处理原因而导致的账外无形资产。长期以来，企业自主研发成功的无形资产难以在资产负债表上出现。因此，历史较为悠久且重视研究开发的企业，有可能存在多项已经成功，并且能够为企业未来发展作出积极贡献的表外无形资产。

③现行准则中，将无形资产的研发（R&D）划分为两个阶段，研究阶段和开发阶段。研究阶段的支出应计入当期损益费用化。而开发阶段的支出，满足相关条款规定时，进行资本化处理，计入无形资产。

因此，在进行无形资产质量分析时，要考虑账内无形资产的不充分性以及账外无形资产存在的可能性。

无形资产的属性决定了其营利性的不确定性。一般而言，专利权、商标权、著作权、土地使用权、特许权等有明确的法律保护时间，营利性相对容易判断。而专有技术等不受法律保护的项目，其营利性不好确定，同时也容易产生资产泡沫。

无形资产变现主要通过市场转让实现，其变现价值确认存在着较大的不确定性。无形资产的市场转让活跃程度会在很大程度上决定无形资产变现性的大小，一般能够实现顺利变现的无形资产通常只包括专利权、商标权、土地使用权、特许经营权和专有技术等。

按照会计准则的规定，无形资产摊销要根据无形资产的使用寿命是否确定采取不同的处理方法。对于使用寿命有限的无形资产，在使用寿命内平均摊销计入损益。使用寿命不确定的无形资产不进行摊销，期末进行减值测试。企业要定期对无形资产的价值进行检查，应对无形资产可收回金额进行估计，并将该无形资产的账面价值超过可回收金额的部分确认为减值准备。因此可通过减值准备计提情况来分析判断企业所拥有的各项无形资产的变现性。同时关注无形资产减值准备计提的合理性。按照现行规定，无形资产减值准备一经计提，在以后期间内不得任意转回，这在一定程度上防止企业利用无形资产减值准备的计提来操纵利润的行为发生。

无形资产项目的金额可能是难以正确反映公司无形资产的真实价值。在对无形资产项目进行分析时，要详细阅读报表附注及其他有助于了解公司无形资产来源、性质等情况的说明。

二、无形资产案例分析

【案例 2－10】　　　　　　　　腾讯控股（00700 HK）

腾讯是目前中国最大的互联网综合服务提供商之一，也是中国服务用户最多的互联网企业之一。腾讯把为用户提供"一站式在线生活服务"作为战略目标，提供互联网增值服务、网络广告服务和电子商务服务。通过即时通信工具 QQ、移动社交和通信服务微信和 WeChat、门户网站腾讯网（qq. com）、腾讯游戏、社交网络平台 QQ 空间等中国领先的网络平台,腾讯打造了中国最大的网络社区,满足互联网用户沟通、资讯、娱乐和电子商务等方面的需求。目前,腾讯50%以上员工为研发人员,拥有完善的自主研发体系,在存储技术、数据挖掘、多媒体、中文处理、分布式网络、无线技术六大方向都拥有了相当数量的专利申请,是拥有最多发明专利的中国互联网企业。腾讯的发展深刻地影响和改变了数以亿计网民的沟通方式和生活习惯,并为中国互联网行业开创了更加广阔的应用前景。

　　腾讯控股的商誉与无形资产(不含土地使用权)项目包括如下内容:商誉、影片内容的版权许可、游戏特许权、版权、其他无形资产和电脑软件及其他等。从图 2 - 19 和图 2 - 20 可以看出腾讯控股 2016 年无形资产大幅增加,这对未来腾讯控股业绩的进一步提升有很大的促进作用。同时 2016 年腾讯控股营业收入大幅增加,利润增加,企业发展进入快车道。

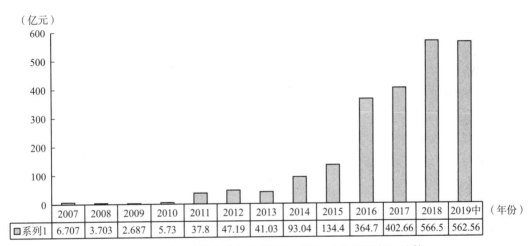

（亿元）

	2007	2008	2009	2010	2011	2012	2013	2014	2015	2016	2017	2018	2019中
系列1	6.707	3.703	2.687	5.73	37.8	47.19	41.03	93.04	134.4	364.7	402.66	566.5	562.56

图 2 - 19　腾讯控股商誉与无形资产(不含土地使用权)比较

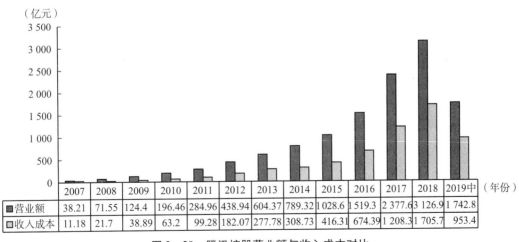

（亿元）

	2007	2008	2009	2010	2011	2012	2013	2014	2015	2016	2017	2018	2019中
营业额	38.21	71.55	124.4	196.46	284.96	438.94	604.37	789.32	1 028.6	1 519.3	2 377.63	126.9	1 742.8
收入成本	11.18	21.7	38.89	63.2	99.28	182.07	277.78	308.73	416.31	674.39	1 208.3	1 705.7	953.4

图 2 - 20　腾讯控股营业额与收入成本对比

图 2 – 21 列示了腾讯控股近年来的月 K 线图，从图中可以看出，腾讯控股一直在上升通道运行。

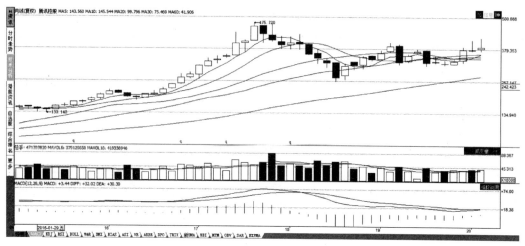

图 2 – 21　腾讯控股月 K 线（截至 2020 年 2 月 28 日）

第十节　负债质量分析

负债是指过去的交易事项所形成的现时义务，履行该义务会导致未来经济利益流出企业。负债按其偿还期的长短分为流动负债和非流动负债。与流动负债相比，非流动负债具有金额较大、偿还期较长的特点，其未来支付的金额与现值差异较大，通常按现值记账。

 一、流动负债质量分析

流动负债为一年内应清偿的债务责任。包括短期借款、交易性金融负债、应付票据、应付账款、预收款项、应付职工薪酬、应交税费、应付利息，应付股利、其他应付款、一年内到期的其他非流动负债等（见图 2 – 22）。

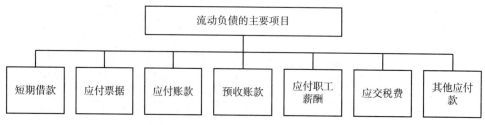

图 2 – 22　流动负债包括的主要项目

流动资产是一年内可变现的资产项目，流动负债为一年内应清偿的债务责任。因此，在任一个时点上，两者的数量可比关系对企业的短期经营活动有着重要的作用。此外，流动负债各构成部分流动性、可控性及强制程度等对企业的短期经营亦有着较大的影响。对流动负债质量分析主要关注以下几个方面：

（一）流动负债偿债压力分析

流动负债各个构成项目的周转期间不相同，周转期限较长的负债，无形中降低了企业的流动性风险。对于企业短期偿债能力来说，只有强制性的债务能够真正影响企业现实偿债能力，如当期必须支付的应付票据、应付账款、银行借款以及契约性债务等，对于预收款项、部分应付账款、其他应付款等，由于某些因素的影响，不必当期偿付，实际上不构成对企业的短期付款的压力。

（二）短期贷款规模反映的融资质量信息

企业的短期贷款主要与企业的经营活动相关联，用于补充企业的流动资金。但在实践中，企业资产负债表期末短期贷款的规模可能表现为远远超过实际需求数量。造成这种状况的原因可能是：第一，企业的货币资金中包含了一部分保证金存款；第二，企业由于组织结构的原因，存在众多异地分公司，分公司的货币资金由各分公司支配，汇集在报表上表现出的规模并不能代表企业实际可支配的货币规模；第三，由于融资环境和融资行为的原因，导致企业融入了过多的货币资金，该状况将导致企业承担不必要的财务费用。

（三）应付票据与应付账款变化所包含的经营质量信息

应付票据与应付账款的规模代表了企业利用商业信用来推动其经营活动的能力，也可以在一定程度上反映出企业在行业中的议价能力。

企业存货或营业成本增长，应付账款相应增长的情况下，从债务方来看，通常表明企业与供应企业在结算方式的谈判方面具有较强的能力，企业成功地利用了商业信用来支持自己的经营活动，又能够减少采用商业汇票结算所引起的财务费用。从债权方来看，之所以愿意提供赊销而不采用商业汇票结算方式，是因为对债务企业的偿债能力有信心，对回收商业债权有信心。

企业存货或营业成本增长，应付票据（我国企业普遍采用银行承兑汇票）相应增长的情况下，从债务方来看，通常表明企业因支付能力下降而失去与供应企业在结算方式上的谈判优势，而不得不采用商业汇票结算。采用商业汇票结算，引起企业财务费用的增加，货币资金的周转压力增加。从债权方来看，之所以接受商业汇票结算方式，除了商业汇票具有更强的流动性外，还有可能是因为对债务企业的偿债能力缺乏信心。

二、非流动负债质量分析

非流动负债指偿还期在一年以上的负债，包括长期借款、应付债券、长期应付款、专项应付款、预计负债、递延所得税负债及其他非流动负债等（见图2-23）。

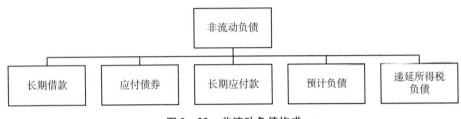

图2-23　非流动负债构成

企业的非流动负债是有代价的资金来源，是形成企业非流动资产的资金来源。因此，非流动负债主要分析非流动负债所形成的固定资产、无形资产是否得到充分的利用、产生增量效益；所形成的长期股权投资是否产生投资收益；增量效益与投资收益应对应相当规模的现金回收，债务的本金及利息才能够得以偿还，非流动负债才能形成良性周转。对于非流动负债重点关注各类借款的规模及资金成本。财务报表附注中披露的利息率是分析一家上市公司经营情况的重要数据。

此外，预计负债涉及诉讼、债务担保、亏损合同、重组事项时，如该等事项很可能需要未来以交付资产或提供劳务、其金额能够可靠计量的，需要确认为预计负债。一项或有事项是否会被确认为负债，在很大程度上要由人来主观判断，因此不可避免会出现有的企业利用该项目进行利润操纵现象。

 三、负债案例分析

【案例2-11】　　　　　辉山乳业（6863. HK）

辉山乳业是中国东北地区乳制品生产商。辉山乳业主要从事奶品及婴幼儿配方奶粉生产及销售，是辽宁省最大的液态奶生产商。

如图2-24所示，2017年3月24日辉山乳业2.81港元开盘，0.42港元收盘，一天跌幅达到85%。根据浑水公司沽空报告，辉山令人眼花缭乱的信贷指标（以面值计）包括：

净利息融资成本增加了近3倍，从2014年的2.057亿元增加到2015年的3.228亿元、2016年的6.81亿元。截至2016年9月，2017财年上半年的融资成本高达4.513亿元。

2016年，银行费用和其他融资成本增加了3倍，从2015年的1 040万元增加到2016年的3 750万元。截至2016年9月30日的六个月，这些成本惊人地飙升至5 380万元。没有脚注解释这些"其他财务成本"是什么。

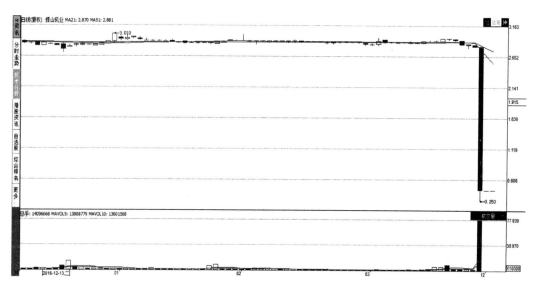

图 2-24　辉山乳业 2017 年 3 月 24 日股价崩塌

银行存款支付应付票据同比增加 300%（2016 年为 9.46 亿元，2015 年为 3.14 亿元）。截至 2016 年 9 月 30 日，这些存款为 9.626 亿元。辉山没有说明这些应付款是什么。

另一项潜在的融资租赁协议，用于出售未指定的财产、厂房和设备，作价最高为 3 亿元，租赁回收率为 5%。

由于大量短期债务，辉山 2017 年违约概率很高。

由于公司 70% 的债务在不到一年的时间内到期，并且自由现金流量有限，辉山的债务资料呈现很高的短期违约风险（此评估未考虑我们的结论，即该公司存在财务造假）。辉山将需要想办法解决将于一年内到期的 111 亿元债务。

鉴于公司最近的奶牛售后回租的尝试，也反映公司出现了短期借款增加的严重问题。奶牛售后回租的尝试和对其贷款设施的缩减，意味着辉山关注其短期流动性和即将到来的债务到期日。辉山 88% 的债务已经通过 PP&E、租赁和股权保证或担保。公司在这一阶段提供额外抵押品的能力是非常可疑的，特别是考虑到我们的结论，即 PP&E 已大幅膨胀。该公司还宣布，正在探索在中国内地上市部分资产。我们认为这是另一项证据表明，辉山正在用传统的方式获得资本，并希望得到不那么精明的投资者的支持，以防止公司崩溃。

该公司已经找到了从银行获得短期贷款以弥补短期现金需求的方法。辉山的首席财务官一直在谈论延长辉山贷款的到期日；然而，2017 财年上半年一年内到期的债务已上升 55.4%，达到 111 亿元。

资料来源：浑水公司：《回顾浑水沽空报告全文：辉山乳业为啥一文不值》，2017 年 3 月 25 日，网易财经，http://money.163.com/17/0325/00/CGB5JE0K002580S6.html。

第十一节 所有者权益质量分析

一、所有者权益质量分析

所有者权益是企业资产扣除负债后，由所有者享有的剩余权益，也称为净资产，股份制企业也称为股东权益。一般包括企业所有者投入的资本以及留存收益两大类内容。主要由以下内容构成，实收资本、资本公积、盈余公积和未分配利润。盈余公积与未分配利润也称为留存收益（见图 2 – 25）。

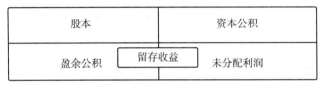

图 2 – 25　所有者权益构成

所有者权益的质量分析，主要关注以下几个方面：

（一）所有者权益内部股东持股构成状况

控制性股东、重大影响性股东将决定企业未来的发展方向。因此，关注控制性股东、重大影响性股东的背景状况。

（二）直接计入资本公积的利得和损失

直接计入资本公积的利得和损失多是由资产的计量属性变动而引起的，或者反映其他资产的价值变动对企业总体价值变动的影响额。这样的变动大多表现为与公允价值变动相关的事项，由此形成的利得和损失是尚未实现的，并不是以真实的交易事项为基础，不产生真实的财务后果，不代表所有者真正享有的权益。

（三）投入资本与留存收益的比较

投入资本总额大致反映了企业所有者对企业进行了累计投资规模，而留存收益则大致反映了企业从最初成立以来的自身积累规模。因此在企业没有大规模进行转增资本的情况下，通过计算投入资本与留存收益之间的比例关系，就可以揭示出企业主要的自有资金来源，从而评价企业的资本充足性、自身积累和自我发展的能力。

二、所有者权益案例分析

【案例 2－12】　　兴业银行（601166）与招商银行（600036）的比较

兴业银行股份有限公司是经中国人民银行批准成立的首批股份制商业银行之一，经营范围包括：存款、贷款；票据承兑与贴现；发行金融债券、承销政府债券等。主要业务方向分为公司业务、同业业务、资金业务、零售业务四大类。

招商银行是一家拥有商业银行、金融租赁、基金管理、人寿保险、境外投行等金融牌照的银行集团。公司主要提供公司及个人银行服务、从事资金业务，并提供资产管理、信托及其他金融服务。

如图 2－26 所示，兴业银行与招商银行在过去几年中取得不错的业绩，利润总额不断增加，每股收益稳步提高。

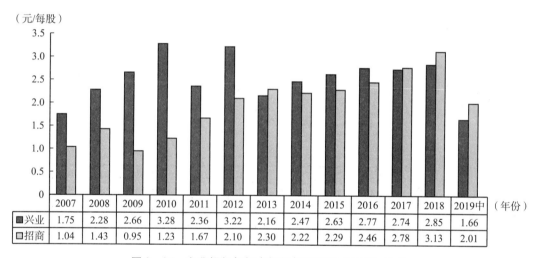

（元/每股）	2007	2008	2009	2010	2011	2012	2013	2014	2015	2016	2017	2018	2019中 (年份)
兴业	1.75	2.28	2.66	3.28	2.36	3.22	2.16	2.47	2.63	2.77	2.74	2.85	1.66
招商	1.04	1.43	0.95	1.23	1.67	2.10	2.30	2.22	2.29	2.46	2.78	3.13	2.01

图 2－26　兴业银行与招商银行每股收益（EPS）比较

图 2－27 揭示了兴业银行与招商银行随着我国市场经济发展及同业竞争加剧与互联网金融的冲击，成本收入比快速下行。但是，招商银行在与兴业银行的成本收入比这一指标比较中优势明显。

通过图 2－28 比较，两家银行在 2011 年不良贷款比率达到最低点，从 2012 年开始不良贷款比率显著上升，在 2016 年开始增幅减缓。

通过图 2－29 比较，两家银行不良贷款拨备覆盖率 2011～2012 年缓步下降，2016 年招商银行迎来拐点快速上扬。

如图 2－30 所示，兴业银行与招商银行每股净资产过去十多年净资产都大幅度增加。兴业银行从 2013 年 10.49 元/股上升到 2019 年中期的 21.87 元/股。但市净率长期低于 1，市场价格长期低于每股净资产低位运行。

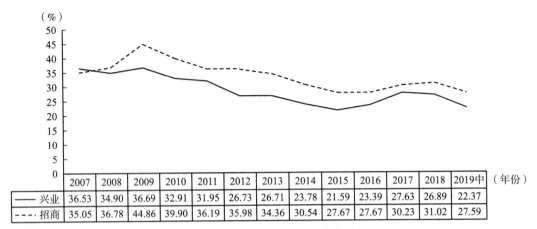

（%）	2007	2008	2009	2010	2011	2012	2013	2014	2015	2016	2017	2018	2019中	（年份）
兴业	36.53	34.90	36.69	32.91	31.95	26.73	26.71	23.78	21.59	23.39	27.63	26.89	22.37	
招商	35.05	36.78	44.86	39.90	36.19	35.98	34.36	30.54	27.67	27.67	30.23	31.02	27.59	

图 2 - 27　兴业银行与招商银行成本收入比

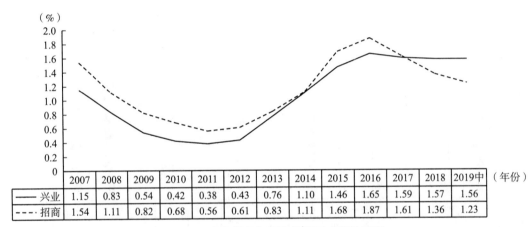

（%）	2007	2008	2009	2010	2011	2012	2013	2014	2015	2016	2017	2018	2019中	（年份）
兴业	1.15	0.83	0.54	0.42	0.38	0.43	0.76	1.10	1.46	1.65	1.59	1.57	1.56	
招商	1.54	1.11	0.82	0.68	0.56	0.61	0.83	1.11	1.68	1.87	1.61	1.36	1.23	

图 2 - 28　兴业银行与招商银行不良贷款比率

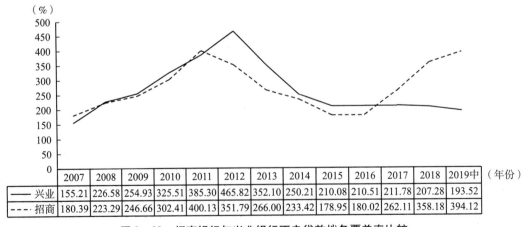

（%）	2007	2008	2009	2010	2011	2012	2013	2014	2015	2016	2017	2018	2019中	（年份）
兴业	155.21	226.58	254.93	325.51	385.30	465.82	352.10	250.21	210.08	210.51	211.78	207.28	193.52	
招商	180.39	223.29	246.66	302.41	400.13	351.79	266.00	233.42	178.95	180.02	262.11	358.18	394.12	

图 2 - 29　招商银行与兴业银行不良贷款拨备覆盖率比较

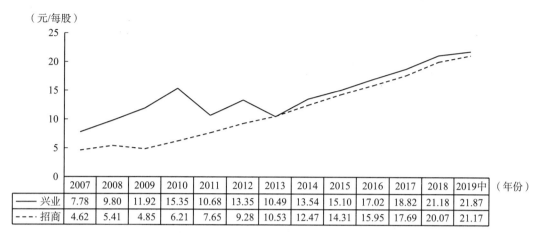

（年份）	2007	2008	2009	2010	2011	2012	2013	2014	2015	2016	2017	2018	2019中
兴业	7.78	9.80	11.92	15.35	10.68	13.35	10.49	13.54	15.10	17.02	18.82	21.18	21.87
招商	4.62	5.41	4.85	6.21	7.65	9.28	10.53	12.47	14.31	15.95	17.69	20.07	21.17

图 2-30 兴业银行与招商银行每股净资产（BPS）比较

图 2-31 和图 2-32 列示了兴业银行与招商银行近年来的月 K 线图，从长期来看，股价缓慢上升。相信未来随着我国企业经济效益的进一步上升，兴业银行的股价会迅速脱离净资产，还原它本来应该具有的价值。

总之，兴业银行与招商银行作为优秀的股份制商业银行的代表，未来拥有广阔的发展前景。互联网金融背景下银行要实现业务模式从重资产、重资本向轻资产、轻资本，从信用中介、资金中介向信息中介、资本中介，从持有资产向交易管理资产，从融资向融智，从单个市场向整个金融市场的转变，从而真正成为"轻型"现代商业银行。

图 2-31 兴业银行月 K 线（截至 2020 年 2 月 28 日）

图 2-32　招商银行月 K 线（截至 2020 年 2 月 28 日）

第十二节　与资产负债表有关的财务比率

一、短期偿债能力（清偿能力）分析指标

（一）流动比率

流动比率是指企业的流动资产除以流动负债的比率，是衡量企业短期流动性方面最常用的比率之一。

$$流动比率 = 流动资产/流动负债$$

比率越大，表明短期偿债能力越强，流动负债的安全性越高。但是，过高的流动比率不见得是好事情，因为过高的流动比率可能是由于其滞留在流动资产上的资金过多所致，也就是说，可能是资金的使用效率较低的表现。由于流动资产中变现能力较差的存货、应收账款等在流动资产中约占一半，一般认为流动比率维持在 2∶1 左右比较合适。

用流动比率来评价短期偿债能力有明显的局限性，比如存货积压和应收账款回收困难会导致流动比率的提高，而这些情况实际上是企业偿债能力不足的表现，为了能更真实地揭示企业的短期偿债能力，我们还可以使用速动比率这一指标。

（二）速动比率

速动比率，又称酸性测试比率，是流动资产中的速动资产除以流动负债的比值。速动资产是指流动资产扣除变现能力较差的项目以后的部分。变现能力较差的项目主要有存货、预付账款、一年内到期的非流动资产和其他流动资产。预付账款、一年内到期的非流动资产和其他流动资产因为相对金额较小，通常计算时也可不扣除。

$$速动比率 = 速动资产/流动负债$$

其中：　　　　　　$$速动资产 = 流动资产 - 存货$$

或：　　$$速动资产 = 流动资产 - 存货 - 预付账款 - 一年内到期的非流动资产$$
$$- 其他流动资产$$

速动比率一般认为 1 左右比较合理。值得注意的是，在速动资产中仍包含有应收账款。如果应收账款的金额过大或质量较差，则同样的速动比率下短期偿债能力可能较低。

（三）现金比率

现金比率是指企业的现金类资产与流动负债的比率，现金类资产包括了货币资金和可以在短期内变现的有价证券。

$$现金比率 = (货币资金 + 交易性金融资产)/流动负债$$

现金比率是最严格、最稳健的短期偿债能力衡量指标。现金比率剔除了应收账款对偿债能力的影响，最能反映企业直接偿付流动负债的能力。

二、长期偿债能力（财务杠杆）指标

（一）资产负债率

资产负债率又称负债比率，是企业全部负债总额与全部资产总额的比率。资产负债率表明了在企业全部资产来源中从债权人方面取得数额的比重。资产负债率反映了企业举债经营的能力，也反映了企业的长期偿债能力。

$$资产负债率 = 负债总额 \div 资产总额 \times 100\%$$

资产负债率越低，上市公司的长期偿债能力越强。一定意义上，这也反映企业进一步筹资的能力较强。另外，当企业总资产收益率大于借款利率的情况下，资产负债率越高，对股东越有利。

（二）产权比率

产权比率是负债总额与所有者权益总额的比率。产权比率是评估资金结构合理性的一种指标。

$$产权比率 = 负债总额 \div 所有者权益 \times 100\%$$

一般来说，产权比率可反映股东所持股权是否过多，或者是否不够充分等情况，从另一个侧面表明企业借款经营的程度。一般来说，产权比率可反映股东所持股权是否过多（或者是否不够充分）等情况，从另一个侧面表明企业借款经营的程度。这一比率是衡量企业长期偿债能力的指标之一。该指标表明由债权人提供的和由投资者提供的资金来源的相对关系，反映企业基本财务结构是否稳定。产权比率越低表明企业自有资本占总资产的比重越大，长期偿债能力越强。

（三）有形净值债务率

有形资产净值债务率是企业负债总额与有形净值的百分比。有形净值是所有者权益减去无形资产净值后的净值，即所有者具有所有权的有形资产净值。有形净值债务率用于揭示企业的长期偿债能力，表明债权人在企业破产时的被保护程度。有形资产负债率是产权比率的改进，主要是考虑到无形资产（含递延资产）价值的不确定性以及沉没性（即相关事项已经支付，只不过由于权责发生制而计入资产项目，但事实上不可能再次形成现金流），以至于不能作为偿还债务的保障。其计算公式如下：

$$有形净值债务率 = 负债总额/（股东权益 - 无形资产净值等）\times 100\%$$

有形净值债务率主要是用于衡量企业的风险程度和对债务的偿还能力。这个指标越大，表明风险越大；反之，则越小。同理，该指标越小，表明企业长期偿债能力越强，反之，则越弱。

对有形净值债务率的分析，可以从以下几个方面进行：第一，有形净值债务率揭示负债总额与有形资产净值之间的关系，能够计量债权人在企业处于破产清算的时候能获得多少有形财产保障。从长期偿债能力来说，指标越低越好。第二，有形净值债务率指标最大的特点是在可用于偿还债务的净资产中扣除无形资产，这主要是因为无形资产的计量缺乏可靠的基础，不可能作为偿还债务资源。第三，有形净值债务率指标的分析和产权比率分析相同，负债总额和有形资产净值应维持1:1的比例。第四，在使用产权比率时，必须结合有形净值债务率的指标，做进一步分析。

三、资产管理效率分析指标

（一）应收账款周转率与应收账款周转天数

应收账款周转率，又称应收账款周转次数，指一定时期内应收账款转为现金的平均次数，反映企业回笼应收账款的能力。

$$应收账款周转率 = 赊销收入净额/应收账款平均余额$$

其中：　　　$$应收账款平均余额 =（期初应收账款 + 期末应收账款）/2$$

在上市公司的财务报表上，一般没有披露赊销收入净额，这时只能用销售收入净额替代。应收账款周转率，反映了上市公司资产利用的效率，该比率越高，说明企业经营越好。同应收账款周转率密切相关的另一个指标是应收账款周转天数或应收账款平均收账期。

$$应收账款周转天数 = 计算期天数/应收账款周转率$$

应收账款周转天数，也就是应收账款的平均账龄，如果将应收票据考虑进去，那么可以类似地计算出应收款项周转率、应收款项周转天数，这样对企业的情况反应就更接近于真实。

(二) 存货周转率与存货周转天数

存货周转率也叫存货周转次数，指一定时期内存货转为现金或应收账款的平均次数，反映企业销售存货的能力。

$$存货周转率 = 销货成本/存货平均余额$$

其中：　　　　　$$存货平均余额 = (期初存货 + 期末存货)/2$$

存货周转率也是反映了上市公司资产利用的效率，该比率越高说明产品的生产和销售情况越好。同存货周转率密切相关的另一指标是全货周转天数。

$$存货周转天数 = 计算期天数/存货周转率$$

【案例 2 - 13】　　　　胜景山河案例 (002525, IPO 中止)

胜景山河为国内黄酒行业的一家企业，专注于新型黄酒的研发、生产和销售，旗下拥有"胜景山河""古越楼台"两大品牌，"喜酿""典""道"等多个系列 10 余种产品。如表 2 - 10 所示为胜景山河 2007～2009 年的相关数据。2010 年 IPO 时被中止上市。

表 2 - 10　　胜景山河 2007～2009 年存货周转天数、营业收入、营业成本与存货数据

年度	2007	2008	2009
存货周转天数	1 134.93	968.523	1 115.93
营业收入 (元)	86 931 974.44	122 819 259.73	159 666 732.23
营业成本 (元)	39 594 644.49	63 427 814.25	79 610 704.08
存货 (元)	124 806 735.16	216 488 932.61	277 079 897.89

而同时期已经在上海证券交易所上市的黄酒类上市公司古越龙山 (600059) 的相关数据如表 2 - 11 所示。

表 2 - 11　　古越龙山 2007～2009 年存货周转天数、营业收入、营业成本与存货数据

年度	2007	2008	2009
存货周转天数	669.2694	740.5884	768.5739
营业收入 (元)	814 917 320.51	747 813 509.33	740 570 977.45
营业成本 (元)	486 121 010.98	442 640 547.06	463 123 760.22
存货 (元)	916 676 655.88	904 472 127.04	1 072 895 200.84

胜景山河被终止上市的原因之一在于存货金额异常增加，存货周转天数异常。

（三）流动资产周转率与流动资产天数

流动资产周转率，也叫流动资产周转次数，是销售收入与全部流动资产平均余额的比率。它反映的是全部流动资产的利用效率。

$$流动资产周转率 = 销货收入净额/流动资产平均余额$$

类似地，可以计算流动资产周转天数。

$$流动资产周转天数 = 计算期天数/流动资产周转率$$

流动资产周转率是分析流动资产周转情况的一个综合指标。流动资产周转率大，相当于扩大了企业的资产投入。

 ## 四、投资报酬率分析指标

（一）总资产收益率

总资产收益率也叫总资产报酬率，反映企业利用全部经济资源的获利能力。

$$总资产收益率 = (利润总额 + 利息费用)/总资产平均余额$$

其中： $$总资产平均余额 = (期初总资产额 + 期末总资产额)/2$$

总资产收益率越高，则企业的获利能力越强。它取决于总资产的增长速度和销售利润率的大小。如果将公司中的总资产换成净资产则可以得到净资产收益率或者股东权益报酬率。

（二）资本保值增值率

资本保值增值率是会计期间股东权益的增长率。

$$资本保值增值率 = 期末股东权益/期初股东权益$$

资本保值增值率也是越高越好，在运用这一指标时须分辨期末股东权益中是否有股东增加投资或回收投资的影响。

 ## 五、与市场价值有关的比率指标

（一）每股净资产

$$每股净资产 = 普通股股东权益/普通股股数$$

每股净资产反映的是会计账面上每一普通股所代表的上市公司资产份额。这一指标是企业发行新股及企业购并等行为中定价的一个依据。普通股股数可以是期末的，可以是一定时期之内的加权平均值。

（二）净资产倍率（市净率、PB）

净资产倍率（市净率）＝每股市价/每股净资产

该指标反映每股市价与每股净资产的倍数关系。净资产倍率或市净率在一定程度上揭示了价格背离价值的投资风险。但有必要指出，按公认观念买股票就是买未来，而现行的会计计量则是以历史成本为基础的。所以从某种意义上看，这一指标也反映了历史成本会计的不足。

【案例2－14】　　部分银行类上市公司市盈率与市净率几个不同时点比较

点评：由表2－12、表2－13和表2－14可知，未来银行业的ROE（净资产收益率）维持10%附近是极大概率的，那么整体1PB以下的银行股估值机会意味着投资者银行股投资长期的复利收益率会达到10%以上。10%复利或许不算高，但绝大多数的投资者无法做到长期10%的复利。从这个意义讲，对于普通投资者而言，选择"一揽子"的银行股作为长期持有，是不错的选择。当银行业整体的估值远低于1PB的时候，这是极好的获取超额收益的时机。银行业未来ROE的下移的可能，反过来也为银行业提供了估值的优势。事物总是辩证的，ROE整体下移到极致的同时，反而为估值上移提供了后劲，原因在于百业之母的盈利能力下移意味着全社会无风险收益率的下移。长期而言，无风险收益率和股市的估值必然会成为反向指标。

表2－12　　截至2017年3月31日部分银行类上市公司动态市盈率与市净率一览

证券代码	证券简称	收盘价	市盈率PE（TTM）	市净率PB（LF）
002142.SZ	宁波银行	18.42	9.1977	1.4287
601009.SH	南京银行	12.02	8.9089	1.4071
600036.SH	招商银行	19.17	7.7876	1.2016
601169.SH	北京银行	9.61	8.2759	1.1832
600000.SH	浦发银行	16.01	6.5182	1.0239
601166.SH	兴业银行	16.21	5.8307	0.971
601939.SH	建设银行	5.94	6.4161	0.9539
601998.SH	中信银行	6.71	7.8876	0.9538
600015.SH	华夏银行	11.29	6.1589	0.9401
600016.SH	民生银行	8.48	6.4669	0.93
601398.SH	工商银行	4.84	6.1995	0.9125
601288.SH	农业银行	3.34	5.8976	0.8761
601818.SH	光大银行	4.11	6.3257	0.87
000001.SZ	平安银行	9.17	6.9672	0.8641

证券代码	证券简称	收盘价	市盈率 PE（TTM）	市净率 PB（LF）
601988. SH	中国银行	3.7	6.2559	0.8444
601328. SH	交通银行	6.23	6.8837	0.8127

表 2-13　　截至 2017 年 9 月 31 日部分银行类上市公司动态市盈率与市净率一览

证券代码	证券简称	收盘价	市盈率 PE（TTM）	市净率 PB（LF）
002142. SZ	宁波银行	15.78	9.4820	1.6989
601009. SH	南京银行	7.91	7.4513	1.2725
600036. SH	招商银行	25.55	9.7470	1.5365
601169. SH	北京银行	7.46	7.4551	1.0462
600000. SH	浦发银行	12.87	6.9322	1.0158
601166. SH	兴业银行	17.29	6.4129	0.9785
601939. SH	建设银行	6.97	7.3716	1.0832
601998. SH	中信银行	6.30	7.3332	0.8747
600015. SH	华夏银行	9.27	6.0378	0.8565
600016. SH	民生银行	8.02	6.0075	0.8362
601398. SH	工商银行	6.00	7.6094	1.1029
601288. SH	农业银行	3.82	6.6212	0.9729
601818. SH	光大银行	4.05	6.1322	0.8204
000001. SZ	平安银行	11.11	8.3445	0.9961
601988. SH	中国银行	4.12	6.9216	0.8973
601328. SH	交通银行	6.32	6.8493	0.8045

表 2-14　　截至 2019 年 6 月 30 日部分银行类上市公司市净率与市盈率一览

证券代码	证券简称	收盘价	每股净资产	市净率 PB	每股收益	市盈率 PE
002142. SZ	宁波银行	23.84	14.28	1.67	1.31	18.20
601009. SH	南京银行	7.87	8.46	0.93	0.81	9.72
600036. SH	招商银行	35.04	21.17	1.66	2.01	17.43
601169. SH	北京银行	5.62	8.51	0.66	0.58	9.69
600000. SH	浦发银行	11.68	15.77	0.74	1.07	10.92
601166. SH	兴业银行	18.29	21.87	0.84	1.66	11.02
601939. SH	建设银行	7.44	7.97	0.93	0.62	12.00
601998. SH	中信银行	5.74	8.62	0.67	0.58	9.90

续表

证券代码	证券简称	收盘价	每股净资产	市净率 PB	每股收益	市盈率 PE
600015.SH	华夏银行	7.53	12.78	0.59	0.63	11.95
600016.SH	民生银行	6.00	9.76	0.61	0.72	8.33
601398.SH	工商银行	5.64	6.53	0.86	0.47	12.00
601288.SH	农业银行	3.60	4.72	0.76	0.34	10.59
601818.SH	光大银行	3.81	5.77	0.66	0.37	10.30
000001.SZ	平安银行	13.78	13.57	1.02	0.85	16.21
601988.SH	中国银行	3.74	5.36	0.70	0.38	9.84
601328.SH	交通银行	5.82	8.84	0.66	0.54	10.78

第三章　利润表质量分析

学习目标：通过本章的学习，了解利润表的内容与格式。掌握核心利润的形成过程的质量分析，熟悉上市公司利润质量恶化的主要表现。了解资产负债表债务法的递延所得税的形成过程与所得税的财务分析要点。掌握与利润表有关的上市公司盈利能力分析指标与股票投资者获利能力财务分析指标。

第一节　我国利润表的内容与格式

 一、利润表的内容

利润表是反映企业在一定会计期间的经营成果的会计报表，反映了企业经营业绩的主要来源和构成。与资产负债表不同，利润表是一张动态的时期报表，主要提示企业一定时期的收入实现情况、费用耗费情况以及由此计算出的企业利润或亏损情况。利润表揭示了资产负债表中留存利润本年累计余额与上年余额之间差额的变动过程。

利润表是根据"利润 = 收入 – 费用"的基本关系而编制的。我国现行的利润表采用的是多步式格式，各项目之间的联系可通过以下计算公式来表示：

$$营业利润 = 营业收入 – 营业成本 – 税金及附加 – 销售费用 – 管理费用$$
$$– 财务费用 – 资产减值损失 + 公允价值变动收益 + 投资收益$$
$$利润总额 = 营业利润 + 营业外收入 – 营业外支出$$
$$净利润 = 利润总额 – 所得税费用$$
$$综合收益总额 = 净利润 + 其他综合收益$$

综合收益，是指企业在某一期间除与所有者以其所有者身份进行的交易之外的其他交易或事项所引起的所有者权益变动。综合收益总额项目反映净利润和其他综合收益扣除所得税影响后的净额相加后的合计金额。

其他综合收益，是指企业根据其他会计准则规定未在当期损益中确认的各项利得和损失。企业应当以扣除相关所得税影响后的净额在利润表上单独列示各项其他综合收益项目，并且其他综合收益项目应当根据其他相关会计准则的规定分为下列两类列报：

（一）以后会计期间不能重分类进损益的其他综合收益项目

主要包括：①重新计量设定受益计划净负债或净资产导致的变动；②按照权益法核算的在被投资单位不能重分类进损益的其他综合收益变动中所享有的份额；③其他权益工具投资公允价值变动；④企业自身信用风险公允价值变动。

（二）以后会计期间在满足规定条件时将重分类进损益的其他综合收益项目

主要包括：①权益法下可转损益的其他综合收益；②其他债权投资公允价值变动；③可供出售金融资产公允价值变动损益；④现金流量套期损益的有效部分；⑤持有至到期投资重分类为可供出售金融资产损益；⑥其他债权投资信用减值准备；⑦现金流量套期储备（现金流量套期损益的有效部分）；⑧外币财务报表折算差额；⑨其他。

 二、利润表的列报格式

利润表采用多步式的格式，即通过对当期的收入、费用、支出项目按性质加以归类，按利润形成的主要环节列示一些中间性利润指标，便于使用者理解企业经营成果的不同来源。企业需要提供比较利润表，以便报表使用者通过比较不同期间利润表的数据，判断企业经营成果的未来发展趋势。利润表还就各项目再分为"本期发生额"和"上期发生额"两栏分别填列。一般企业利润表的格式如表3-1所示。

表3-1 　　　　　　　　　　　　　利润表 　　　　　　　　　　　会企02表

编制单位： 　　　　　　　　　　　_____年度 　　　　　　　　　　　单位：元

项目	本期发生额	上期发生额
一、营业总收入		
其中：营业收入		
利息收入		
已赚保费		
手续费及佣金收入		
二、营业总成本		
其中：营业成本		
利息支出		
手续费及佣金支出		
退保金		
赔付支出净额		
提取保险合同准备金净额		

项目	本期发生额	上期发生额
保单红利支出		
分保费用		
税金及附加		
销售费用		
管理费用		
研发费用		
财务费用		
其中：利息费用		
利息收入		
加：其他收益		
投资收益		
其中：对联营企业和合营企业的投资收益		
以摊余成本计量的金融资产终止确认收益		
汇兑收益（损失以"－"号填列）		
净敞口套期收益（损失以"－"号填列）		
公允价值变动收益（损失以"－"号填列）		
信用减值损失（损失以"－"号填列）		
资产减值损失（损失以"－"号填列）		
资产处置收益（损失以"－"号填列）		
三、营业利润		
加：营业外收入		
减：营业外支出		
四、利润总额		
减：所得税费用		
五、净利润		
（一）按经营持续性分类		
1. 持续经营净利润		
2. 终止经营净利润		
（二）按所有权归属分类		
1. 归属于母公司股东的净利润		
2. 少数股东损益		
六、其他综合收益的税后净额		
归属母公司所有者的其他综合收益的税后净额		

项目	本期发生额	上期发生额
（一）不能重分类进损益的其他综合收益		
1. 重新计量设定受益计划变动额		
2. 权益法下不能转损益的其他综合收益		
3. 其他权益工具投资公允价值变动		
4. 企业自身信用风险公允价值变动		
（二）将重分类进损益的其他综合收益		
1. 权益法下可转损益的其他综合收益		
2. 其他债权投资公允价值变动		
3. 可供出售金融资产公允价值变动损益		
4. 现金流量套期损益的有效部分		
5. 持有至到期投资重分类为可供出售金融资产损益		
6. 其他债权投资信用减值准备		
7. 现金流量套期储备（现金流量套期损益的有效部分）		
8. 外币财务报表折算差额		
9. 其他		
归属于少数股东的其他综合收益的税后金额		
七、综合收益总额		
归属于母公司所有者的综合收益总额		
归属于少数股东的综合收益总额		
八、每股收益		
（一）基本每股收益		
（二）稀释每股收益		

企业如有下列情况，应当在利润表中调整或增设相关项目：

第一，企业应当根据自身相关的其他综合收益业务，按照其他综合收益项目以后是否能重分类进损益区分为两类，相应在利润表"（一）以后不能重分类进损益的其他综合收益"项下或"（二）以后将重分类进损益的其他综合收益"项下调整或增设有关其他综合收益项目。

第二，金融企业的利润表列报格式，应当遵循准则的规定，并根据金融企业经营活动的性质和要求，比照上述一般企业的利润表列报格式进行相应调整。

利润表新增"资产处置收益"项目反映企业出售划分为持有待售的非流动资产（金融工具、长期股权投资和投资性房地产除外）或处置组确认的处置利得或损失以及处置未划分为持有待售的固定资产、在建工程、生产性生物资产及无形资产而产生的处置利得或损失；债务重组中因处置非流动资产产生的利得或损失和非货币性资产交换产生的利得或损失也包括在这一项目内。

利润表新增"其他收益"项目反映计入其他收益的政府补助等。这一变化源于2017年施行的《企业会计准则第16号——政府补助》。该准则要求将与企业日常活动相关的政府补助，应当按照经济业务实质，计入其他收益或冲减相关成本费用。与企业日常活动无关的政府补助，仍应当计入营业外收入。

利润表新增"持续经营净利润"和"终止经营净利润"分别反映净利润中与持续经营相关的净利润和与终止经营相关的净利润。这一变化源于2017年施行的《企业会计准则第42号——持有待售的非流动资产、处置组和终止经营》，标志着《企业会计准则第30号——财务报表列报》中仅在附注中披露的终止经营信息正式进入了利润表。

第二节　利润质量分析

一、核心利润的产生

现行会计准则扩大了营业利润的概念，将营业利润扩展为包括投资收益的范围。但对于一般企业而言，企业的经济活动还是主要集中于自身的经营活动。因此，自身经营利润应成为企业的核心，成为我们进行利润分析的核心。

因此，产生出一个"核心利润"的新概念：

$$核心利润 = 营业收入 - 营业成本 - 税金及附加 - 销售费用 \\ - 管理费用 - 财务费用$$

从企业资产负债表、利润表和现金流量表三份表格的逻辑关系上看，企业的经营性资产（总资产减去投资性资产以后的部分），核心利润和经营活动产生的现金流量净额之间存在着必然的联系。核心利润的概念的建立，使得三张报表之间的联系更加清晰与明朗。

二、核心利润形成过程的质量分析

对于利润表的质量分析应最终归结为对利润结果的考察。高质量的企业利润应当表现为资产运转状况良好、企业所依赖的业务具有较好的市场发展前景、企业对利润有较好的支付能力、利润所带来的资产能够为企业的未来发展奠定良好的资产基础等。

（一）营业收入的质量分析

1. 收入的合理性分析

分析报告期收入的合理性，应加强与银行存款和应收账款的变动的结合分析。应收账款的增幅高于营业收入，可能意味着公司放宽信用条件以刺激销售、公司违反规定提前销售收入或是公司虚构收入等。注意收入与费用的确认方式或确认时间的一致性，特别是某些业务是一个整体性系统而不是单一的产品（如建筑施工），销售过程是持续并存在跨年度销售，应当关注是否客观地按完工进度划分销售收入。

2. 收入的品种构成

在企业从事多种经营的条件下，占收入比重大的商品或劳务是企业过去业绩的主要增长点。通过企业一段时间内不同产品销售比重的变化能够分析出企业经营方向的调整以及未来发展趋势。

3. 营业收入的地区构成

占总收入比重大的地区是企业过去业绩的主要地区增长点。因此不同地区的市场潜力、消费习惯，甚至包括不同国家（出口产品）的政策环境等在很大程度上制约企业未来的发展。

4. 与关联方交易的收入在总收入中的比重

企业在集团化经营的条件下，关联方交易可能成为包装业绩的重要工具，因此，在进行营业收入质量分析时，应关注以关联方销售为主体形成的营业收入在交易价格、交易的实现时间等方面是否存在非市场化因素。

（二）营业成本的质量分析

在企业利润的形成过程中，企业的营业收入减去营业成本后的余额为毛利，有了毛利才可能形成核心利润。但营业成本水平的高低，既有市场因素影响的价格波动等企业不可控因素，也有企业可以控制的因素，如在既定的市场价格水平条件下，企业通过选择供货渠道、采购批量等来控制成本水平，还有企业在会计核算中进行人为调整。因此，对营业成本降低与提高的质量评价应结合多种因素进行。

（三）销售费用的质量分析

从销售费用的基本构成来看，有与企业的业务部门规模相关的，如运输费、装卸费、包装费、整理费、保险费、销售佣金、差旅费、展览费等；有与企业从事销售活动人员待遇有关的，如营销人员的职工薪酬；有与企业的未来发展市场开拓扩大品牌影响力相关的，如广告费等。在对上述各种费用的控制中，对广告费、营销人员薪酬等费用控制不当，会对企业的长期发展产生不利影响。因此，在企业业务发展的情况下，企业的销售费用不应盲目降低。

（四）管理费用的质量分析

与销售费用一样，管理层对管理中诸如业务招待费、技术开发费、职工教育经费、管理人员薪酬等采取控制或降低其规模等措施，会对职工积极性和企业的长期发展产生不利影响。折旧费、摊销费等是企业以前各个会计期间已经支出的费用，不存在控制其规模的问题，但应关注企业是否通过折旧或摊销调节成本利润。

（五）财务费用的质量分析

财务费用指企业资金筹集和运用中发生的各项费用。其中经营期间发生的利息支出构成了企业财务费用的主体。影响企业贷款利息水平的三个因素是贷款规模、贷款利率和贷款期限。因此在对该项目质量的分析，应该结合资产负债表与现金流量表，分析财务费用规模与借款规模是否相匹配，借款规模与经营规模是否匹配，贷款期限与资金使用期限是否匹配，判断财务费用的变动合理性与有效性。

以自身经营为主的企业，核心利润是企业一定时期财务业绩的主体。一般来说，企业对核心利润形成的操纵，可以通过调节资产转化为费用的时间、以非市场价格虚高收入或调低成本的关联交易、应计费用推迟入账、对收入的入账时间进行人为操纵等方式实施。

【案例 3 - 1】　　　　　　　　　　**云南白药（000538）**

云南白药集团股份有限公司是一家主要经营化学原料药、化学药制剂、中成药、中药材、生物制品等的公司。公司产品以云南白药系列、三七系列和云南民族特色药品系列为主，共 17 种剂型 200 余个产品，产品畅销国内市场及东南亚一带，并逐渐进入日本、欧美等发达国家市场。公司是我国知名中成药生产企业之一，是云南大型工商医药企业之一，是中国中成药五十强之一，1997 年被确定为云南省首批重点培育的四十家大企业大集团之一。2010 年中药行业品牌峰会品牌评选活动首次发布的中药行业各领域十强企业品牌榜单上，云南白药在中药企业传统品牌榜单十强中排名第一。

如图 3 - 1 和图 3 - 2 所示，云南白药作为中国知名中药企业，过去的十年营业收入与营业成本保持稳健增长，业绩优异。但是，云南白药 2013 年净资产收益率（ROE）到达 28.92% 后开始缓慢下降，说明该公司净资产获利能力在缓慢下降，值得我们进一步分析原因。

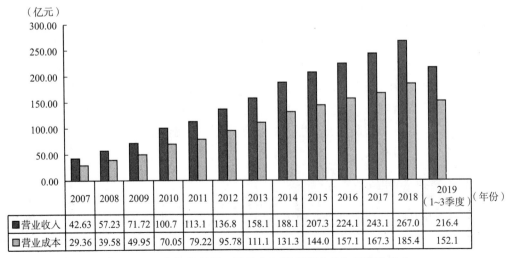

（亿元）	2007	2008	2009	2010	2011	2012	2013	2014	2015	2016	2017	2018	2019（1~3季度）
■营业收入	42.63	57.23	71.72	100.7	113.1	136.8	158.1	188.1	207.3	224.1	243.1	267.0	216.4
▨营业成本	29.36	39.58	49.95	70.05	79.22	95.78	111.1	131.3	144.0	157.1	167.3	185.4	152.1

图 3 - 1　云南白药 2007 ~ 2019 年三季度营业收入与营业成本

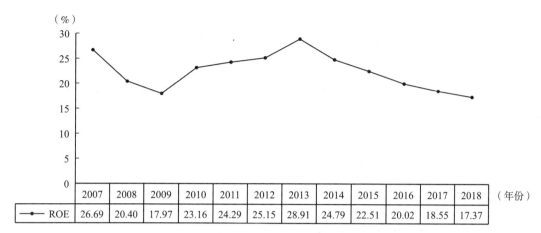

图 3 – 2　云南白药 2007 ~ 2018 年净资产收益率（EOE）

	2007	2008	2009	2010	2011	2012	2013	2014	2015	2016	2017	2018	（年份）
●─ ROE	26.69	20.40	17.97	23.16	24.29	25.15	28.91	24.79	22.51	20.02	18.55	17.37	

图 3 – 3 列示了云南白药近年来的月 K 线图，股价依托 60 月均线缓慢上扬，从长期看，云南白药是一家值得长期投资的上市公司。

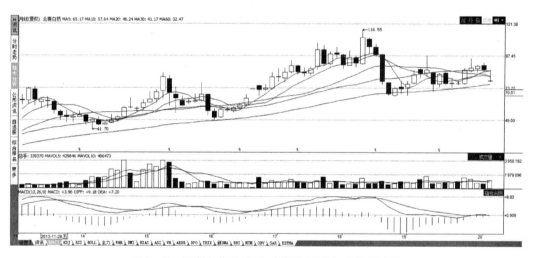

图 3 – 3　云南白药月 K 线（截至 2020 年 2 月 28 日）

三、利润的综合质量分析

（一）核心利润与投资收益的数量对比分析

营业利润中核心利润与投资收益两者在数量上并没有直接的关系。核心利润规模与经营活动有关，投资收益与企业的对外投资活动有关。实际工作中，往往会存在这样一种现象，在企业扭亏为盈或保持盈利势头的关键年份，出现核心利润与投资收益在数量上呈现互补性的态势，即在企业核心利润较高的年份投资收益往往较低，而在核心利润较低，企业实现目标利润总额和净利润压力较大的年份，投资收益往往会以较高金额帮助企业扭亏为盈或继续保持盈利。导致这种互补现象的原因总结如下：

第一，企业预见到核心利润将不可避免下降的时候，利用其控制的各方面资源对企业的投资结构进行调整，或将企业盈利能力差的投资置换成盈利能力较强的投资，或购买优质股权。

第二，在企业未进行投资组合调整的情况下，投资收益的数量变化仅仅是企业进行了不恰当的会计处理的反应。主要利用权益法在投资收益的确认和计提投资减值准备上进行利润的调整。因此，在审阅会计报告时，关注注册会计师出具的审计报告的措辞，也可以通过对企业的投资方向进行结构分析来验证。

（二）关注投资收益的现金回收

企业的投资收益主要有几个来源渠道：投资的转让收益、债券投资的利息收益、权益法确认的长期股权投资收益和成本法确认的长期股权投资的股利收益。其中，转让收益、利息收益和成本法下股利收益对应的是现金的流入，收益质量较高；而权益法确认的投资收益全部或是大部分对应的不是现金的情况下，此部分投资收益的最终质量难以确定。因此在分析投资收益的时候，应注意与现金流量表中投资收益收回的现金相比较。

（三）应关注的其他事项

我们在考察利润质量时除了以上关注事项外，还应关注以下事项：在正常经营条件下，公允价值变动损益、非流动资产处置损益以及补贴收入等项目，不应该对企业的利润总额乃至净利润产生主要贡献。即使在某些特定时期，这些项目对利润的贡献较大，这种贡献也难以持久。

四、利润质量恶化的主要表现

（一）公司扩张过快

公司发展到一定程度以后，在业务规模、种类等方面就要寻求扩张。公司的创业发展过程中对自己的业务领域熟悉，才有了发展的基础。但是在走向多元化经营的过程中，对开拓的其他领域，不论从技术管理还是市场等方面的规律都有逐步适应探索的过程。如果公司在一定时期内扩张过快，涉及的领域过多、过宽，那么公司在这个时期所获得的利润状况可能正在恶化。

（二）公司酌量性成本反常压缩

酌量性成本是与约束性成本相对应的概念，它是指公司管理层可以通过自己的决策而改变其规模的成本，如研究与开发成本、广告费支出等。此类支出对公司的未来发展有利，如果公司在总规模或相对于主营业务收入的规模方面降低此类成本，应该属于反常压缩。这种压缩有可能是公司为了当期的利润规模而降低或推迟了本应发生的成本支出。

（三）公司变更会计政策和会计估计

会计政策是企业在会计核算时所遵循的具体原则以及企业所采纳的具体会计处理方法。会计估计是指企业对其结果不确定的交易或事项，以最近可利用的信息为基础所作的判断。企业采用的会计政策和会计估计前后各期应保持一致，不得随意变更。会计政策的变更必须符合下列条件之一，一是法律和会计准则等行政法规、规章的要求，二是这种变更能够提供有关企业财务状况、经营成果和现金流量等更可靠、更相关的会计信息。如果企业赖以进行估计的基础发生了变化，或者由于取得新的信息、积累更多的经验以及后来的发展变化，企业也可以对会计估计进行修订。但是上市公司有可能在不符合上述要求的条件下，变更会计政策和会计估计有可能是为了改善公司的报表利润。因此在公司面临不良的经营状况，而公司会计政策和估计又有利于报表利润的改善状况下的会计政策和会计估计变更，应当被认定为公司利润状况恶化的一种信号。

（四）应收账款规模的不正常增加、平均收账期的不正常延长

应收账款是因企业赊销而引起的债权。在企业赊销政策一定的条件下，企业的应收账款规模应该与其主营业务收入保持一定的对应关系。企业的应收账款平均收账期应保持稳定。但是企业应收账款规模还与企业在赊销过程中采用的信用政策有关（尤其对那些产品在市场上可替换性强，市场竞争激烈的企业）。放宽信用政策（放宽对顾客信誉的审查、放宽收账期）将会刺激销售，增加应收账款的规模，延长应收账款平均收账期。因此公司应收账款的不正常增加、平均收账期的不正常延长有可能是公司为了增加其营业收入而放宽信用政策的结果。过宽的信用政策可以刺激公司营业收入的迅速增长，但是公司也将面临未来大量的坏账风险。

（五）公司存货周转过于缓慢

在存货周转过于缓慢的情况下，表明公司在产品质量、价格、存货控制和营销策略等方面存在一些问题。在一定的营业收入的条件下，存货周转越慢，公司占用在存货上的资金也就越多。过多的存货占用除了占用资金，引起公司过去和未来的利息支出增加以外，还会使公司发生过多的存货损失以及存货保管成本。

（六）应付账款规模的不正常增加、平均付账期的不正常延长

应付账款是因企业赊购商品或其他存货而引起的债务。在企业供货商赊销政策一定的条件下，企业的应付账款规模应该与企业的采购规模保持一定的对应关系。在企业产销较为平稳的条件下，企业的应付账款规模还应该与企业的营业收入保持一定的对应关系。企业的应付账款平均付账期应保持稳定。但是如果上市公司的购货和销售状况没有

发生很大的变化，公司的供货商也没有主动放宽赊销的信用政策，则公司应付账款规模的不正常增加、平均付账期的不正常延长就是公司支付能力恶化、资产质量恶化、利润质量恶化的表现。

（七）公司无形资产规模的不正常增加

从对无形资产会计处理的一般惯例来看，公司自创无形资产所发生的研究和开发支出，除满足资本化条件的研发支出计入无形资产之外，其他研发支出一般应费用化，计入发生当期的利润表冲减利润，在资产负债表上，作为无形资产列示的无形资产，主要是公司从外部取得的无形资产，如果公司出现无形资产的不正常增加，则有可能是公司为了减少研究和开发支出，对利润表的冲击而进行的一种处理。

（八）公司业绩过度依赖非经常项目

企业经常发生的事项及经常项目，比如出售商品，与提供劳务等，经常项目所产生的收益称为经常性收益，通常表现为营业利润以及长期投资的投资收益。不经常发生的事项及非经常项目，如资产处置等，非经常项目所产生的收益成为非经常性收益。非经常项目所产生的损失，称为非经常性损失。在报告期内，二者相抵后的净额成为非经常性损益。经常性收益是企业的核心收益，具有持续性的特点，投资者可以据此预测企业未来的盈利能力，判断企业的未来可持续发展能力。非经常性损益具有一次性和偶发性的特点，带来的收益率是暂时的，投资者无法通过非经常性损益来预测企业未来的发展前景，对判断未来投资价值意义不大。有些上市公司为了维持一定的利润水平，在公司主要利润增长点潜力挖尽的情况下，有可能通过非经常项目实现的利润来弥补主营业务利润、投资收益的不足，显然这类活动在短期内使公司维持住表面繁荣的同时，会使公司的长期发展战略受到冲击。

（九）公司计提的各种准备、折旧过低

从理论上讲，企业应该对所有资产都可以计提减值准备。在我国，为了避免上市公司操纵利润，对长期资产的减值准备一经计提，不允许转回。同时上市公司还要对其固定资产计提折旧。但是公司计提减值准备以及计提折旧的幅度，取决于公司对有关资产贬值程度的主观认识以及会计政策和会计估计的选择。在公司期望利润高估的会计期间，往往会选择计提较低的准备和折旧。这就等于把应当由现在或以前负担的费用或损失人为地推移到公司未来的会计期间，从而导致公司的后劲不足。因此，以计提过低的准备和折旧的方法使公司利润达到的高水平不应该获得好评。

（十）公司利润表中的销售费用、管理费用等项目出现不正常的降低

公司利润表中的营业费用、管理费用等基本上可以分成固定部分和变动部分。其中，固定部分包括折旧费，人头费等不随公司业务变化而变化的费用；变动部分则是指

那些随公司业务变化而变化的费用。这样，公司各个会计期间的总费用将随着公司业务的变化而变化，不太可能发生随着公司业务的增长而降低费用的情况。然而，在实务中经常会发现在一些公司的利润表中，收入项目增加而费用项目降低的情形。在这种情形下，信息使用者完全可以怀疑那是公司在粉饰财务报表的痕迹。

（十一）公司过度举债

公司过度举债，除了发展、扩张性原因以外，还有可能是因为公司通过正常经营活动、投资活动难以获得正常的现金流量的支持。信息使用者对此应具有辨别的能力。在回款不力、难以支付经营活动所需要的现金流量的情况下，公司只能依靠扩大贷款规模来解决。

（十二）注册会计师（会计师事务所）变更、审计报告出现异常

注册会计师的主要任务在于向公司股东就公司报表的编制情况出具意见。在出具的审计报告方面，注册会计师根据自己的审计情况，出具无保留意见的审计报告、保留意见的审计报告、否定意见的审计报告和拒绝表示意见的审计报告之中的一种。如果企业被出具了无保留意见的审计报告，表明企业会计信息的质量较高、可信度较高。如果被出具了其他三种报告中的任何一种，均表明企业与注册会计师在报表编制上或者出现重大分歧或者注册会计师难以找到相关的审计证据。在这种情况下，会计信息使用者很难对企业利润的质量作出较高的评价。

（十三）公司有足够的可供分配的利润，但不进行现金股利分配

上市公司分红是上市公司对利润进行分配的一种重要形式。通过对公司由营业利润、投资收益和营业外收支净额所组成的利润进行分配，保障股东权益，维持股票良好的市价和形象，从而进一步促进证券市场的规范发展和保护投资者的信心。采取现金分红方式是上市公司信心的体现。公司要想向股东支付现金股利，必须具有两个条件：第一，公司应有足够的可供分配利润；第二，公司要有足够的货币支付能力。显然，如果某公司有足够的可供分配的利润，但不进行现金股利分配，无论公司如何解释，信息使用者都会考虑公司要么没有现金支付能力，要么该公司管理层对未来前景信心不足。

【案例 3 - 2】　　　　　　　　乐视网（300104）

乐视网主要从事网络视频平台运营及网络视频终端研发及销售业务，视频平台运营包括版权分销、广告投放及付费点播业务；网络视频终端业务包括硬件终端销售及网络视频点播服务。

从图 3 - 4 可以看出 2016 年以前乐视网营业收入与营业成本稳步增长，2016 年营业收入增长到 219.51 亿元，营业成本 182.29 亿元。但从图 3 - 5 可以看出 2016 年乐视网的经营活动产生的现金净流量出现大幅下滑，达到 - 10.681 亿元，说明乐视网自身创

造现金流的功能出现快速下滑，现金流出现危机。乐视网整体资金链的断裂是乐视问题的核心所在，巨额应收款和巨额欠账使乐视已没有多大的回转空间。

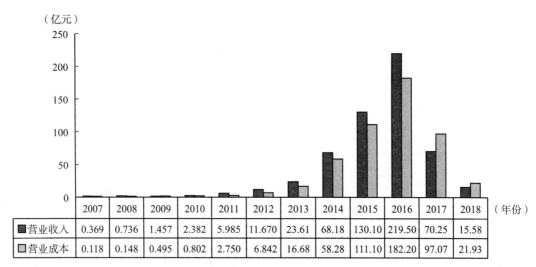

（亿元）	2007	2008	2009	2010	2011	2012	2013	2014	2015	2016	2017	2018
营业收入	0.369	0.736	1.457	2.382	5.985	11.670	23.61	68.18	130.10	219.50	70.25	15.58
营业成本	0.118	0.148	0.495	0.802	2.750	6.842	16.68	58.28	111.10	182.20	97.07	21.93

图3-4　乐视网营业收入与营业成本对比

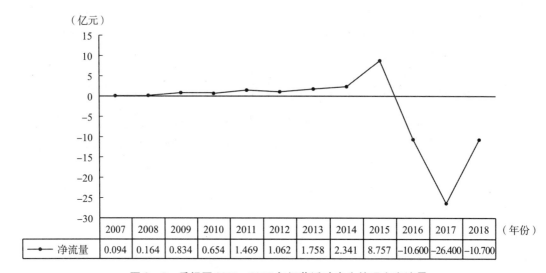

（亿元）	2007	2008	2009	2010	2011	2012	2013	2014	2015	2016	2017	2018
净流量	0.094	0.164	0.834	0.654	1.469	1.062	1.758	2.341	8.757	-10.600	-26.400	-10.700

图3-5　乐视网2007~2018年经营活动产生的现金净流量

第三节　所得税分析

我国所得税会计采用的是资产负债表债务法，要求企业从资产负债表出发，通过比较资产负债表上列示的资产、负债按照会计准则规定确定的账面价值与按照税法规定确定的计税基础，对于两者之间的差异分别应纳税暂时性差异与可抵扣暂时性差异，确认相关的递延所得税负债与递延所得税资产，并在此基础上确定每一会计期间利润表中的所得税费用。

 ## 一、资产负债表债务法的理论基础

资产负债表债务法在所得税的会计核算方面遵循了资产、负债的界定。从资产负债角度考虑，资产的账面价值代表的是某项资产在持续持有及最终处置的一定期间内为企业带来未来经济利益的总额，而其计税基础代表的是该期间内按照税法规定就该项资产可以税前扣除的总额。资产的账面价值小于其计税基础的，表明该项资产于未来期间产生的经济利益流入低于按照税法规定允许税前扣除的金额，产生可抵减未来期间应纳税所得额的因素，减少未来期间以所得税税款的方式流出企业的经济利益，应确认为递延所得税资产。反之，一项资产的账面价值大于其计税基础的，两者之间的差额会增加企业于未来期间的应纳税所得额及应交所得税，对企业形成经济利益流出的义务，应确认为递延所得税负债。

 ## 二、所得税会计的一般程序

采用资产负债表债务法核算所得税的情况下，企业一般应于每一资产负债表日进行所得税的核算。企业合并等特殊交易或事项发生时，在确认因交易或事项取得的资产、负债时即应确认相关的所得税影响。企业进行所得税核算一般应遵循以下程序：

第一，按照相关会计准则规定确定资产负债表中除递延所得税资产和递延所得税负债以外的其他资产和负债项目的账面价值。资产、负债的账面价值，是指企业按照相关会计准则的规定进行核算后在资产负债表中列示的金额。对于计提了减值准备的各项资产，是指其账面余额减去已计提的减值准备后的金额。

第二，按照会计准则中对于资产和负债计税基础的确定方法，以适用的税收法规为基础，确定资产负债表中有关资产、负债项目的计税基础。

第三，比较资产、负债的账面价值与其计税基础，对于两者之间存在差异的，分析其性质，除准则中规定的特殊情况外，分别应纳税暂时性差异与可抵扣暂时性差异，确定资产负债表日递延所得税负债和递延所得税资产的应有金额，并与期初递延所得税资产和递延所得税负债的余额相比，确定当期应予进一步确认的递延所得税资产和递延所得税负债金额或应予转销的金额，作为递延所得税。

第四，就企业当期发生的交易或事项，按照适用的税法规定计算确定当期应纳税所得额，将应纳税所得额与适用的所得税税率计算的结果确认为当期应交所得税，作为当期所得税。

第五，确定利润表中的所得税费用。利润表中的所得税费用包括当期所得税（当期应交所得税）和递延所得税两个组成部分，企业在计算确定了当期所得税和递延所得税后，两者之和（或之差），是利润表中的所得税费用。

 三、永久性差异与暂时性差异

上市公司财务报告必须遵循企业会计准则的规范要求。税收报告是以课税为目的，所遵循的是有关的税收法律、法规。财务报告中所确认的所得税基础与税收报告所确认的所得税基础可能会有所不同。

（一）永久性差异

永久性差异，是指因为财务报告与税收报告在计算收入、成本、费用时的口径不一致所产生的税前利润与应纳税所得额之间的差异，而该差异不能在未来转回。

对于永久性差异，公认会计准则将其所对应的所得税，即应交所得税部分，确认为所得税费用。也就是说，对于永久性差异来说，虽然税前利润与应纳税所得额有差异，但在财务报告中确认的所得税费用与财务报告中确认的应交所得税是一致的。永久性差异，仅影响发生当期不影响以后期间，不存在不同会计期间的摊配问题。所以永久性差异，是不会产生递延所得税的问题。

永久性差异，包括以下几种：

①会计上作为收益，税法规定免税的收入。比如，利用废水、废气等为主要原料生产产品取得的收入、国债利息收入等。

②计算会计利润时可以扣除的费用，计税时不允许扣除。比如，超过标准的业务招待费、非公益救济性捐赠等。

③不构成税前会计利润，但计算应纳税所得额时作为收益。比如，将自产商品对外捐赠、分配给股东等，关联交易销售商品售价偏低按正常价格调整等。

④计算税前会计利润时不能扣除的费用，计算应纳税所得额时可以扣除。比如技术开发费等。

（二）暂时性差异

暂时性差异，是指因为财务报告与税收报告在计算收入、成本、费用时的时间不一致所产生的税前利润与应纳税所得额之间的差异，而该差异能在未来转回。

暂时性差异的形成分为如下四种：

①资产的账面价值＞计税基础，形成应纳税暂时性差异，进而形成递延所得税负债的本期余额。

②资产的账面价值＜计税基础，形成可抵扣暂时性差异，进而形成递延所得税资产的本期余额。

③负债的账面价值＞计税基础，形成可抵扣暂时性差异，进而形成递延所得税资产的本期余额。

④负债的账面价值＜计税基础，形成应纳税暂时性差异，进而形成递延所得税负债的本期余额。

形成暂时性差异的情形大致有：

①固定资产折旧方法、折旧年限会计与税法的差异。

②因计提固定资产减值准备会计与税法产生的差异。

③内部研究开发支出在会计处理与税收纳税方面的差异。

④无形资产后续计量是否需要摊销及无形资产减值准备的提取会计与税法的差异。

⑤以公允价值计量且其变动计入当期损益的金融资产会计与税法的差异。

⑥采用公允价值模式计量的投资性房地产会计与税法的差异。

⑦计提减值准备后的各项资产会计与税法处理的不同。

⑧企业因销售商品提供售后服务等原因确认的预计负债会计与税法的差异。

⑨未作为资产、负债确认的项目产生的暂时性差异。

⑩可抵扣亏损及税款抵减产生的暂时性差异等。

四、所得税的财务分析

（一）关注所得税税率及优惠政策

对上市公司所得税的分析要关注附注中关于税项的有关所得税的税率、所得税减免情况与税收优惠期间。对于高新技术上市公司在有效期内享受国家高新技术企业15%的所得税税率。属于困难地区重点鼓励发展产业企业所得税优惠目录范围内的企业，享受自取得第一笔生产经营收入所属纳税年度起，5年内免征企业所得税的优惠政策。

（二）利用递延税款附注来评价收益质量

对于递延所得税负债的突然增加，递延所得税资产的突然减少，可能是收益质量恶化的标志。例如上市公司延长了固定资产的使用年限，账面折旧就会降低，账面利润超过应纳税所得额，差距也将拉大，进而导致递延所得税负债的增加。

（三）所得税有效税率（ETR）

所得税有效税率（ETR）=（所得税费用－递延所得税费用）/所得税税前利润

其中：　递延所得税费用=（期末递延所得税负债－期初递延所得税负债）

－（期末递延所得税资产－期初递延所得税资产）

通过年度之间所得税有效税率的变化可以分析企业的实际所得税税负水平，与名义所得税税率25%比较，可以看出企业的贡献程度。

【案例 3 - 3】 　　　　　　　　 **九阳股份 （002242）**

公司主要从事厨房小家电系列产品的研发、生产和销售。主要产品有豆浆机、电磁炉、料理机、榨汁机、开水煲、紫砂煲、电压力煲等七大系列一百多个型号，同时还开发了专供酒店、写字楼的商用豆浆机。其中，九阳豆浆机已成为业内第一品牌，市场份额占80%以上；九阳电磁炉国内市场占有率超过10%；料理机榨汁机国内市场占有率超过30%，行业排名第一；紫砂煲和开水煲也已占据行业第二的位置。九阳的产品现已覆盖全国30多个省、自治区、直辖市，并远销日本、美国、新加坡、印度尼西亚、泰国等20多个国家和地区。如图3-6所示，该公司2008年上市以来营业收入、营业成本大幅增长。

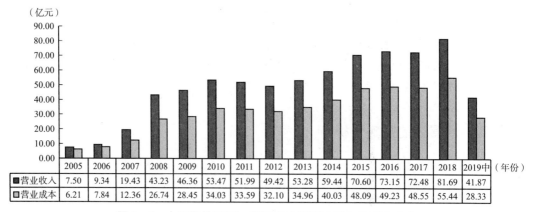

（亿元）	2005	2006	2007	2008	2009	2010	2011	2012	2013	2014	2015	2016	2017	2018	2019中
■营业收入	7.50	9.34	19.43	43.23	46.36	53.47	51.99	49.42	53.28	59.44	70.60	73.15	72.48	81.69	41.87
□营业成本	6.21	7.84	12.36	26.74	28.45	34.03	33.59	32.10	34.96	40.03	48.09	49.23	48.55	55.44	28.33

图3 - 6　九阳股份2005～2019年中期营业收入与营业成本

九阳股份2008年5月28日上市，IPO招股说明书中列示的2005～2007年年报中2007年收入较2006年收入增长仅1倍多，而2007年会计利润是2006年会计利润的9.59倍，这在小家电制造企业中是值得进一步关注的。图3-7列示了九阳股份2005～2019年中期所得税费用、支付的税费和应交税费之间的关系图，表3-2列示了九阳股份2005～2019年中期所得税费用、会计利润与两者比值的数据，从上述图表中可以不难看出，公司上市后所得税与会计利润的比值历年来变化较大，值得深入探究。

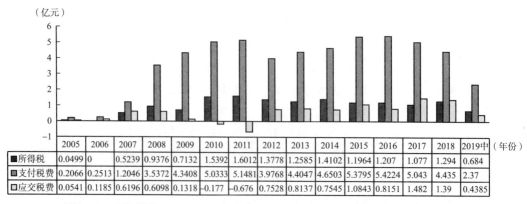

（亿元）	2005	2006	2007	2008	2009	2010	2011	2012	2013	2014	2015	2016	2017	2018	2019中
■所得税	0.0499	0	0.5239	0.9376	0.7132	1.5392	1.6012	1.3778	1.2585	1.4102	1.1964	1.207	1.077	1.294	0.684
▨支付税费	0.2066	0.2513	1.2046	3.5372	4.3408	5.0333	5.1481	3.9768	4.4047	4.6503	5.3795	5.4224	5.043	4.435	2.37
□应交税费	0.0541	0.1185	0.6196	0.6098	0.1318	−0.177	−0.676	0.7528	0.8137	0.7545	1.0843	0.8151	1.482	1.39	0.4385

图3 - 7　九阳股份2005～2019年中期所得税费用、支付的税费和应交税费关系

表 3 - 2   九阳股份 2005～2019 年中期所得税费用、会计利润与两者比值

年度	2005	2006	2007	2008	2009
所得税（亿元）	0.050	0	0.524	0.938	0.713
利润（亿元）	0.431	0.433	4.151	7.336	7.854
所得税/利润（100%）	11.57	0	12.62	12.78	9.08
年度	2010	2011	2012	2013	2014
所得税（亿元）	1.539	1.601	1.378	1.259	1.410
利润（亿元）	8.297	7.142	6.525	6.959	7.565
所得税/利润（100%）	18.55	22.42	21.12	18.09	18.64
年度	2015	2016	2017	2018	2019 中
所得税（亿元）	1.196	1.207	1.077	1.294	0.684
利润（亿元）	7.906	8.541	8.177	8.710	4.682
所得税/利润（100%）	15.13	14.13	13.17	14.86	14.61

第四节　与利润表有关的财务比率

 一、公司盈利能力分析

公司盈利能力分析，主要是通过研究利润表中有关项目之间的对比关系以及利润表中有关项目和资产负债表中有关项目之间的联系，来评价公司当期的经营成果和未来获利能力的发展趋势。公司获利能力可以从不同的角度来分析，其中最基本的有两种角度：从营业收入、成本费用的角度来分析获利能力和从投资报酬率的角度来分析获利能力。

从营业收入、成本费用的角度来分析获利能力，主要是通过研究利润表中各项目之间的对比关系来分析公司获利能力，这是传统的获利能力分析的基本方法。这类指标主要有毛利率、营业利润率、成本费用利润率等。

（一）毛利率

毛利是营业收入减去营业成本后的余额。毛利率是企业的毛利和营业收入对比的结果。用公式表示：

$$毛利率 = 毛利/营业收入净额 \times 100\%$$

毛利率反映每一元钱的营业收入中包含着多少的毛利，用来评价企业营业收入的获利能力。对于投资者来说，毛利率越高越好。毛利率越高表明同样的营业收入取得的毛利润越多，因而获利能力较强。反之，则获利能力较弱。如果将上市公司连续几年的毛利率进行分析，就可以了解上市公司盈利能力的发展趋势。在具体评价一个上市公司的

盈利能力时，还应将该公司的毛利率和其他企业水平或同行业平均水平进行对比，这样才能判断公司盈利能力的高低。

（二）营业利润率

营业利润率是指企业的营业利润与营业收入的比率。用公式表示为：

$$营业利润率 = 营业利润/营业收入净额 \times 100\%$$

营业利润率反映营业利润占营业收入净额的比重，用来评价公司的盈利能力。对于投资人来说，营业利润率总是越高越好，营业利润率越高，说明企业的营业收入净额的获利能力越高，其盈利能力越强。反之，则说明企业的盈利能力越弱。

将上市公司连续几年的营业利润率加以分析，就能了解公司营业利润率变动的趋势，从而对公司的盈利能力的变动趋势作出评价。在具体评价一个公司的营业利润率高低时，应将该公司的营业利润率和其他企业水平或同行业平均水平进行对比，这样才能有一个正确的评价。

（三）税前利润率和净利润率

税前利润率是企业利润总额和营业收入净额的比率。用公式表示为：

$$税前利润率 = 利润总额/营业收入净额 \times 100\%$$

净利润率是指企业净利润即利润总额减去所得税后的余额与营业收入净额之间的比率。用公式表示为：

$$净利润率 = 净利润/营业收入净额 \times 100\%$$

税前利润率和净利润率反映的是每百元营业收入所取得的税前利润和税后净利润。对于投资者来说，税前利润率和净利润率都是越大越好。税前利润率和净利润率越大，说明每百元营业收入所取得的税前利润和税后净利润越多，同样的营业收入能取得更多的利润。因而其获利能力就越强。反之，则获利能力越弱。相对而言，净利润率是投资者最为关心的，因为税后净利润率的高低，直接关系到可供分配的利润的多少，因而也直接关系到投资者的投资收益水平。

在进行税前利润率和税后利润率的分析评价时，投资者同样可以将连续几年的指标数值进行分析，从而测定公司税前利润率和净利润率的发展变化趋势。同样应将本公司指标数值与其他企业指标数值或同行业平均水平进行对比，以具体评价公司税前利润率和净利润率水平的高低。

（四）成本费用利润率

成本费用利润率是企业利润总额与企业当期成本费用的比率，它反映了全部所费与所得的关系，其计算公式为：

$$成本费用利润率 = 利润总额/成本费用总额 \times 100\%$$

$$= 利润总额/（营业成本 + 销售费用 + 管理费用 + 财务费用）\times 100\%$$

该指标反映了每百元成本费用支出所能带来的利润总额。对于投资者来说，成本费用利润率越大越好，因为成本费用利润率越大，说明同样的成本费用能取得更多的利润。或者取得同样多的利润，只要花费更少的成本费用支出，表明企业的获利能力越强。反之，则表明企业获利能力越弱。

投资者同样可以将连续几年的成本费用利润率指标数据进行分析，以便观察企业成本费用利润率的变化趋势。将本企业的指标数值和同行业平均水平进行对比，以评价企业成本费用利润率指标水平的高低。

在从营业收入、成本费用的角度分析企业获利能力时，应将上述各个指标结合起来，并结合应用损益表中各项目的结构分析，综合评价企业的获利能力的高低、变动及其原因。例如营业毛利率的上升总是和营业成本在营业收入中的比重的下降相联系的。导致这种变动的原因不外乎是产品销售价格的上升和产品销售成本的下降。再如，毛利率的上升一般总会引起税前利润率和净利润率的上升，除非营业外支出大幅度上升等，而营业成本、销售费用、管理费用、财务费用的增减变动最终又通过成本费用利润率反映出来。

另外，从营业收入、成本费用角度分析企业盈利能力的各项指标比率，是传统盈利能力分析的重要指标。但在某些情况下，这些比率并不能真实反映企业真正的盈利能力和利润增长情况。因为营业利润率、成本费用利润率等分别反映的是产出、耗费与利润之间的比例关系，并没有揭示投资者的投资与利润之间的内在关系，而投资者最关心的正是这种投资与利润两者的关系。

企业销售收入的取得是以企业一定的原始投资为基础的。一般说来，企业的投资额大，收入相对就多，利润的绝对数也就多。所以一个企业所获利润的多少是与企业的投资紧密相连的。要正确考核企业盈利能力，还必须计算企业的投资报酬率指标。

投资报酬率是指投入资本与所取得的利润额之间的比例关系，一般包括资产报酬率、资本金报酬率和所有者权益报酬率等。投资报酬率指标能全面、准确地反映企业的获利能力，关于基本的投资报酬率指标，参见第二章。

 二、股票投资者获利能力分析

（一）每股收益

每股收益（EPS）又称每股税后利润、每股盈余，指税后利润与股本总数的比率。每股收益是普通股股东每持有一股所能享有的企业净利润或需承担的企业净亏损。每股收益通常被用来反映企业的经营成果，衡量普通股的获利水平及投资风险，是投资者等信息使用者据以评价企业盈利能力、预测企业成长潜力进而做出相关经济决策的重要的财务指标之一。每股收益包括基本每股收益和稀释每股收益两类。在进行财务分析时，每股收益指标既可用于不同企业之间的业绩比较，评价某企业的相对盈利能力；也可用于企业不同会计期间的业绩比较，以了解该企业盈利能力的变化趋势；另外还可以用于企业经营实绩与盈利预测的比较，以掌握该企业的管理能力。

每股收益包括基本每股收益和稀释每股收益两类。基本每股收益仅考虑当期实际发行在外的普通股股份，而稀释每股收益的计算和列报主要是为了避免每股收益虚增可能带来的信息误导。

1. 基本每股收益

基本每股收益＝归属于普通股股东的当期净利润/当期实际发行在外普通股的加权平均数

上式的分母为当期发行在外普通股的算术加权平均数，即期初发行在外普通股股数根据当期新发行或回购的普通股股数与相应时间权数的乘积进行调整后的股数。需要指出的是，公司库存股不属于发行在外的普通股，且无权参与利润分配，应当在计算分母时扣除。

发行在外普通股加权平均数＝期初发行在外普通股股数＋当期新发行普通股股数

×已发行时间÷报告期时间－当期回购普通股股数

×已回购时间÷报告期时间

其中，作为权数的已发行时间、报告期时间和已回购时间通常按天数计算，在不影响计算结果合理性的前提下，也可以采用简化的计算方法，如按月数计算。

2. 稀释每股收益

稀释每股收益是以基本每股收益为基础，假设企业所有发行在外的稀释性潜在普通股均已转换为普通股，从而分别调整归属于普通股股东的当期净利润以及发行在外普通股的加权平均数计算而得的每股收益。

潜在普通股是指赋予其持有者在报告期或以后期间享有取得普通股权利的一种金融工具或其他合同。目前我国企业发行的潜在普通股主要有可转换公司债券、认股权证、股份期权等。稀释性潜在普通股是指假设当期转换为普通股会减少每股收益的潜在普通股。对于亏损企业而言，稀释性潜在普通股假设当期转换为普通股，将会增加每股亏损的金额。计算稀释每股收益时只考虑稀释性潜在普通股的影响，而不考虑不具有稀释性的潜在普通股。

计算稀释的每股收益时，应对基本每股收益的分子和分母进行调整。

就分子而言，当期可归属于普通股股东的净利润，应根据下列事项的税后影响进行调整：①当期已确认为费用的稀释性潜在普通股的利息；②稀释性的潜在普通股转换时将产生的收益或费用，这里主要是指可转换公司债券。

就分母而言，普通股加权平均股数为在计算基本每股收益时的股份加权平均数加上全部具有稀释性潜在普通股转换成普通股时增加的普通股的加权平均数量。以前发行的具有稀释性潜在普通股应视为已在当期期初转换为普通股，本期发行的潜在普通股应视为在发行日转换成普通股。对分母的调整主要涉及期权和认股权证。

具有稀释性的期权和认股权证不影响归属于普通股的净利润，只影响普通股的加权平均数。只有当行权价格低于平均市场价格时，股票期权和认股权证才具有稀释性。计算时，应假定已行使该期权，因此发行的普通股股数包括两部分：①按当期平均市场价格发行的普通股，不具有稀释性，计算稀释的每股收益时不必考虑；②未取得对价而发行的普通股具有稀释性，计算稀释的每股收益时应当加到普通股股数中。调整增加的普通股股数用公式表示如下：

$$调整增加的普通股股数 = 拟行权时转换的普通股股数 - 行权价格$$
$$\times 拟行权时转换的普通股股数 \div 平均市场价格$$

（二）净资产收益率（ROE）

净资产收益率，也称为股东权益报酬率，是指企业利润净额与平均股东权益之比。该指标表明公司股东权益所获报酬的水平。

$$净资产收益率 = 净利润 / 净资产平均余额 \times 100\%$$
$$净资产平均余额 = （期初净资产 + 期末净资产） \times 1/2$$
$$全面摊薄净资产收益率 = 报告期利润 / 期末净资产 \times 100\%$$

投资者可以分析连续几年的净资产收益率，以便观察公司获利能力的增减变动趋势，也可以比较不同企业的净资产收益率以便对公司的获利能力做出具体评价。

公司一定时期净资产收益率的高低，主要受资产利润率与股东权益比率两个因素的影响。股东权益比率是企业股东权益占资产总额的比重，它反映企业的总资产中有多大部分是投资者投入的资本。他们之间的关系可用下式表示：

$$净资产收益率 = \frac{净利润 / 资产平均余额}{股东权益平均余额 / 资产平均余额} = \frac{资产利润率}{股东权益比率}$$

净资产收益率与资产利润率成正比，与股东权益比率成反比。当公司全部采用自有资本生产经营时，净资产收益率与资产利润率相等。如果公司适当借入款项时，净资产收益率即股东投入资本所获收益将可能大大超过全部运用自有资本所获收益，而且股东也可以在付出有限代价的条件下保持对公司的控制权，从而印证了举债经营对股东权益的正面影响。

（三）市盈率

市盈率（price earnings ratio，即 P/E ratio）也称"本益比""股价收益比率"或"市价盈利比率（简称市盈率）"。

$$市盈率 = 每股市价 / 每股收益$$

市盈率常用来评估股价水平是否合理的指标之一，由股价除以年度每股盈余（EPS）得出（以公司市值除以年度股东应占溢利亦可得出相同结果）。计算时，股价通常取最新收盘价，而 EPS 方面，若按已公布的上年度 EPS 计算，称为历史市盈率（historical P/E）；计算预估市盈率所用的 EPS 预估值，一般采用市场平均预估（consensus estimates），即追踪公司业绩的机构收集多位分析师的预测所得到的预估平均值或中值。何谓合理的市盈率没有一定的准则。

市盈率是某种股票每股市价与每股盈利的比率。市场广泛谈及市盈率通常指的是静态市盈率，通常用来作为比较不同价格的股票是否被高估或者低估的指标。用市盈率衡量一家公司股票的质地时，并非总是准确的。一般认为，如果一家公司股票的市盈率过高，那么该股票的价格具有泡沫，价值被高估。当一家公司增长迅速以及未来的业绩增长非常看好时，利用市盈率比较不同股票的投资价值时，这些股票必须属于同一个行业，因为此时公司的每股收益比较接近，相互比较才有效。

市盈率是很具参考价值的股市指针，投资者亦往往不认为严格按照会计准则计算得出的盈利数字真实反映公司在持续经营基础上的获利能力，因此，分析师往往自行对公司正式公布的净利加以调整。

（四）每股红利

每股红利是指企业发放的普通股股利总额与普通股股份总额之间的比率。其计算公式如下：

每股股利 = 普通股股息总额/发行在外的普通股股数

每股红利反映的是每一普通股所能获得的实际股息。与每股收益一样，它也反映出企业普通股的获利能力和投资价值。在某种程度上说，每股红利比每股收益更直观、更受股票投资者特别是短期投资者的关注。因为短期投资者最关注的是近期每股实际取得的股息的多少和股票价格的涨落，而每股红利的多少直接会反映到股票价格的变动中去。而每股收益反映的是每一普通股股份所摊得的企业净利润，但企业所获得的净利润并不会全部用于支付股利，其中有一部分作为留存利润用于企业的自我积累和发展，其余额才被用来发放股利。所以每股红利通常总是低于每股收益。但这种情况并非绝对。在有些年份企业经营状况不佳，税后利润不足支付股利，或经营亏损无利润可分时，为保持投资者对企业及其股票的信心，公司还可用历年积存的盈余公积金补足，或者弥补亏损以后支付。此外，企业还可以用资本公积金派送股利。计算每股红利指标时，一般应包括上述两种资金来源所形成的现金股利和股票股利两种形式。

对于股票投资者，特别是短期投资者来说每股红利总是越高越好。因为每股红利越高，则投资者实际取得的收益也会增加。对于长期投资者来说，在具体评价一个公司的每股红利时，还应结合每股收益、利润留存率等指标进行综合分析。如果每股收益利润留存率低，而每股红利较高，则说明公司将大部分利润用于发放股利，则对公司的长远发展不利；如果每股收益利润留存率较高，而每股红利也较高，则说明公司当年经营状况好，获利能力较大，发展前景看好。

【案例 3 - 4】　　　　　　片仔癀（600436）

公司于1999年12月由原漳州制药厂改制创立，是国家高新技术企业、中华老字号企业。生产设备达到世界先进水平，并已通过国家药品 GMP 认证。目前公司拥有片仔癞、片仔癀胶囊、复方片仔癀软膏等中成药产品几十个，独家生产的国家一级中药保护品种——片仔癀，被誉为"国宝神药"、传统制作技艺被列入国家非遗名录，并被列入国家一级中药保护品种，被评为中国中药名牌产品。多年位居中国中医药外贸单品种出口第一位。近年来，公司审时度势，依据国内外经济格局发展的新变化，主动适应、把握、引领经济新常态，推动企业转型升级，提出了"一核两翼"新战略，努力把片仔癀打造成国内一流的健康养生品牌。

从表3-3和图3-8的财务指标上看，片仔癀的业绩一直优异，近3年净资产收益率显著提升。"一级保护品种+强大品牌+稀缺原料资源"三大核心竞争力构建强大护城河。片仔癀是我国仅有的两个一级中药保护品种之一。地位特殊，受到实质的长期保护，独占优势明显。享誉海内外的片仔癀品牌高居中华老字号价值第二位，长期占据肝胆用药第一品牌。强大的品牌价值使得使用"片仔癀"品牌的药品、保健品和日化品等产品在市场推广时具有天然优势。公司针对稀缺原材料天然麝香供应问题，国内率先建设自有养麝基地，现已成为养麝业龙头，自建和共建基地林麝量约占全国的一半。

表3-3			片仔癀2007~2019年中报部分财务比率				单位：%
年度	2007	2008	2009	2010	2011	2012	2013
毛利率	36.76	37.17	38.05	38.54	45.54	52.92	54.57
营业利润率	24.81	25.86	21.97	26.64	29.89	33.30	35.58
净利润率	16.25	21.80	18.75	22.45	25.11	29.93	30.88
每股收益	0.68	1.01	0.93	1.39	1.82	2.25	2.73
净资产收益率（加权）	15.37	18.93	17.23	22.17	22.91	27.47	21.92
每股红利	0.5	0.55	0.5	0.7	0.7	0.8	1.1
年度	2014	2015	2016	2017	2018	2019中	
毛利率	49.92	47.01	48.95	43.26	42.42	44.86	
营业利润率	34.95	28.72	26.35	25.51	27.70	30.93	
净利润率	30.12	24.57	21.95	21.01	23.68	26.15	
每股收益	1.09	0.77	0.89	1.34	1.89	1.24	
净资产收益率（加权）	16.79	15.43	16.20	21.16	24.98	13.75	
每股红利	0.9+1.5转增	0.35+0.5转增	0.27	0.43	0.60	——	

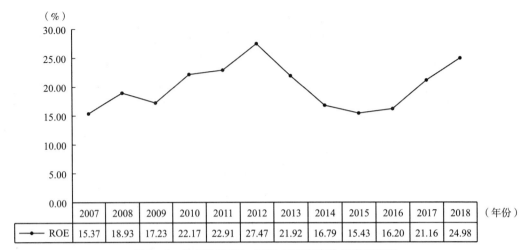

（%）													
	2007	2008	2009	2010	2011	2012	2013	2014	2015	2016	2017	2018	（年份）
ROE	15.37	18.93	17.23	22.17	22.91	27.47	21.92	16.79	15.43	16.20	21.16	24.98	

图 3 - 8　片仔癀 2007 ~ 2018 年净资产收益率折线图

核心产品片仔癀 2023 年收入有望达 40 亿元以上。中国是肝病大国，肝病影响约 3 亿中国人，中国每年有约 40 万人死于肝炎有关的并发症。2018 年我国肝病药市场规模已达近 700 亿元。到 2023 年，片仔癀国内的销售收入测算有望达 31.9 亿 ~ 34.5 亿元，加上海外收入，合计约 41.9 亿 ~ 44.5 亿元，总体收入复合增速约为 19%（取中位数计算）。

片仔癀药品自 2016 年开启新一轮量价齐升，提价是需求旺盛与原材料涨价双重因素所致，目前提价的因素没有变，未来 3 ~ 5 年公司还有 10% ~ 20% 的提价空间。长期看，温和提价下销量依然能够保持增长，净利润率同时得到提升。内部营销改革和外部健康消费升级是量价齐升成功实现的主要因素，片仔癀体验馆模式大获成功，2019 年上半年已达 150 家，贡献收入占比约 25%，未来将不断向北方市场扩张，成为片仔癀药品、日化化妆品的中药销售终端和增长驱动力。

图 3 - 9 列示了片仔癀近年来的月 K 线图，从长期来看，片仔癀伴随着公司优异的业绩表现，股价一直稳步地走上升通道，是一家不错的可以长期投资的上市公司。

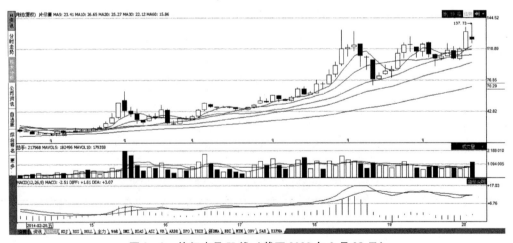

图 3 - 9　片仔癀月 K 线（截至 2020 年 2 月 28 日）

第四章 现金流量表质量分析

学习目标：通过本章的学习，学生应在熟悉现金流量表的内容与结构的基础上，了解现金流量表的填列规则与方法。熟悉现金流量表的质量分析理论，能够熟练应用与现金流量表有关的财务比率去分析上市公司的经营活动、投资活动与筹资活动的现金流量。

第一节 现金流量表的内容与结构

 一、现金流量表的内容

现金流量表，是指反映企业在一定会计期间现金和现金等价物流入和流出的报表，是一张动态报表。从编制原则上看，现金流量表按照收付实现制原则编制，将权责发生制下的盈利信息调整为收付实现制下的现金流量信息，便于信息使用者了解企业净利润的质量。

从内容上看，现金流量表被划分为经营活动、投资活动和筹资活动三个部分，每类活动又分为各具体项目，这些项目从不同角度反映企业业务活动的现金流入与流出，弥补了资产负债表和利润表提供信息的不足。通过现金流量表，报表使用者能够了解现金流量的影响因素，评价企业的支付能力、偿债能力和周转能力，预测企业未来现金流量，为其决策提供有力依据。

现金流量表中的"现金"是广义上的概念，它包括现金和现金等价物。现金是指企业库存现金以及可以随时用于支付的存款。现金等价物，是指企业持有的期限短、流动性强、易于转换为已知金额现金、价值变动风险很小的投资。期限短，一般是指从购买日起三个月内到期。现金等价物通常包括三个月内到期的债券投资等。权益性投资变现的金额通常不确定，因而不属于现金等价物。企业应当根据具体情况，确定现金等价物的范围，一经确定不得随意变更。

二、现金流量表的结构

根据企业业务活动的性质和现金流量的来源，现金流量表在结构上将企业一定期间产生的现金流量分为三大类（见图4-1）：经营活动产生的现金流量、投资活动产生的现金流量和筹资活动产生的现金流量。

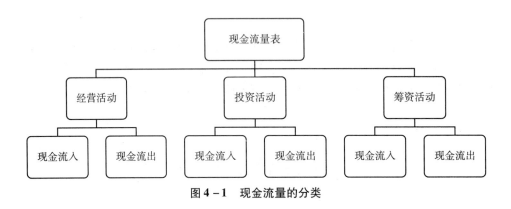

图4-1　现金流量的分类

（一）经营活动产生的现金流量

经营活动是指企业投资活动和筹资活动以外的所有交易和事项。经营活动产生的现金流量包括销售商品或提供劳务、购买商品或接受劳务、收到的税费返还、支付职工薪酬、支付各项税费、支付广告费用等。通过经营活动产生的现金流量，可以说明企业的经营活动对现金流入和流出的影响程度，判断企业在不动用对外筹得资金的情况下，是否足以维持生产经营、偿还债务、支付股利、对外投资等（见图4-2）。

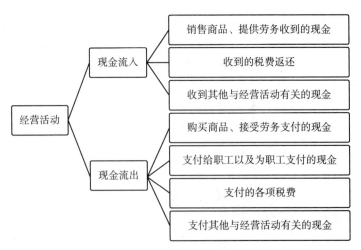

图4-2　经营活动主要现金流量

（二）投资活动产生的现金流量

投资活动是指企业长期资产的购建和不包括在现金等价物范围的投资及其处置活动。投资活动产生的现金流量包括收回投资收到的现金、取得投资收益收到的现金、处置固定资产、无形资产和其他长期资产收回的现金净额、处置子公司及其他营业单位收到的现金净额、收到其他与投资活动有关的现金、购建固定资产、无形资产和其他长期资产支付的现金、投资支付的现金、取得子公司及其他营业单位支付的现金净额、支付其他与投资活动有关的现金等。投资活动的现金流量可以反映企业通过投资获取现金流量的能力以及投资活动现金流量对企业总体现金流量的影响（见图4-3）。

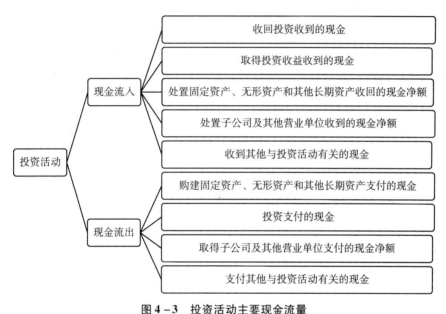

图4-3　投资活动主要现金流量

（三）筹资活动产生的现金流量

筹资活动是指导致企业资本及债务规模和构成发生变化的活动。筹资活动产生的现金流量包括吸收投资收到的现金、取得借款收到的现金、收到其他与筹资活动有关的现金、偿还债务支付的现金、分配股利、利润或偿付利息支付的现金及支付其他与筹资活动有关的现金。筹资活动的现金流量可以反映企业通过筹资获取现金流量的能力以及筹资活动现金流量对企业总体现金流量的影响（见图4-4）。

在现金流量表中，现金和现金等价物被视为一个整体，企业现金形式的转换不会产生现金的流入和流出。例如，企业从银行提取现金是企业现金存放形式的转换，并未流出企业，不构成现金流量。同样，现金和现金等价物之间的转换也不属于现金流量，例如，企业用现金购买三个月到期的国债。

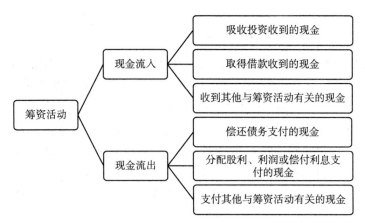

图4-4 筹资活动主要现金流量

此外，对于企业日常活动之外的不经常发生的特殊项目，比如自然灾害损失、保险赔款、捐赠等，应当归并到相关类别中，并单独反映。比如，对于自然灾害损失和保险赔款，如果能够确指属于流动资产损失，应当列入经营活动产生的现金流量；属于固定资产损失，应当列入投资活动产生的现金流量。

现金流量表的具体格式见表4-1和表4-2。

表4-1 现金流量表 会企03表

编制单位：××股份有限责任公司　　　　　　20×9年　　　　　　　　　单位：元

项目名称	本期发生额	上期发生额
一、经营活动产生的现金流量		
销售商品、提供劳务收到的现金		
客户存款和同业存放款项净增加额		
向中央银行借款净增加额		
向其他金融机构拆入资金净增加额		
收到原保险合同保费取得的现金		
收到再保险业务现金净额		
保护储金及投资款净增加额		
处置以公允价值计量且其变动计入当期损益的金融资产净增加额		
收取利息、手续费及佣金的现金		
拆入资金增加额		
回购业务资金净增加额		
收到的税费返还		
收到的其他与经营活动有关的现金		
经营活动现金流入小计		

项目名称	本期发生额	上期发生额
购买商品，接受劳务支付的现金		
客户贷款及垫款净增加额		
存放中央银行和同业款项净增加额		
支付原保险合同赔付款项的现金		
支付利息、手续费及佣金的现金		
支付保单红利的现金		
支付给职工以及为职工支付的现金		
支付的各项税费		
支付的其他与经营活动有关的现金		
经营活动现金流出小计		
经营活动产生的现金流量净额		
二、投资活动产生的现金流量		
收回投资所收到的现金		
取得投资收益所收到的现金		
处置固定资产、无形资产和其他长期资产收回的现金净额		
处置子公司及其他营业单位收到的现金净额		
收到的其他与投资活动有关的现金		
投资活动现金流入小计		
购建固定资产、无形资产和其他长期资产支付的现金		
投资所支付的现金		
质押贷款净增加额		
取得子公司及其他营业单位支付的现金净额		
支付的其他与投资活动有关的现金		
投资活动现金流出小计		
投资活动产生的现金流量净额		
三、筹资活动产生的现金流量		
吸收投资收到的现金		
其中：子公司吸收少数股东投资收到的现金		
取得借款所收到的现金		
发行债券收到的现金		
收到的其他与筹资活动有关的现金		
筹资活动现金流入小计		
偿还债务支付的现金		

项目名称	本期发生额	上期发生额
分配股利、利润或偿付利息支付的现金		
其中：子公司支付给少数股东的股利、利润		
支付的其他与筹资活动有关的现金		
筹资活动现金流出小计		
筹资活动产生的现金流量净额		
四、汇率变动对现金及现金等价物的影响		
五、现金及现金等价物净增加额		
加：期初现金及现金等价物余额		
六、期末现金及现金等价物余额		

表 4 – 2　　　　　　　　　　　　**现金流量表补充资料**

补充资料	本期发生额	上期发生额
1. 将净利润调节为经营活动现金流量		
净利润		
加：资产减值准备		
固定资产折旧、油气资产折耗、生产性生物资产折旧		
无形资产摊销		
长期待摊费用摊销		
处置固定资产、无形资产和其他长期资产的损失		
固定资产报废损失		
公允价值变动损失		
财务费用		
投资损失（减：收益）		
递延所得税资产减少		
递延所得税负债增加		
存货的减少（减：增加）		
经营性应收项目的减少（减：增加）		
经营性应付项目的增加（减：减少）		
其他		
经营活动产生的现金流量净额		
2. 不涉及现金收支的重大投资及筹资活动		
债务转为资本		

续表

补充资料	本期发生额	上期发生额
一年内到期的可转换公司债券		
融资租入固定资产		
3. 现金及现金等价物净变动情况		
现金的期末余额		
减：现金的期初余额		
加：现金等价物的期末余额		
减：现金等价物的期初余额		
现金及现金等价物净增加额		

第二节 现金流量表的填列

 一、经营活动产生的现金流量填列

（一）经营活动现金流量填列方法：直接法与间接法

由于现金流量表中的"经营活动产生的现金流量"要按收付实现制确认的损益来反映，而企业在日常会计核算中对于损益的确认采用的是权责发生制，因此，企业利润表的本期净利润或净亏损并不正好等于现金流量表中的"经营活动产生的现金流量"。因此，在编制现金流量表时，若根据利润表所提供的资料计算经营活动产生的现金流量，就必须将按权责发生制确认的净利润（净亏损）转换为收付实现制确认的损益，由此可按直接法和间接法两种方法转换。

所谓直接法，是指通过现金收入和现金支出的主要类别列示经营活动产生的现金流量。即以本期营业收入为起算点，调整与经营活动有关的流动资产与流动负债的增减变动，列示销售收入及其他收入的收现数、销售成本与其他费用的付现数，以现金收支表达各项经营活动的现金流量。具体来说，采用直接法编制现金流量表时，应以利润表中各主要收支项目为基础，并对实际的现金收入和现金支出进行调整，结出现金流入量与现金流出量及其净流量。

所谓间接法，是以本期净利润（或净亏损）为起算点，调整不涉及现金的收入、费用、营业外收支以及有关项目的增减变动，剔除投资活动、筹资活动对现金流量的影响，计算并列示经营活动的现金流量。

采用直接法和间接法编制的现金流量表结果相同，但由于方法上的不同，导致了报表上所反映的信息内容不同。直接法最突出的优点是比较直观地反映了经营活动产生的现金总流入量和现金总流出量，因此，它比间接法更符合编制现金流量表的目的，提供企业一定会计期间内现金和现金等价物流入与流出的信息。直接法的另一个优点是它的调整比较简单，易于理解，因此，比较受报表使用者欢迎，但直接法却无法说明企业报告期的税后净利与同期现金增减数之间差额的原因。

采用间接法，则符合企业主要是按照权责发生制来反映经营活动的现实，并能揭示企业的净收益与经营活动提供现金之间的差额，但却不利于预测企业未来的现金流量，从而降低了现金流量的作用。

基于上述原因，我国企业会计准则规定，企业应当采用直接法列示经营活动产生的现金流量，在附注中按照间接法披露将净利润调节为经营活动现金流量的信息。

（二）直接法下经营活动现金流量各项目具体列报内容

采用直接法列示经营活动产生的现金流量时，企业有关现金流量的信息可从会计记录中直接获得，也可以在利润表营业收入、营业成本等数据的基础上，通过调整当期存货及经营性应收和应付项目的变动以及固定资产折旧、无形资产摊销、计提资产减值准备等项目后获得。具体来说，经营活动产生的现金流量各项目的内容及列报方法如下：

1. "销售商品、提供劳务收到的现金"项目

本项目反映企业销售商品、提供劳务实际收到的现金（包括应向购买者收取的增值税销项税额），包括本期销售商品、提供劳务收到的现金以及前期销售和前期提供劳务本期收到的现金和本期预收的账款，减去本期销售本期退回的商品和前期销售本期退回的商品支付的现金。企业销售材料收到的现金，也在本项目反映。

企业因对外销售商品或提供劳务而取得的收入，即营业收入，在日常的会计核算中是按权责发生制原则进行处理的，而在编制现金流量表时，为了确定营业收入的收现数，就需要对按权责发生制原则确认的营业收入进行调整，将其调整为按收付实现制原则确认的现金收入。其中有两个方面的因素需要调整，即赊销和预收账款销售。

在企业销售产品或提供劳务采用赊销方式的情况下，对于发生的应收账款或应收票据，在营业收入不变的情况下，应收账款或应收票据增加，则使现金收入减少；反之，应收账款或应收票据减少，则使现金收入增加。由此可见，对于销售收入的收现数，可根据应收账款或应收票据的增减变化来确定，即一定时期内的营业收入收现数应该等于营业收入净额加上应收账款的收现数和应收票据的到期价值减去应收账款和应收票据的发生数。

在企业销售产品或提供劳务采用预收款销售方式的情况下，对于发生的预收账款，在发生时，尽管企业的营业收入并没有增加，但是企业的现金增加了，所以应在销售收入净额的基础上加回来；企业按合同规定交货时，冲减预收账款，同时确认营业收入，但现金并没有增加，所以应在营业收入净额基础上减回去。

由于销售商品、提供劳务收现数包括增值税销项税额收现，因此，该项目在填列时，还应将"应交税费——应交增值税（销项税额）"加回销售收入。这样，"销售商

品、提供劳务收到的现金"的公式最终可写成：

$$\begin{aligned}销售商品、提供\\劳务收到的现金\end{aligned}=营业收入+应收账款（票据）减少数 \left[-应收账款（票据）增加数\right]$$

$$+预收账款增加数（-预收账款减少数）+应交税费（销项税额）$$

上式中，"营业收入"项目的金额可从利润表中查得；有关项目的增减数额可从比较资产负债表中查得。该项目也可根据"库存现金""银行存款""应收账款""应收票据""预收账款""主营业务收入""其他业务收入"等科目的记录分析填列。

2. "收到的税费返还"项目

本项目反映企业收到返还的各种税费，包括收到的返还的增值税、消费税、关税、所得税、教育费附加等。本项目可以根据"库存现金""银行存款""其他应收款"等科目的记录分析填列。

3. "收到的其他与经营活动有关的现金"项目

本项目反映企业除了上述各项目外，收到的其他与经营活动有关的现金流入，如罚款收入、流动资产损失中由个人赔偿的现金收入、经营租赁的租金等。其他现金流入价值较大的，应单列项目反映。该项目可以根据"库存现金""银行存款""营业外收入"等科目的记录分析填列。

4. "购买商品、接受劳务支付的现金"项目

本项目反映企业购买商品、接受劳务实际支付的现金（包括增值税进项税额），包括本期购入材料和商品、接受劳务支付的现金以及本期支付前期购入商品、接受劳务的未付款项和本期预付款项。本期发生的购货退回收到的现金应从本项目内减去。

企业在日常生产经营活动中为购买原材料、周转材料、商品等货物而支付的现金，是企业经营活动现金流出量的主要组成部分。企业购入货物时，在会计核算上，一方面增加存货，另一方面减少现金或者增加应付账款等。为了确定企业购买货物所支付的现金，应当首先确定企业本期购买货物的金额。对于大多数企业来说，当期购入存货的金额可根据销货成本和存货余额进行推算，即：

$$存货期末余额=存货期初余额+本期购入存货金额-本期销货成本$$

$$本期购入存货金额=本期销货成本+存货期末余额-存货期初余额$$

上述公式也可以写作：

$$本期购入存货金额=本期销货成本+存货增加数（-存货减少数）$$

在企业当期购入存货金额的基础上，通过调整，确定当期购买货物所支付的现金。应当指出的是，企业当期购入货物的金额并不等于企业本期内为购买货物而支付的现金。这是因为，企业当期内为购买货物而支付的现金，既包括当期购买货物当期支付的现金，也包括前期购买货物于当期支付的现金，还包括当期为购买货物而预付的现金等。反过来说，企业当期购买货物当期支付的现金也不等于企业当期购买货物的金额。因为企业当期购买的货物，并不一定全部在本期内付款，有的要在下期付款，有的在前期已经预付。这样，在会计核算时，就产生了应付账款、应付票据和预付账款的核算。

此外，由于企业购买商品、接受劳务支付的现金还包括在支付货款时同时支付的增值税进项税额，因此，企业在填列该项目时，还应该将"应交税费——应交增值税（进项税额）"加回销货成本。这样"购买商品、接受劳务支付的现金"的公式最终可写成：

$$购买商品、接受\atop 劳务所支付现金 = 销货成本 + 存货增加数（-存货减少数）$$

$$+ 应付账款（票据）减少数（-应付账款（票据）增加数）$$

$$+ 预付账款增加数（-预付账款减少数）$$

$$+ 应交税费（进项税额）$$

上式中，"销货成本"项目的金额可从利润表中查得；有关项目的增减数额可从比较资产负债表中查得。该项目也可以根据"库存现金""银行存款""应付账款""应付票据""主营业务成本"等科目的记录分析填列。

需要强调指出的是，对于工业企业来说，在填列该项目时，应当注意以下几个问题：

第一，对于列入工业企业产品的生产成本、制造费用的折旧费，由于其不涉及现金支出但影响销货成本，如固定资产的折旧费用等项目，因此在填列该项目时，应当从销货成本中减去。

第二，对于列入生产成本、制造费用的职工薪酬，由于现金流量表中单设项目加以反映，因此，在填列该项目时，也应当从销货成本中减去。

5."支付给职工以及为职工支付的现金"项目

本项目反映企业本期实际支付给职工的工资、奖金、各种津贴和补贴等以及为职工支付的其他费用。企业代扣代缴的职工个人所得税，也在本项目反映。本项目不包括支付给离退休人员的各项费用及支付给在建工程人员的工资及其他费用。企业支付给离退休人员的各项费用，在"支付的其他与经营活动有关的现金"项目反映；支付给在建工程人员的工资及其他费用，在"购建固定资产、无形资产和其他长期资产所支付的现金"项目反映。该项目可以根据"应付职工薪酬""库存现金""银行存款"等科目的记录分析填列。

6."支付的各项税费"项目

本项目反映企业本期发生并支付的、本期支付以前各期发生的以及本期预交的税费，包括所得税、增值税、消费税、印花税、房产税、土地增值税、车船税、教育费附加、矿产资源补偿费等，但不包括计入固定资产价值、实际支付的耕地占用税，也不包括本期退回增值税、所得税。本期退回增值税、所得税在"收到的税费返还"项目反映。该项目可以根据"应交税费""库存现金""银行存款"等科目的记录分析填列。

7."支付的其他与经营活动有关的现金"项目

本项目反映企业除上述各项外，支付的其他与经营活动有关的现金流出，如罚款支出、支付的差旅费、业务招待费现金支出、支付的保险费等，其他现金流出如价值较大的，应单列项目反映。该项目可以根据"库存现金""银行存款""管理费用""营业外支出"等科目的记录分析填列。

二、投资活动产生的现金流量填列

1. "收回投资所收到的现金"项目

本项目反映企业出售、转让或到期收回除现金等价物以外的权益工具、债务工具和合营中的权益等投资收到的现金。收回债务工具实现的投资收益、处置子公司及其他营业单位收到的现金净额不包括在本项目内。该项目可以根据"其他权益工具投资""债权投资""长期股权投资""库存现金""银行存款"等科目的记录分析填列。

2. "取得投资收益所收到的现金"项目

本项目反映企业除现金等价物以外的对其他企业的权益工具、债务工具和合营中的权益投资分回的现金股利和利息等，不包括股票股利。该项目可以根据"库存现金""银行存款""投资收益"等科目的记录分析填列。

3. "处置固定资产、无形资产和其他长期资产所收回的现金净额"项目

本项目反映企业出售、报废固定资产、无形资产和其他长期资产所取得的现金（包括因资产毁损而收到的保险赔偿收入），减去为处置这些资产而支付的有关费用后的净额，但如果收回的现金净额为负数，则应在"支付的其他与投资活动有关的现金"项目中反映。该项目可以根据"固定资产清理""库存现金""银行存款"等科目的记录分析填列。

4. "处置子公司及其他营业单位收到的现金净额"项目

本项目反映企业处置子公司及其他营业单位所取得的现金，减去相关处置费用以及子公司及其他经营单位持有的现金和现金等价物后的净额。该项目可以根据"长期股权投资""库存现金""银行存款"等科目的记录分析填列。

5. "收到的其他与投资活动有关的现金"项目

本项目反映企业除了上述各项目以外，收到的其他与投资活动有关的现金流入。比如企业收回购买股票和债券时支付的已宣告但尚未领取的现金股利或已到付息期但尚未领取的债券利息。若其他现金流入价值较大的，应单列项目反映。该项目可以根据"应收股利""应收利息""银行存款""库存现金"等科目的记录分析填列。

6. "购建固定资产、无形资产和其他长期资产所支付的现金"项目

本项目反映企业本期购买和建造固定资产、取得无形资产和其他长期资产所支付的现金以及用现金支付的应由在建工程和无形资产负担的职工薪酬，不包括为购建固定资产而发生的借款利息资本化部分以及融资租入固定资产所支付的租赁费。企业支付的借款利息和融资租入固定资产所支付的租赁费，在筹资活动产生的现金流量中反映。该项目可以根据"固定资产""在建工程""无形资产""库存现金""银行存款"等科目的记录分析填列。

7. "投资所支付的现金"项目

本项目反映企业取得的除现金等价物以外的权益工具、债务工具和合营中的权益投资所支付的现金以及支付的佣金、手续费等交易费用，但取得子公司及其他营业单位支付的现金净额除外。该项目可以根据"其他权益工具投资""债权投资""长期股权投资""库存现金""银行存款"等科目的记录分析填列。

8. "取得子公司及其他营业单位支付的现金净额"项目

本项目反映企业购买子公司及其他营业单位购买出价中以现金支付的部分，减去子公司及其他营业单位持有的现金和现金等价物后的净额。该项目可以根据"长期股权投资""库存现金""银行存款"等科目的记录分析填列。

9. "支付的其他与投资活动有关的现金"项目

本项目反映企业除了上述各项目以外，支付的其他与投资活动有关的现金流出。比如企业购买股票时实际支付的价款中包含已宣告但尚未领取的现金股利，购买债券时支付的价款中包含的已到付息期但尚未领取的债券利息等。若某项其他现金流出价值较大，应单列项目反映。该项目可以根据"应收股利""应收利息""银行存款""库存现金"等科目的记录分析填列。

三、筹资活动产生的现金流量填列

1. "吸收投资所收到的现金"项目

本项目反映企业以发行股票、债券等方式筹集资金实际收到的款项，减去直接支付的佣金、手续费、宣传费、咨询费、印刷费等发行费用后的净额。该项目可以根据"实收资本（或股本）""库存现金""银行存款"等科目的记录分析填列。

2. "取得借款收到的现金"项目

本项目反映企业举借各种短期、长期借款而收到的现金。本项目可以根据"短期借款""长期借款""库存现金""银行存款"等科目的记录分析填列。

3. "收到的其他与筹资活动有关的现金"项目

本项目反映企业除上述各项目外所收到的其他与筹资活动有关的现金流入，如接受现金捐赠等。其他现金流入如金额较大的，应单列项目反映。本项目可以根据"库存现金""银行存款""营业外收入"等科目的记录分析填列。

4. "偿还债务所支付的现金"项目

本项目反映企业偿还债务本金所支付的现金，包括偿还金融企业的借款本金、偿还债券本金等。企业支付的借款利息和债券利息，在"分配股利、利润或偿付利息所支付的现金"项目中反映，不包括在本项目内。本项目可以根据"短期借款""长期借款""应付债券""库存现金""银行存款"等科目的记录分析填列。

5. "分配股利、利润或偿付利息所支付的现金"项目

本项目反映企业实际支付的现金股利、支付给其他投资单位的利润或以现金支付的借款利息、债券利息等。本项目可以根据"应付股利""应付利息""财务费用""库存现金""银行存款"等科目的记录分析填列。

6. "支付的其他与筹资活动有关的现金"项目

本项目反映企业除了上述各项目外，支付的其他与筹资活动有关的现金流出，如捐赠现金支出、融资租入固定资产支付的租赁费等。其他现金流出如金额较大的，应单列项目反映。本项目可以根据"营业外支出""长期应付款""库存现金""银行存款"等科目的记录分析填列。

 四、汇率变动对现金及现金等价物的影响

本项目反映企业外币现金流量及境外子公司的现金流量折算为人民币时，所采用的现金流量发生日的即期汇率或按照系统合理的方法确定的，与现金流量发生日即期汇率近似的汇率折算的人民币金额与"现金及现金等价物净增加额"中外币现金净增加额按期末汇率折算的人民币金额之间的差额。

 五、现金流量表补充资料填列

除现金流量表反映的信息外，企业还应在附注中披露将净利润调节为经营活动现金流量、不涉及现金收支的重大投资和筹资活动、现金及现金等价物净变动情况等信息。

（一）将净利润调节为经营活动现金流量

如前所述，在我国，现金流量表补充资料应采用间接法反映经营活动产生的现金流量情况，以对现金流量表中采用直接法反映的经营活动现金流量进行核对和补充说明。

采用间接法列报经营活动产生的现金流量时，需要对四大类项目进行调整：①实际没有支付现金的费用；②实际没有收到现金的收益；③不属于经营活动的损益；④经营性应收应付项目的增减变动。

1. 资产减值损失和信用减值损失

该项目反映企业本期实际计提的各项资产减值准备，包括坏账准备、存货跌价准备、长期股权投资减值准备、持有至到期投资减值准备、投资性房地产减值准备、固定资产减值准备、在建工程减值准备等。本项目可以根据"资产减值损失""信用减值损失"科目的记录分析填列。

2. 固定资产折旧、油气资产折耗、生产性生物资产折旧

该项目反映企业本期累计计提的固定资产折旧、油气资产折耗、生产性生物资产折旧。本项目可以根据"累计折旧""累计折耗"等科目的贷方发生额分析填列。

3. 无形资产摊销

该项目反映企业本期累计摊入成本费用的无形资产的价值。本项目可以根据"累计摊销"科目的贷方发生额分析填列。

4. 长期待摊费用摊销

该项目反映企业本期累计摊入成本费用的长期待摊费用。本项目可以根据"长期待摊费用"科目的贷方发生额分析填列。

5. 处置固定资产、无形资产和其他长期资产的损失

该项目反映企业本期处置固定资产、无形资产和其他长期资产发生的净损失（或净收益）。如为净收益以"－"号列示。本项目可以根据"资产处置损益"等科目所属有关明细科目的记录分析填列。

6. 固定资产报废损失

该项目反映企业本期发生的固定资产盘亏净损失。本项目可以根据"营业外支出"和"营业外收入"科目所属有关明细科目的记录分析填列。

7. 公允价值变动损失

该项目反映企业持有的交易性金融资产、交易性金融负债、采用公允价值模式计算的投资性房地产等公允价值变动形成的净损失。如为净收益以"－"号列示。本项目可以根据"公允价值变动损益"科目所属有关明细科目的记录分析填列。

8. 财务费用

该项目反映企业本期实际发生的属于投资活动或筹资活动的财务费用。属于投资活动、筹资活动的部分，在计算净利润时已经扣除，但这部分发生的现金流出不属于经营活动现金流量的范畴，所以在将净利润调节为经营活动现金流量时，需要予以加回。本项目可以根据"财务费用"科目的本期借方发生额分析填列。如为收益，以"－"号列示。

9. 投资损失

该项目反映企业对外投资实际发生的投资损失减去收益后的净损失。本项目可以根据利润表"投资收益"项目的数字填列；如为投资收益，以"－"号列示。

10. 递延所得税资产减少

该项目反映企业资产负债表"递延所得税资产"项目期初余额与期末余额的差额。本项目可以根据"递延所得税资产"科目发生额分析填列。

11. 递延所得税负债增加

该项目反映企业资产负债表"递延所得税负债"项目期初余额与期末余额的差额。本项目可以根据"递延所得税负债"科目发生额分析填列。

12. 存货的减少

该项目反映企业资产负债表"存货"项目期初余额与期末余额的差额。期末数大于期初数的差额，以"－"号列示。

13. 经营性应收项目的减少

该项目反映企业本期经营性应收项目（包括应收票据、应收账款、预付账款、长期应收款和其他应收款等经营性应收项目中与经营活动有关的部分及应收的增值税销项税

额等）的期初余额与期末余额的差额。期末数大于期初数的差额，以"－"号列示。

14. 经营性应付项目的增加

该项目反映企业本期经营性应付项目（包括应付票据、应付账款、预收账款、应付职工薪酬、应交税费和其他应付款等经营性应付项目中与经营活动有关的部分及应付的增值税进项税额等）的期初余额与期末余额的差额。期末数小于期初数的差额，以"－"号列示。

（二）不涉及现金收支的重大投资和筹资活动

该项目反映企业一定会计期间内影响资产和负债，但不形成该期现金收支的所有重大投资和筹资活动的信息。这些投资和筹资活动是企业的重大理财活动，对以后各期的现金流量会产生重大影响，因此应单列项目在补充资料中反映。目前，我国企业现金流量表补充资料中列示的不涉及现金收支的重大投资和筹资活动项目主要有以下几项：

①"债务转为资本"项目，反映企业本期转为资本的债务金额。

②"一年内到期的可转换公司债券"项目，反映企业一年内到期的可转换公司债券的本息。

③"融资租入固定资产"项目，反映企业本期融资租入固定资产的最低租赁付款额扣除应分期计入利息费用的未确认融资费用后的净额。

（三）现金及现金等价物净变动情况

该项目反映企业一定会计期间现金及现金等价物的期末余额减去期初余额后的净增加额（或净减少额），是对现金流量表中"现金及现金等价物净增加额"项目的补充说明。该项目的金额应与现金流量表"现金及现金等价物净增加额"项目的金额核对相符。

六、现金流量表的具体填列方法

在具体编制现金流量表时，企业可根据业务量的大小及复杂程度，采用工作底稿法、T形账户法、分析填列法编制或直接根据有关科目记录分析填列。

（一）工作底稿法

采用工作底稿法编制现金流量表，就是以工作底稿为手段，以资产负债表和利润表数据为基础，结合有关的账簿资料（主要是有关的明细资料和备查账簿），对资产负债表和利润表项目逐一进行分析，并编制调整分录，进而编制出现金流量表。采用工作底稿法编制现金流量表的基本程序是：

第一步：将资产负债表的期初、期末数过入工作底稿的期初数栏和期末数栏。

第二步：对当期业务进行分析并编制调整分录。编制调整分录时，要以利润表项目为基础，从"营业收入"开始，结合资产负债表项目逐一进行分析。在调整分录中，有关现金和现金等价物的事项，并不直接借记或贷记现金，而是分别计入"经营活动产生的现金流量""投资活动产生的现金流量""筹资活动产生的现金流量"有关项目，借记表示现金流入，贷记表示现金流出。

第三步，将调整分录过入工作底稿中的相应部分。

第四步，核对调整分录，借方、贷方合计数均已经相等，资产负债表项目期初数加减调整分录中的借贷金额以后，也等于期末数。

第五步，根据工作底稿中的现金流量表项目部分编制正式的现金流量表。

（二）T型账户法

采用T型账户法编制现金流量表，是以T型账户为手段，以资产负债表和利润表数据为基础，对每一项目进行分析并编制调整分录，从而编制现金流量表。T型账户法的程序是：

第一步，为所有的非现金项目（包括资产负债表项目和利润表项目）分别开设T形账户，并将各自的期末期初变动数过入各该账户。如果项目的期末数大于期初数，则将差额过入和项目余额相同的方向；反之，过入相反的方向。

第二步，开设一个大的"现金及现金等价物"T形账户，每边分为经营活动、投资活动和筹资活动三个部分，左边记现金流入，右边记现金流出。与其他账户一样，过入期末期初变动数。

第三步，以利润表项目为基础，结合资产负债表分析每一个非现金项目的增减变动，并据此编制调整分录。

第四步，将调整分录过入各T形账户，并进行核对，该账户借贷相抵后的余额与原先过入的期末期初变动数应当一致。

第五步，根据大的"现金及现金等价物"T形账户编制正式的现金流量表。

（三）分析填列法

分析填列法是直接根据资产负债表、利润表和有关会计科目明细账的记录，分析计算出现金流量表各项目的金额，并据以编制现金流量表的一种方法。

第三节 现金流量表质量分析

 一、现金流量表项目的运转规律

现金流量表将现金流量分为三类：经营活动产生的现金流量、投资活动产生的现金流量和筹资活动产生的现金流量。

首先，正常情况下的经营活动现金流量除了要维护企业经营活动的正常周转外，还应该有足够的补偿经营性长期资产折旧与摊销以及支付利息和现金股利的能力。

其次，投资活动中的对外投资现金流量和经营性长期资产现金流量的补偿机制不同，在整体上反映了企业利用现金资源的扩张状况。

企业投资活动的现金流量分为两类：对外投资现金流量和经营性长期资产现金流量。

在特定会计期间，如果对外投资所引起的现金流出量大于对外投资产生的现金流入量，则说明当期企业的对外投资呈现出扩张的主流。反之，如果对外投资所引起的现金流出量小于对外投资产生的现金流入量，则说明当期企业的对外投资呈现出回收的主流。

在特定会计期间，如果经营性长期资产所引起的现金流出量大于经营性长期资产产生的现金流入量，则说明当期企业的经营性长期资产呈现出增加的主流。反之，如果经营性长期资产所引起的现金流出量小于经营性长期资产产生的现金流入量，则说明当期企业的经营性长期资产的变化主流是收缩或调整经营性长期资产的结构和规模。

最后，筹资活动的现金流量应该适应企业经营活动、投资活动的需要，从整体上反映企业融资状况及成效。

筹资活动的现金流量，从总体看应该适应企业经营活动、投资活动的需要。在企业经营活动、投资活动需要现金支持时，筹资活动应该及时足额地筹措到相应资金。在企业经营活动、投资活动产生大量现金时，筹资活动应该及时地清偿相应贷款，避免不必要的利息支出。因此，企业筹资活动的现金流量与经营活动、投资活动的适应状况，反映了企业在一定融资环境条件下的融资状况，也反映了企业的融资能力。

 二、现金流量的质量分析

（一）现金流量质量特征

现金流量的质量指的是企业的现金流量能够按照企业的预期目标进行顺畅运转的质量。具有良好质量的现金流量应当有三个特征：现金流量的结构与状态体现了企业的发展战略要求；在较长的一段时间内，企业经营活动的现金流量应当与同口径核心利润呈现趋同性；筹资活动现金流量能够适应企业经营活动、投资活动的需要，无不当融资行为。

现金持有量的多少必须以公司对现金的需要量而定，并非越多越好。适当的现金持有量对于公司具有以下作用：①满足公司购买的需要；②满足公司投资的需要；③满足公司支付的需要。现金过剩对企业的不利影响表现在：①表明公司资产结构不合理；②使公司的资源没有得到充分利用；③是企业财务状况不佳的标志。

（二）经营活动产生的现金流量质量分析

1. 经营活动产生的现金流量小于零

在此情况下，企业正常的经营活动产生的现金流入不足以支付企业经营活动引起的现金流出。在企业初创期，由于大量的扩大生产活动、开拓市场的活动及产能没有达到规模经营的水平，经营活动的现金流量会出现负值，这是企业成长过程中的正常现象。处于成长期的企业，虽然创造现金流量的能力在不断提升，但由于还处于不断地扩大再生产过程中，一般不会有很充裕的现金流量。企业处于成熟期以后，经营活动的现金流量若仍然是负的，则必须采用一定手段向短期周转中补充资金（事实上处于这种情况的企业很难筹措到资金），否则会面临资金链断裂的情况。在企业衰退期，由于新产品的出现和市场占有率的逐渐下降，在后期经营现金流量一般也会是负的。

2. 经营活动产生的现金流量等于零

在此情况下企业的经营现金流量处于平衡状态，其经营活动产生的现金流入刚好可以满足企业经营活动引起的现金流出，即企业弥补了付现成本，但非付现成本没有得到货币补偿。从短期来看，企业不需要向短期周转中注入资金，仍然可以维持周转。但从长期来看，一旦需要更新固定资产，企业就面临着资金的危机，必须采用一定手段融资，否则无法更换设备继续生产。即使筹集到资金，企业也缺乏支付融资成本的资金（利息或股利），那么最后的命运必然是融资枯竭，走向破产。

3. 经营活动产生的现金流量大于零

经营活动产生的现金流量大于零，足够弥补付现成本，还应该具备支付非付现成本，支付本期的利息与股利，同时仍有盈余可用于扩大再生产，使企业获得更大的未来发展潜力。

（三）投资活动产生的现金流量质量分析

1. 投资活动产生的现金流量小于或等于零

投资活动包括对内的固定资产、无形资产和其他长期资产的投资以及对外的权益性投资及债务性投资。投资活动产生的现金流量小于或等于零，不能简单地认为好或不好，而是应判断两类投资的变动方向是否符合企业的发展阶段，能否与企业发展战略和发展方向相一致。

另外，由于对内扩大再生产而进行的固定资产等投资的收回方式是使增加经营活动的现金流量，所以从长期来看，投资活动现金流量净额的累计数会小于零。

2. 投资活动产生的现金流量大于零

投资活动产生的现金流量大于零可能出于两种原因：一是企业的投资回收资金大于投资的现金流出；二是由于企业迫于资金压力，处理在用的固定资产或者持有的长期投资等。从以上两种原因分析时应该加以区分。

投资活动必须符合企业的发展战略，盲目的投资在增加企业的资金压力的同时，会造成巨大的亏损，导致投资无法收回，严重的可能会导致企业破产。

（四）筹资活动产生的现金流量质量分析

1. 筹资活动产生的现金流量小于或等于零

这种情况的出现，可能因为企业的筹资达到了一定的目的，利用经营活动产生的现金流量或投资活动产生的现金流量在债务到期时进行偿还，也可能是因为企业的投资活动或经营活动出现失误，需要变卖资产偿还债务。

2. 筹资活动产生的现金流量大于零

企业的初创期和成长期，内部资金不足以满足大规模的投资，需要从外部筹集资金。分析筹资活动产生的现金流量大于零是否正常，关键是看筹集资金的目的。

（五）现金流量表质量分析时还应关注的问题

年初、年末货币资金余额中已用于质押贷款的定期存单，用于开具银行承兑汇票的保证金存款，用于商业承兑汇票贴现的保证金存款等，企业在编制现金流量表时是否从现金的年初余额和年末余额中扣除值得我们关注。因为此部分银行存款的流动性受到限制，在编制现金流量表时不能作为现金反映。

对于融资性质的商业承兑汇票买方贴现形成的应付票据，在编制现金流量表时是作为经营活动现金流量中购买商品、接受劳务支付的现金减少，还是作为筹资活动收到的现金，对企业现金流量构成较大影响，如作为经营活动现金流量，对经营活动现金流量净额是正数还是负数会有重大影响。

三、现金流量表与资产负债表、利润表间内在关系

在现行财务报表体系中，资产负债表和损益表都是以权责发生制为基础，反映了企业的财务状况和经营成果。现金流量表与股东权益变动表是以收付实现制为基础的，它向投资者和债权人提供了一套比较完整的现金流量资料和股东权益变动资料，作为资产负债表和利润表的补充，以帮助报表使用人更好地评价企业的财务状况。财务报表之间存在内在联系是非常清晰的。资产负债表是存量报表，它报告的是某一时点上的价值存量，是一份整体结果表。利润表、现金流量表、所有者权益变动表是流量报表，用于度量两个时点的存量变化，是三份局部过程表。

（一）报表间的主要勾稽关系

现金流量表与资产负债表、利润表间存在相互补充的关系，因此，表与表间存在直接的勾稽关系。在实际工作中，通过对主要勾稽关系的分析，能够判断企业是否通过人为的调整，调节经营性现金流量。

情况1：利润表中的营业收入×（1＋销项税率）＋资产负债表中预收账款（年末余额－年初余额）－资产负债表中应收账款（年末余额－年初余额）－资产负债表中应收票据（年末余额－年初余额），应大致等于现金流量表中销售商品、提供劳务收到的现金。（上述项目应强调原值，扣除减值部分）

如果复核数比现金流量表反映数小很多，则可能存在企业为了融资的需要编制现金流量表时人为增加经营活动收到现金的情况。反之，如果复核数比现金流量表反映数大

得很多，则可能是企业为销售规模及业绩考核需要，制造了没有现金流入的收入或直接在编制利润表时人为增加了销售收入。

情况2：利润表中的营业成本×（1＋进项税率）＋资产负债表中存货（年末余额－年初余额）×（1＋进项税率）＋资产负债表中预付账款（年末余额－年初余额）－资产负债表中应付账款（年末余额－年初余额）－资产负债表中应付票据（年末余额－年初余额），应大致等于现金流量表中购买商品、接受劳务支付的现金，如复核数比现金流量表反映数大很多，则可能存在企业为了融资的需要在编制现金流量表时人为减少经营活动支付现金的情况。

上述的情况1和情况2在企业现金流量不好，特别是经营性现金流量出现负数的情况下，编制现金流量表时经常采用此种方法调节经营性现金流量，便于向银行融资。

情况3：报表附注中在建工程、固定资产（扣除在建工程转入）、长期待摊费用、无形资产本年增加额（不考虑存在未付款项情况下）应大致等于购建固定资产、无形资产和其他长期资产所支付的现金。

情况4：利润表中的净利润应与现金流量表附表中的净利润相同，利润表中的投资收益应与现金流量表附表中投资收益相同但方向相反，合并利润表中的少数股东损益应与合并现金流量表附表中的少数股东损益相同，如不相同，则现金流量表的编制就存在问题。

情况5：负债中短期借款、一年内到期的长期借款、长期借款（年末本金余额－年初本金余额）应等于现金流量表筹资活动中借款所收到的现金与偿还债务所支付的现金差额。

情况6：资产负债表中的货币资金年初及年末余额应与现金流量表附表中的现金的年初余额、年末余额相同，但如果年初、年末的货币资金余额中有已质押等被限制的银行存款则就不应相同，但存在此类情况时，企业应在会计报表附注中的货币资金项目注释或其他重大事项中说明。

（二）三种现金流量活动在报表体系中的体现

1. 经营活动在报表体系中的体现

经营资产及负债——毛利及核心利润——经营活动现金净流量

应收、预付——存货——营业成本——经营活动现金流出

应收款、预收——营业收入——经营活动收到现金流入

固定资产、无形资产——折旧、营业外收支——投资活动的现金流

2. 投资活动在报表体系中的体现

资产负债表（交易性金融资产、债权投资、投资性房地产、长期股权投资、大额的其他应收账款）——利润表中的投资收益——投资活动的现金流

3. 筹资活动在报表体系中的体现

资产负债表（长短期借款、实收资本）——筹资活动现金流量

【案例 4-1】　　　　　　　　　格力电器（000651）

格力电器：公司是目前全球最大的集研发、生产、销售、服务于一体的国有控股专业化空调企业。公司是唯一成为"世界名牌"的中国空调业品牌，公司产品产销量连续多年全球领先。公司自主研发超低温数码多联机组、多功能地暖户式中央空调、1 赫兹变频空调等一系列"国际领先"产品。公司先后中标"北京奥运媒体村"、南非"世界杯"主场馆及多个配套工程、广州亚运会 14 个比赛场馆、俄罗斯索契冬奥会配套工程等国际知名空调招标项目。公司荣获了多项重大国家和省级奖励，其中"空调设备及系统运行节能国家重点实验室"获批国家重点实验室，自此格力电器成为行业第一个，也是唯一一个全创新链——"基础研究（国家重点实验室）—工程化（国家工程技术研究中心）—产业化（国家企业技术研究中心）"完备并获国家主管部门认可的企业。

图 4-5 列示了格力电器 2007~2019 年中期净资产收益率（加权），图 4-6 列示了格力电器 2007~2019 年中期现销率（销售商品提供劳务收到的现金/营业收入），图 4-7 列示了格力电器从 2007~2018 年每股分红送转的情况，图 4-8 列示了格力电器 2007~2019 年中报营业收入与营业成本的具体数值。从图可以看出，格力电器在过去的 10 年中营业收入出现了大幅度的增长，净资产收益率长期维持在高位。但是 2015 年经历了行业业绩较大幅度的下滑，净资产收益率也降低到 27.34%，但现销率达到最高位 113.48%，在经济不景气的情况下，提高现销率，可见企业对自己产品的信心，这也是企业应对市场不利局面的大胆之举。2016 年开始各项数据开始进一步向好。另外，格力电器长期以来保持高分红，投资者对企业投资的忠诚度较高。图 4-9 列示了格力电器的月 K 线图，从图中可以看出，格力电器依托长期均线稳步上扬，结合各项财务报表数据可以看出，董明珠所领导的格力电器是一家不错的有投资价值的上市公司。

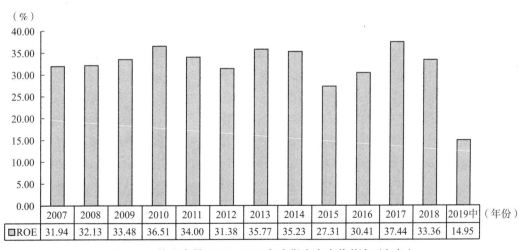

（%）	2007	2008	2009	2010	2011	2012	2013	2014	2015	2016	2017	2018	2019中	（年份）
ROE	31.94	32.13	33.48	36.51	34.00	31.38	35.77	35.23	27.31	30.41	37.44	33.36	14.95	

图 4-5　格力电器 2007~2019 年中期净资产收益率（加权）

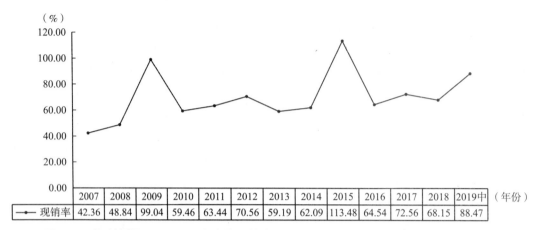

（%）	2007	2008	2009	2010	2011	2012	2013	2014	2015	2016	2017	2018	2019中	（年份）
现销率	42.36	48.84	99.04	59.46	63.44	70.56	59.19	62.09	113.48	64.54	72.56	68.15	88.47	

图4-6 格力电器2007~2019年中期现销率（销售商品提供劳务收到的现金/营业收入）

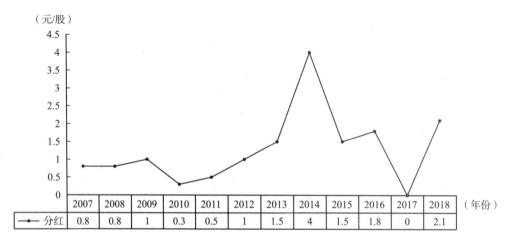

（元/股）	2007	2008	2009	2010	2011	2012	2013	2014	2015	2016	2017	2018	（年份）
分红	0.8	0.8	1	0.3	0.5	1	1.5	4	1.5	1.8	0	2.1	

图4-7 格力电器2007~2018年每股分红送转

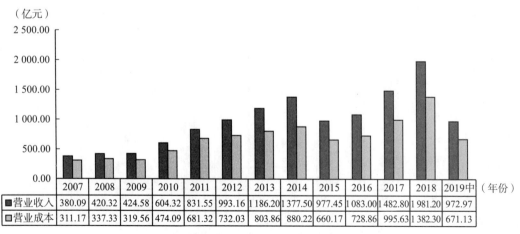

（亿元）	2007	2008	2009	2010	2011	2012	2013	2014	2015	2016	2017	2018	2019中	（年份）
营业收入	380.09	420.32	424.58	604.32	831.55	993.16	1 186.20	1 377.50	977.45	1 083.00	1 482.80	1 981.20	972.97	
营业成本	311.17	337.33	319.56	474.09	681.32	732.03	803.86	880.22	660.17	728.86	995.63	1 382.30	671.13	

图4-8 格力电器2007~2019年中报营业收入与营业成本

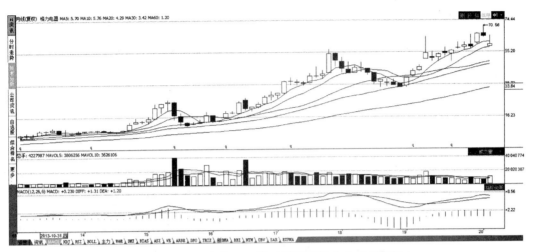

图 4 - 9　格力电器月 K 线（截至 2020 年 2 月 28 日）

第四节　与现金流量表有关的财务比率

一、净现金流量适当比率

净现金流量适当比率用于确定企业从经营活动所产生的现金能否充分用于支付其各项资本支出、存货净投资及发放现金股利的程度。为了避免重复性及不确定性活动对现金流量所产生的影响，通常是以 5 年的总数为计算单位。其计算公式如下：

$$净现金流量适当比率 = \frac{\sum_{n=1}^{5} 经营活动的现金流量}{\sum_{n=1}^{5} (资本支出 + 存货增加额 + 现金股利)}$$

n = 1，2，3，4，5 表示 5 个年度。

另一项营运资金投资的重要项目是应收账款，只是在计算净现金流量适当比率时不包括在内，这是由于该项营运资金的来源基本上可以经过短期信用融资（如应付款项等）取得，无须动用来自营业活动的现金。此处的存货增加额在存货的期末余额大于期初余额时才会有，如果此年存货期末余额小于期初余额，则以零计算。现金股利包括普通股和优先股的所有现金股利。

如果净现金流量适当比率大于或等于 1，即表示企业从经营活动中得到的资金足以应付各项资本性支出、存货净投资和现金股利的需要，不用再对外融资。反之，如果此项净现金流量适当比率小于 1，则表示企业来自经营活动的资金不足以供应目前营运规模和支付股利的需要。此外，这项净现金流量适当比率还可以反映出通货膨胀对企业现金需要的影响。但是，这项比率也有其自身的局限性，因为它的作用仅在于指出了某项事实，本身却并非能提供答案，要了解真实情况还需要有待于进一步分析调查。

 二、现金再投资比率

现金再投资比率在于衡量企业来自经营活动上的现金已被保留的部分，使其同各项资产相比较，借以测验其重新再投资于各项营业资产的百分比关系。其计算公式如下：

$$现金再投资比率 = \frac{来自经营活动的净现金流量 - 现金股利}{固定资产总额 + 投资 + 其他资产 + 营运资金}$$

该种比率计算公式中的分母各组成部分是某个特定时点上的存量，其中的固定资产总额指的是未扣除累计折旧的固定资产总额，投资指的是介于流动资产与固定资产之间的长期投资，其他资产指的是资产负债表上最下方的其他资产总额，营运资金指的是流动资产减去流动负债之后的余额。计算公式中的分子的被减数与计算净现金流量适当比例的分子相同，分子的减数为普通股和优先股的现金股利之和。

现金再投资比率越高，表示企业可用于再投资在各项资产的现金越多；反之，比率越低，则表示可用于再投资的现金越少。一般而言，凡现金再投资比率达到8%的，即被认为是一项理想的比率。

当然这项比率同样也具有与净现金流量适当比例相同的局限性，它的作用也仅仅在于指出了某项事实，本身却没有能够提供某种答案，所以要了解事情的真实情况，还有待于进一步分析和调查。

 三、现金流动负债比率

现金流动负债比率用于显示企业偿还即将到期债务的能力，也是衡量企业短期偿债能力的动态指标。其计算公式如下：

$$现金流动负债比率 = \frac{经营活动产生的现金流量净额}{流动负债}$$

这个公式的分子与前面两个比率计算公式中所用到的概念相同。分母中的流动负债包括应计费用及各项应付款项和一年内即将到期的长期负债。现金流动负债比率越高，则表示企业短期偿债能力越好。反之，比例越低，则表示企业短期偿债能力越差。国外的一些学者认为该比率在40%以上为理想状况。

 四、经营活动产生的现金流量净额对总负债比率

经营活动产生的现金流量净额对总负债比率是用来衡量企业用年度现金流量偿还企业总负债的能力。其计算公式如下：

$$经营活动产生的现金流量净额对总负债比率 = \frac{经营活动产生的现金流量净额}{总负债}$$

经营活动产生的现金流量净额对总负债比率越高，表示企业偿还全部债务的能力越好。反之，比率越低，表示企业的偿债能力越差。

在这项比率的计算中，企业的资产负债表中几乎所有可能的负债数额都包括进来了，因此计算这项比率是一种保守的做法。在实务中，企业财务分析者可能会对分母中负债的内容有所选择，有时分母中的负债仅仅包括短期负债和应付公司债。

五、每股经营活动现金流量

每股经营活动现金流量，也称每股经营活动产生的现金流量净额，该指标显示企业发行在外的普通股每股的现金流量。从短期的观点来看，每股经营活动现金流量比率比每股盈余更能显示从事资本性支出及支付股利的能力。

$$每股经营活动现金流量 = \frac{经营活动产生的现金流量净额 - 优先股股利}{流通在外的普通股股数}$$

该项指标计算公式的分母中流通在外的普通股股数的概念和计算每股盈余时所用到的概念相同。只有当企业处于复杂资本结构时，才需考虑完全稀释作用的约当普通股股数（比如考虑可转换债券完全转换成未来的普通股数量）。流通在外的普通股股数指的是全年流通在外加权平均普通股股数，而不是年底流通在外的普通股股数，因为后者未必对全年的现金流量有贡献。

每股经营活动现金流量越高，表示企业的每股普通股在一个会计年度中所赚得的经营现金流量越多。反之，每股经营活动现金流量越低，则表示每股普通股所赚得的经营现金流量越少。

虽然每股经营活动现金流量在短期内比每股盈余指标更能显示出企业在资本性支出和支付股利方面的能力，但是每股经营活动现金流量绝不能用以代替每股盈余作为显示企业盈利能力的主要信号。不过它可以作为一项相关性指标用于补充投资者对财务报表所做的比率分析。

此外，对于企业全年流通在外加权平均普通股股数，企业外部的财务分析者很难获得此项数据。有些企业会将其公布在年报里，但如果不公布，则仅仅根据年报中的信息是无法推算出来的，除非企业的资本结构非常简单。对于一个拥有非常简单的资本结构的企业来说，可以直接用发行在外的股数来计算每股经营活动现金流量。但是要注意，最好与计算每股盈余时所用到的发行在外的股数相同。这样有利于分析者将这两个指标相互对比，还可以避免指标的歪曲。

六、经营活动产生的现金流量净额对现金股利的比率

经营活动产生的现金流量净额对现金股利的比率可以显示出企业用年度正常经营活动所产生的现金流来支付现金股利的能力。其计算公式如下：

$$经营活动产生的现金流量净额对现金股利的比率 = \frac{经营活动产生的现金流量净额}{现金股利}$$

该项比率的计算公式中，经营活动产生的现金流量净额同前面介绍的各项指标中提到的概念相同。现金股利则包括普通股股利和优先股股利。

经营活动产生的现金流量净额对现金股利的比率越高，企业支付现金股利的能力也就越强。不过，这并不意味着投资者每股就可以获取许多股利。股利发放与公司管理当局的股利政策以及他们对投资者的态度有关。如果公司管理当局无意于发放股利，而是青睐于用这些现金流量进行投资，以期获得较高的投资收益，从而提高本企业的股票市价，那么上述这项指标的效用就不是很大。因此它也只是对财务分析者起参考作用，并不能帮助他们下决定性的结论。

七、现金循环周转率及现金循环平均天数

现金循环是指从投入生产的直接材料、直接人工及制造费用的现金流出，到应收账款收现的现金流入，继而将现金流入又投入生产，如此循环不已，称为现金循环，如图4-10所示。

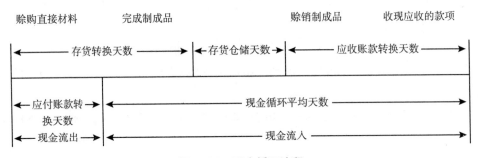

图4-10　现金循环流程

现金循环周转率是为了了解企业在正常经营活动中从投入生产付出现金到卖出产成品收回现金期间的长短，评价企业的流动性以及现金的管理效率。现金循环周转率的计算公式如下：

$$现金循环周转率（次） = \frac{365}{现金循环平均天数}$$

该公式中的分母现金循环平均天数计算公式如下：

$$现金循环平均天数 = 存货转换天数 + 存货仓储天数 + 应收款项转换天数 - 应付款项转换天数$$

存货转换天数指的是从收购直接材料开始到材料转换成产品为止所涵盖的天数。其中包括从订购材料到送达工厂的期间，从直接材料加工到在产品的期间和在产品转变成产成品的期间。存货仓储天数指的是从产成品的存货形式到全部卖出为止的仓储期间。

应收账款转换天数指的是从赊销产成品到应收款项收现产生现金流入的期间。应付款项转换天数是从每个现金循环的起点，也就是从赊购直接材料开始，所有投入生产活动所应负担的款项，诸如直接材料、直接人工和其他应计的费用等，直到实际付现为止的天数。

八、现金流量折旧影响系数

现金流量折旧影响系数是折旧额与经营活动现金流量净额之比，反映企业每年计提的折旧额占年营业所得现金的比重。其计算公式如下：

$$现金流量折旧影响系数 = \frac{折旧额}{经营活动现金流量净额}$$

正常情况下，该指标应小于1。现金流量折旧影响系数越小，表明其营业所得现金流量中由折旧转化而来的份额也越少，企业正常经营的营运效率越高。该指标大于1是企业营运能力低下的一个信号。在这种情况下，企业很难保证其现有资产的完整和增值。

九、现金流量对销售收入的比率

现金流量对销售收入的比率是经营活动现金净流量与企业当期的营业收入之比，即企业营业所得现金占其销售的比重。该指标反映企业每实现一元的销售所获得的现金。其计算公式为：

$$现金流量对销售收入的比率 = \frac{经营活动现金流量净额}{营业收入}$$

由于现金及现金等价物价值变动和无法收回的风险很小，现金流量对销售收入比率越高，企业营业收入面临的风险越小，企业营业收入的质量越高。反之，即使企业有较高的营业收入总额，若该比率过低，也不容乐观，因为这种情况下的高营业收入很可能是企业以放宽信用条件、增加不良应收款为代价实现的。因而企业对该比率指标应结合营业收入的构成情况进行具体分析，积极采取措施提高营业收入的质量。

十、现金流量与总资产的比率

现金流量与总资产的比率是经营活动现金流量净额与企业当期的资产总额之比，即企业营业所得现金占其资产总额的比重，反映以现金流量为基础的资产报酬率。其计算公式为：

$$现金流量与总资产的比率 = \frac{经营活动现金流量净额}{资产总额}$$

现金流量与总资产的比率这一指标和总资产报酬率相类似，都反映企业总资产的运营效率。该指标越高，说明企业的资产运营效率越高。但现金流量与总资产比率的高低受两方面因素的影响：一方面是企业总资产报酬率的高低，另一方面是企业收益中现金净流量所占比重的高低。也就是说，有较高账面总资产报酬率的企业，如果现金净流量在收益中所占比重过低，仍会导致该指标的恶化。结合现金流量对销售收入比率的分析，可以看出较低的现金流量与总资产的比率是企业收益质量下降、资产盈利能力下降的表现。

在分析上市公司的现金流量表时，还应该注意以下问题：

第一，辩证地看待现金流入流出量。上市公司在投资活动中发生的各项现金支出，实际上反映了其为拓展经营业务所做的努力。企业从经营活动、筹资活动中获得的现金再投资出去，是为了今后更大的发展。现金不流出是不能为企业带来经济效益的。尤其对于迅速成长时期的上市公司，大量的现金流出是十分必要的。从上市公司长远发展的利益出发，短期的大量现金流出是为以后较高的盈利回报和稳定的现金流入打基础。相反，如果上市公司出现大量的现金净流入也未必是好事情，此时必须要分析现金流入的来源，否则容易导致错误的判断。

第二，重视对附注的分析。我国的现金流量表准则规定企业的现金流量表必须以直接法报告经营活动的现金流量，另外，企业还应在会计报表附注中披露将净利润调节为经营活动现金流量的信息。因此，与净利润有关的经营活动产生现金流量的过程是作为附注在表外反映的，所以在对现金流量表进行具体分析中必须重视对附注的分析。

第三，注意现金流量指标的横向和纵向分析。可以运用纵向的趋势分析法来比较研究上市公司的现金流量状况，推断上市公司未来年份的现金流量，进而得出上市公司的收现能力和偿债风险。另外，在研究某一上市公司的现金流量时，公司单一的数据指标不具有可比性，必须结合公司所属的产业、所在的地区进行横向比较。上市公司只有跟同一行业的其他公司或行业的平均水平比较才具有实际意义。

 十一、案例分析

【案例 4 - 2】　　　　　　　　**万科 A （000002）**

房地产是国民经济最重要的支柱产业之一，是一个投资巨大、回收缓慢、回报丰厚、具有高风险的产业。房地产行业政策性强，受宏观政策影响大，具有较高的产业关联度和明显的经济周期性。从短期来看，由于房价的敏感性，房地产业是宏观调控的对象。从长期来看，我国工业化、城市化的趋势不会改变，房地产行业具有良好的发展前景和持续发展的动力。房地产开发企业对银行融资具有高依赖性，财务具有高杠杆性。

房地产企业基本财务特征：①房地产开发企业的资产主要体现在存货科目，负债主要体现在其他应付款和长期借款科目。一般固定资产项目的建设成本体现在在建工程科目，土地体现在无形资产科目。房地产项目的开发成本，包括土地、建设成本等均记入存货科目。股东及关联企业借款体现在其他应付款科目。②房地产是典型的资金密集型产业，大多数企业的资产负债率在70%左右。③房地产开发企业的现金流在项目开发周期的不同阶段呈现不同特点：项目建设初期筹集的大量外部资金流入企业；项目建设期，企业需要大量支付工程建设款，现金大量流出；在项目销售期，随着销售资金的回笼，大量现金再次流入企业。

对房地产企业的考核，主要从绝对指标和相对指标两方面入手。绝对指标包括：①货币资金，主要看可用资金是否充裕。②预收账款，收入保障性指标。③销售金额（或销售收入）期房预售制度下房地产企业特有的评价指标。

相对指标包括：①现金占总资产比重＝货币资金÷总资产，现金充裕度指标。②预收账款占总资产比率＝预收账款÷总资产，收入保障性指标。③存货总资产比率＝存货÷商品总资产，供应指标。④货币资金与短期资金及1年内到期的短期借款比率＝货币资金÷（短期借款＋1年内到期的非流动负债），财务安全性指标。⑤净资产负债率（剔除预收账款）＝（负债总额－预收账款）÷（总资产－预收账款），财务安全性指标。⑥销售周转率＝经营活动现金流入÷总资产，房地产企业周转性指标。

万科简介：公司是中国最大的专业住宅开发企业，中国大陆首批公开上市的企业之一。注册资本110.39亿元。在多年的经营中，公司坚持"不囤地，不捂盘，不拿地王"的经营原则；实行快速周转、快速开发，依靠专业能力获取公平回报的经营策略。产品始终定位于城市主流住宅市场，主要为城市普通家庭供应住房。公司坚持快速销售、合理定价，要求各地下属公司楼盘推出后当月销售率达到60%以上。同时，公司坚持规范经营，不追求高利润率。公司致力于通过规范、透明的企业文化和稳健、专注的发展模式，成为最受客户、最受投资者、最受员工、最受合作伙伴欢迎、最受社会尊重的企业。凭借公司治理和道德准则上的表现，公司连续八次获得"中国最受尊敬企业"称号。

由表4-3可知，万科A过去5年流动比率与速动比率保持稳定，资产负债率持续攀升，2019年中报达到85.26%，负债进一步加大，风险加大，值得关注。

表4-3 万科A资产结构及偿债能力分析 单位：%

年度	2012	2013	2014	2015	2016	2017	2018	2019中报
流动比率	1.40	1.34	1.34	1.30	1.24	1.20	1.15	1.12
速动比率	0.41	0.34	0.43	0.43	0.44	0.50	0.49	0.44
现金比率	0.20	0.13	0.18	0.13	0.15	0.21	0.18	0.12
资产负债率	78.32	78.00	77.20	77.70	80.54	83.98	84.59	85.26
产权比率	4.65	4.86	4.45	4.74	5.90	7.38	8.30	8.35

表4-4列示了万科A从2012~2019年中期的盈利能力数据与财务指标，图4-11列示了万科A从2012~2018年的营业收入、营业成本与销售毛利率指标。从图表可知，万科A在2016年前销售毛利率与销售净利率在下滑，但由于企业管理效率等在提高，2016年后毛利率、净利率与净资产收益率开始出现缓慢上升。

表 4 - 4 万科 A 盈利能力分析

年度	2012	2013	2014	2015	2016	2017	2018	2019 中报
营业收入（亿元）	1 031.16	1 354.19	1 463.88	1 955.49	2 404.77	2 428.97	2 976.79	1 393.20
营业利润（亿元）	210.13	242.61	249.79	331.23	390.24	508.13	674.99	278.56
净利润（亿元）	156.63	182.98	192.88	259.49	283.50	372.08	492.72	192.86
销售毛利率（%）	36.56	31.47	29.94	29.35	29.41	34.10	37.48	36.25
销售净利率（%）	15.19	13.51	13.18	13.27	11.79	15.32	16.55	13.84
净资产收益率（%）	21.45	21.54	19.17	19.14	19.68	22.80	23.24	7.26

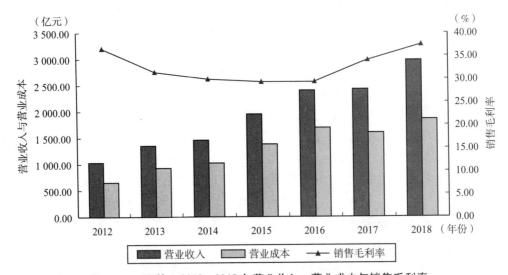

图 4 - 11 万科 A 2012～2018 年营业收入、营业成本与销售毛利率

由表 4 - 5 可知，万科 A 过去几年销售商品收到的现金快速增长，经营活动产生的现金流量净额年度之间差额明显。现销率在 2016 年后维持高位，凸显资产负债率不断提升的情况下，应对财务风险的销售策略选择偏向保守。

表 4 - 5 万科 A 2012～2019 年中报现金流量表分析

年度	2012	2013	2014	2015	2016	2017	2018	2019 中报
销售商品收到的现金（亿元）	1 161	1 534	1 683	1 919	2 865	3 684	3 981	1 981
经营活动产生的现金流量净额（亿元）	37	19	417	160	396	823	336	89
销售商品提供劳务收到的现金/营业收入（%）	113	113	115	98	119	152	134	142

图 4 - 12 列示了万科 A 近年来的月 K 线图，公司股价依托长期均线缓慢上扬。

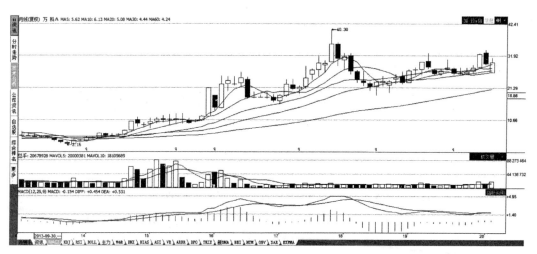

图4-12 万科A月K线（截至2020年2月28日）

第五章　所有者权益变动表质量分析

学习目标：通过本章的学习，学生能够在熟悉所有者权益变动表的内容与结构的基础上，对上市公司年度会计期间内的所有者权益变化情况进行质量分析，能够准确理解所有者权益增减变动的根源。

第一节　所有者权益变动表的内容与结构

 ### 一、所有者权益变动表及其作用

所有者权益变动表，是指反映构成所有者权益各组成部分当期增减变动情况的报表。所有者权益变动表能够全面反映一定时期所有者权益变动的情况，既包括所有者权益总量的增减变动，也包括所有者权益增减变动的重要结构性信息，特别是反映直接计入所有者权益的利得和损失，因此报表使用者能够准确理解所有者权益增减变动的根源。所有者权益变动表是对资产负债表所有者权益在期间变动情况的补充。

 ### 二、所有者权益变动表的内容和结构

在所有者权益变动表中，至少应当单独列示反映下列信息的项目：①净利润；②直接计入所有者权益的利得和损失项目及其总额；③会计政策变更和差错更正的累积影响金额；④所有者投入资本和向所有者分配利润等；⑤按照规定提取的盈余公积；⑥实收资本（或股本）、资本公积、盈余公积、未分配利润的期初和期末余额及其调节情况。

所有者权益变动表的结构由四部分构成：上年年末所有者权益各项目余额、本年年初所有者权益各项目余额、本年所有者权益各项目增减变动金额、本年末所有者权益各项目余额。其中本年度所有者权益各项目增减变动金额又根据所有者权益变动的主要原因分为五类：净利润、直接计入所有者权益的利得和损失、所有者投入和减少资本、利润分配和所有者权益内部结转。所有者权益变动表的具体格式见表 5-1。

表 5 - 1

所有者权益变动表

编制单位：××股份有限责任公司　　20×9年度

会企 04 表

单位：元

项目	本期													
	归属于母公司所有者权益												少数股东权益	所有者权益合计
	股本	其他权益工具			资本公积	减：库存股	其他综合收益	专项储备	盈余公积	一般风险准备	未分配利润			
		优先股	永续债	其他										
一、上年期末余额														
加：会计政策变更														
前期差错更正														
同一控制下企业合并														
其他														
二、本年期初余额														
三、本期增减变动金额（减少以"－"号填列）														
（一）综合收益总额														
（二）所有者投入和减少资本														
1. 所有者投入的普通股														
2. 其他权益工具持有者投入资本														
3. 股份支付计入所有者权益的金额														
4. 其他														
（三）利润分配														
1. 提取盈余公积														
2. 提取一般风险准备														
3. 对所有者（或股东）的分配														

133

续表

本期

项目	归属于母公司所有者权益											少数股东权益	所有者权益合计
	股本	其他权益工具			资本公积	减：库存股	其他综合收益	专项储备	盈余公积	一般风险准备	未分配利润		
		优先股	永续债	其他									
4. 其他													
（四）所有者权益内部结转													
1. 资本公积转增资本（或股本）													
2. 盈余公积转增资本（或股本）													
3. 盈余公积弥补亏损													
4. 设定受益计划变动额结转留存收益													
5. 其他													
（五）专项储备													
1. 本期提取													
2. 本期使用													
（六）其他													
四、本期期末余额													

上期

项目	归属于母公司所有者权益											少数股东权益	所有者权益合计
	股本	其他权益工具			资本公积	减：库存股	其他综合收益	专项储备	盈余公积	一般风险准备	未分配利润		
		优先股	永续债	其他									
一、上年期末余额													
加：会计政策变更													

续表

项目	上期												
	归属于母公司所有者权益											少数股东权益	所有者权益合计
	股本	其他权益工具			资本公积	减:库存股	其他综合收益	专项储备	盈余公积	一般风险准备	未分配利润		
		优先股	永续债	其他									
前期差错更正													
同一控制下企业合并													
其他													
二、本年期初余额													
三、本期增减变动金额（减少以"-"号填列）													
（一）综合收益总额													
（二）所有者投入和减少资本													
1. 所有者投入的普通股													
2. 其他权益工具持有者投入资本													
3. 股份支付计入所有者权益的金额													
4. 其他													
（三）利润分配													
1. 提取盈余公积													
2. 提取一般风险准备													
3. 对所有者（或股东）的分配													
4. 其他													
（四）所有者权益内部结转													
1. 资本公积转增资本（或股本）													

续表

项目	上期												
	归属于母公司所有者权益											少数股东权益	所有者权益合计
	股本	其他权益工具			资本公积	减：库存股	其他综合收益	专项储备	盈余公积	一般风险准备	未分配利润		
		优先股	永续债	其他									
2. 盈余公积转增资本（或股本）													
3. 盈余公积弥补亏损													
4. 设定受益计划变动额结转留存收益													
5. 其他													
（五）专项储备													
1. 本期提取													
2. 本期使用													
（六）其他													
四、本期期末余额													

三、所有者权益变动表的填列方法

（一）"上年年末余额"项目

反映企业上年资产负债表中实收资本（或股本）、资本公积、库存股、盈余公积、未分配利润的年末余额。

（二）"会计政策变更""前期差错更正"项目

分别反映企业采用追溯调整法处理的会计政策变更的累积影响金额和采用追溯重述法处理的会计差错更正的累积影响金额。

（三）"本年增减变动额"项目

1."净利润"项目

反映企业当年实现的净利润（或净亏损）的金额。

2."直接计入所有者权益的利得和损失"项目

反映企业当年直接计入所有者权益的利得和损失金额，主要包括以下几项：

（1）"可供出售金融资产公允价值变动净额"项目。

反映企业持有的可供出售金融资产当年公允价值变动的金额。

（2）"权益法下被投资单位其他所有者权益变动的影响"项目。

反映企业按照权益法核算的长期股权投资，在被投资单位除当年实现的净损益以外其他所有者权益当年变动中应享有的份额。

（3）"与计入所有者权益项目相关的所得税影响"项目。

3."所有者投入和减少资本"项目

反映企业当年所有者投入的资本和减少的资本。

（1）"所有者投入资本"项目。

反映企业接受投资者投入资本而形成的实收资本（或股本）和资本溢价（或股本溢价）的金额。

（2）"股份支付计入所有者权益"项目。

反映企业处于等待期中的权益结算的股份支付当年计入资本公积的金额。

4."利润分配"项目

反映企业当年的利润分配金额。

（1）"提取盈余公积"项目。

反映企业按照规定提取的盈余公积金额。提取盈余公积金只会改变所有者权益构成，不会改变其总金额。

（2）"对所有者（或股东）的分配"项目。

反映对所有者（或股东）分配利润或股利的金额。对所有者分配利润会使所有者权益总额减少。

5. "所有者权益内部结转"项目

反映企业构成所有者权益的组成部分之间的增减变动情况。

（1）"资本公积转增资本（或股本）"项目。

反映企业以资本公积转增资本或股本的金额。

（2）"盈余公积转增资本（或股本）"项目。

反映企业以盈余公积公积转增资本或股本的金额。

（3）"盈余公积弥补亏损"项目。

反映企业以盈余公积弥补亏损的金额。

第二节　所有者权益变动表的质量分析

 一、所有者权益变动表的质量分析

所有者权益变动表的质量分析，具体可参照资产负债表所有者权益项的质量分析。此外，在分析所有者权益变动表中"对所有者的分配"金额的基础上，应结合现金流量表中"分配股利、利润或偿付利息支付的现金"、资产负债表中"应付股利"项目的期初和期末余额以及附注中股利分配的信息，便可了解企业的股利分配方式。企业的股利分配方式可包含现金股利与股票股利。

现金股利分配政策会导致现金流出企业，企业的资产和所有者权益总额同时减少，会引起所有者权益内部结构的变动和整体资本结构的变动，过度的分红势必影响企业未来的发展。但现金股利分配政策在一定程度上反映企业利润的质量，也在一定程度上反映企业的管理层对企业未来的信心程度，同时可以消除股东对未来收入不确定性的疑虑，支持企业的发展与壮大。因此，在对企业股利分配方式的分析上应强调分配的适度性。

股票股利分配政策，不会引起任何资源实际流出企业，不会引起企业负债的增加，只能引起所有者权益内部有关项目金额与结构的变化。此种方式股东实际上是将收益留存在企业，作为对企业的再投资，有利于企业的长期发展。在一定程度上有利于企业财务状况的改善。

 二、所有者权益变动表案例分析

【案例 5 –1】　　　　　　　美的集团（000333）

美的集团是一家领先的消费家电及暖通空调系统全球性企业，提供多元化的产品种类，包括空调、冰箱、洗衣机、厨房家电以及各类小型家电。美的坚守"为客户创造价值"的原则，致力创造美好生活。美的专注于持续的技术革新，以提升产品及服务质量，令生活更舒适、更美好。公司于 1968 年成立于中国广东，迄今已建立全球平台，拥有约 200 家子公司及 9 个战略业务单位。2013 年 9 月 18 日上市。公司在全球运营 21 个生产基地及约 260 个物流仓库。2015 年，公司进入福布斯全球企业 500 强。同年，财富中国 500 强榜单中，美的排名第 32 位，位居家电行业第一。

由表 5 - 2 和图 5 - 1 可知，美的集团营业收入一直稳步提升，2017 年开始快速增长。产品销售毛利率稳定在 25% 左右，近几年净资产收益率稳定在 25% 以上，业绩优良。

表 5 - 2 美的集团 2012 ~ 2019 年中报营业收入、营业成本、净资产收益率

年度	2012	2013	2014	2015	2016	2017	2018	2019 中
营业收入（亿元）	1 025.98	1 209.75	1 416.68	1 384.41	1 590.44	2 407.12	2 596.65	1 537.70
营业成本（亿元）	794.49	928.18	1 056.70	1 026.63	1 156.15	1 804.61	1 881.65	1 084.41
净资产收益率（%）	23.92	24.87	29.49	29.06	26.88	25.88	25.66	16.97

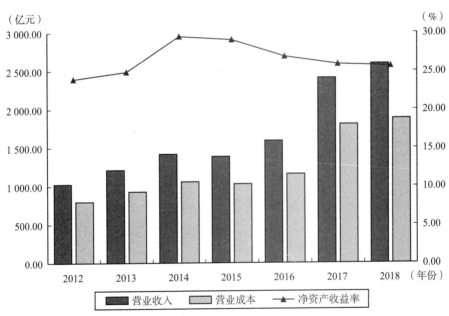

图 5 - 1 美的集团 2012 ~ 2018 年营业收入、营业成本、净资产收益率

由表 5 - 3 可知，美的集团上市以来股利支付率维持在 35% 以上，投资人的回报较丰厚。美的集团应该是投资人可以长期投资的较好品种。

表 5 - 3   美的集团上市以来分红数据

年度	2013	2014	2015	2016	2017	2018
每股收益（元/股）	1.73	2.49	2	2.29	2.66	3.08
每股股利（元/股）	2	1	1.2	1	1.2	1.3
每股转增（股）	1.5	——	0.5	——	——	——

图 5 - 2 列示了美的集团近年来的月 K 线图，从图中可知，公司股价长期震荡上扬趋势明显。

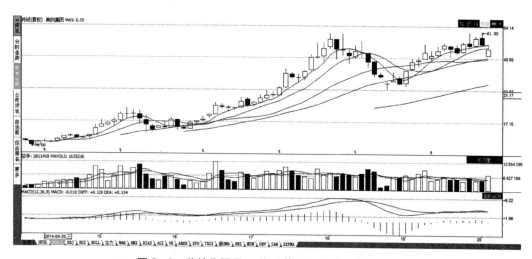

图 5 - 2　美的集团月 K 线（截至 2020 年 2 月 28 日）

第六章　合并财务报表质量分析

学习目标：通过本章的学习，熟悉上市公司合并的种类与成因，了解企业合并会计处理方法的理论。对于同一控制下与非同一控制下企业合并的会计处理要知晓它们的不同点。了解编制合并财务报表抵销项目的类别与意义，掌握集团财务报表的分析技巧。

第一节　上市公司合并的种类与原因

 一、上市公司合并的条件

企业合并，是指将两个或者两个以上单独的企业合并形成一个报告主体的交易或事项。

（一）控制的概念

合并财务报表的合并范围应当以控制为基础予以确定。控制，是指投资方拥有对被投资方的权力，通过参与被投资方的相关活动而享有可变回报，并且有能力运用对被投资方的权力影响其回报金额。

相关活动，是指对被投资方的回报产生重大影响的活动。被投资方的相关活动应当根据具体情况进行判断，通常包括商品或劳务的销售和购买、金融资产的管理、资产的购买和处置、研究与开发活动以及融资活动等。

（二）控制的判断

投资方在判断是否拥有对被投资方的权力时，应当仅考虑与被投资方相关的实质性权利，包括自身所享有的实质性权利以及其他方所享有的实质性权利。

实质性权利，是指持有人在对相关活动进行决策时有实际能力行使的可执行权利。判断一项权利是否为实质性权利，应当综合考虑所有相关因素，包括权利持有人行使该项权利是否存在财务、价格、条款、机制、信息、运营、法律法规等方面的障碍；当权利由多方持有或者行权需要多方同意时，是否存在实际可行的机制使得这些权利持有人在其愿意的情况下能够一致行权；权利持有人能否从行权中获利等。

除非有确凿证据证明其不能主导被投资方相关活动，否则下列情况表明投资方对被投资方拥有权力：投资方持有被投资方半数以上的表决权的；投资方持有被投资方半数或以下的表决权，但通过与其他表决权持有人之间的协议能够控制半数以上表决权的。

投资方持有被投资方半数或以下的表决权，但综合考虑下列事实和情况后，判断投资方持有的表决权足以使其目前有能力主导被投资方相关活动的，视为投资方对被投资方拥有权力：投资方持有的表决权相对于其他投资方持有的表决权份额的大小以及其他投资方持有表决权的分散程度；投资方和其他投资方持有的被投资方的潜在表决权，如可转换公司债券、可执行认股权证等；其他合同安排产生的权利；被投资方以往的表决权行使情况等其他相关事实和情况。

某些情况下，投资方可能难以判断其享有的权利是否足以使其拥有对被投资方的权力。此种情况下，投资方应考虑其具有实际能力以单方面主导被投资方相关活动的证据，从而判断其是否拥有对被投资方的权力。投资方应考虑的因素包括但不限于下列事项：投资方能否任命或批准被投资方的关键管理人员；投资方能否出于其自身利益决定或否决被投资方的重大交易；投资方能否掌控被投资方董事会等类似权力机构成员的任命程序，或者从其他表决权持有人手中获得代理权；投资方与被投资方的关键管理人员或董事会等类似权力机构中的多数成员是否存在关联方关系。

投资方与被投资方之间存在某种特殊关系的，在评价投资方是否拥有对被投资方的权力时，应当适当考虑这种特殊关系的影响。特殊关系通常包括：被投资方的关键管理人员是投资方的现任或前任职工、被投资方的经营依赖于投资方、被投资方活动的重大部分有投资方参与其中或者是以投资方的名义进行、投资方自被投资方承担可变回报的风险或享有可变回报的收益远超过其持有的表决权或其他类似权利的比例等。

二、企业合并的类型及合并原因

（一）按照法律形式划分

企业合并的类型，按照法律形式分为吸收合并、新设合并和控股合并。

吸收合并是指两家或两家以上企业合并成一家企业，通常只有一家保留其法人地位，另外的企业丧失法人地位，不复存在。即 A + B = A。

新设合并指创建新企业的合并，即原有的各家企业均不复存在，丧失法人资格，合并成立一家新企业。即 A + B = C。

控股合并指一家企业通过企业合并交易，取得对另一家企业的控制权。合并后，合并方能主导被合并方的生产经营决策并从被合并方的生产经营中获益，被合并方在企业合并后仍维持其独立法人资格并继续经营。

（二）按照行业划分

企业合并的类型，按照行业划分为横向合并、纵向合并和混合合并。

横向合并指生产工艺、产品、劳务相同或相近的企业间的合并。

纵向合并指企业具有上下游关系的合并。

混合合并指从生产工艺、产品、劳务方面没有内在联系的企业间合并。

（三）企业合并的主要原因

合并财务报表不同于企业合并，企业合并的主要目的是创造协同优势，即结合后的主体价值大于个别部分的价值。企业合并的目的主要有以下 5 个方面：

1. 实现增长

用合并（或称并购）公司的方式可以快速获得增长，较之于传统上通过投资建设成立新企业方式即成立新子公司方式能够更加快速取得成效。但是，从另一个角度而言，并购交易的完成也只是整个并购工作的开始，并购后的管理整合是关系到并购成败的关键因素。

2. 取得规模经济

通过合并使集团整体的资源或生产能力能够更加充分利用，取得规模经济。

3. 消除竞争

通过收购竞争对手，使企业自身的产品和服务的市场占有率提高，品牌影响力提高，提高市场集中度。

4. 完善供应链

通过收购企业上游与下游企业，有助于企业形成完整产业链，提高企业生存发展能力。

5. 分散经营风险

通过收购与企业自身主营业务关联度较低的企业，扩大企业经营的领域，分散经营风险。

第二节 企业合并会计处理综述

一、企业合并会计处理方法理论综述

企业合并会计处理的理论主要有两种：购买法与权益结合法。

（一）购买法

购买法是将企业合并视为一家企业购买另一家企业净资产的行为，认为这一交易同企业直接从外界购买固定资产、存货等资产并无任何区别。由于购买法认为企业合并是一项购买行为，因此它具有以下的特点：

①实施合并的企业，应该按其成本进行核算，该成本为所支付的现金或现金等价物的金额，或者等于交易发生日，购买方为了取得对被合并企业净资产的控制权而支付的其他购买价款的公允价值与任何可直接归属于该项购买的费用之和；

②如果被合并企业丧失法人地位，购买企业收到的被合并企业的资产和负债应按公允价值入账；

③如果被合并企业丧失了法人地位，购买企业的合并成本与取得净资产公允价值之间的差额确认为商誉（正商誉或负商誉）；

④从购买日起，被合并企业的经营成果应该合并到购买企业的损益表中；

⑤被合并企业的留存收益不能转到购买企业中。

（二）权益结合法

权益结合法又称权益集合法或联营法，它是将企业合并视为经济资源的联合，是原企业所有者风险和利益的联合。这种方法认为，当一家企业完全以自身的普通股去交换另一家企业的几乎所有的普通股时，其实质并非购买，而是参与合并各方企业的股东联合控制了他们全部的或实际上是全部的净资产和经营，以继续共同分担合并后企业主体的风险和收益。因此，参与合并的任何一方都不能认定为购买方。

权益集合法的特点主要有：

①不论合并发生在会计年度的哪个时点，参与合并各企业整个会计年度的损益都要全部包括在合并后的企业之中；

②参与合并各企业整个年度的留存利润均应并入合并后的企业当中；

③各企业所发生的与股权联合有关的支出应在发生的当期确认为费用；

④参与合并的各企业，其会计报表通常不用作变动，依然按照账面价值反映资产和负债，也即是不用将其反映为公允价值，也不确认为商誉；

⑤已登记入账的发行股本的金额与支付的现金或以其他资产形式支付的额外价款之和，同账面登记的购买股本的金额之间的差额，应调整所有者权益；

⑥若参与合并各企业的会计处理方法不一致，则应予以调整，以保持合并后会计方法的一致性。

二、同一控制下的企业合并会计处理

企业合并分为同一控制下的企业合并和非同一控制下的企业合并。

参与合并的企业在合并前、后均受同一方或相同的多方最终控制且该控制并非暂时性的，为同一控制下的企业合并。

同一控制下的企业合并，在合并日取得对其他参与合并企业控制权的一方为合并方，参与合并的其他企业为被合并方。合并日，是指合并方实际取得对被合并方控制权的日期。

合并方在企业合并中取得的资产和负债，应当按照合并日在被合并方的账面价值计量。合并方取得的净资产账面价值与支付的合并对价账面价值（或发行股份面值总额）的差额，应当调整资本公积；资本公积不足冲减的，调整留存收益。同一控制下的企业合并中，被合并方采用的会计政策与合并方不一致的，合并方在合并日应当按照本企业会计政策对被合并方的财务报表相关项目进行调整。合并方为进行企业合并发生的各项直接相关费用，包括为进行企业合并而支付的审计费用、评估费用、法律服务费用等，应当于发生时计入当期损益。为企业合并发行的债券或承担其他债务支付的手续费、佣金等，应当计入所发行债券及其他债务的初始计量金额。企业合并中发行权益性证券发生的手续费、佣金等费用，应当抵减权益性证券溢价收入，溢价收入不足冲减的，冲减留存收益。

企业合并形成母子公司关系的，母公司应当编制合并日的合并资产负债表、合并利润表和合并现金流量表。合并资产负债表中被合并方的各项资产、负债，应当按其账面价值计量。因被合并方采用的会计政策与合并方不一致，应当以调整后的账面价值计量。

合并利润表应当包括参与合并各方自合并当期期初至合并日所发生的收入、费用和利润。被合并方在合并前实现的净利润，应当在合并利润表中单列项目反映。

合并现金流量表应当包括参与合并各方自合并当期期初至合并日的现金流量。

三、非同一控制下的企业合并会计处理

参与合并的各方在合并前后不受同一方或相同的多方最终控制的，为非同一控制下的企业合并。

非同一控制下的企业合并，在购买日取得对其他参与合并企业控制权的一方为购买方，参与合并的其他企业为被购买方。购买日，是指购买方实际取得对被购买方控制权的日期。购买方在购买日对作为企业合并对价付出的资产、发生或承担的负债应当按照公允价值计量，公允价值与其账面价值的差额，计入当期损益。

购买方在购买日应当对合并成本进行分配，确认所取得的被购买方各项可辨认资产、负债及或有负债。

购买方对合并成本大于合并中取得的被购买方可辨认净资产公允价值份额的差额，应当确认为商誉。初始确认后的商誉，应当以其成本扣除累计减值准备后的金额计量。

购买方对合并成本小于合并中取得的被购买方可辨认净资产公允价值份额的差额，应当按照下列规定处理：对取得的被购买方各项可辨认资产、负债及或有负债的公允价值以及合并成本的计量进行复核；经复核后合并成本仍小于合并中取得的被购买方可辨

认净资产公允价值份额的，其差额应当计入当期损益。

被购买方可辨认净资产公允价值，是指合并中取得的被购买方可辨认资产的公允价值减去负债及或有负债公允价值后的余额。

企业合并形成母子公司关系的，母公司应当编制购买日的合并资产负债表，因企业合并取得的被购买方各项可辨认资产、负债及或有负债应当以公允价值列示。母公司的合并成本与取得的子公司可辨认净资产公允价值份额的差额，按照前述规定处理的结果列示。

第三节　合并财务报表的实质及内容

 一、合并财务报表的编制原则

合并财务报表作为财务报表，必须符合财务报表编制的一般原则和基本要求。这些基本要求包括真实可靠、内容完整。与个别财务报表相比，合并财务报表又具有以下特点：一是反映的对象是由母公司和其全部子公司组成的会计主体；二是编制者是母公司，但所对应的会计主体是由母公司及其控制的所有子公司所构成的企业集团；三是合并财务报表是站在合并财务报表主体的立场上，以纳入合并范围的企业个别财务报表为基础，根据其他有关资料，抵销母公司与子公司、子公司相互之间发生的内部交易，考虑了特殊交易事项对合并财务报表的影响后编制的，旨在反映合并财务报表主体作为一个整体的财务状况、经营成果和现金流量。因此，合并财务报表的编制除在遵循财务报表编制的一般原则和要求外，还应当遵循以下原则和要求。

（一）以个别财务报表为基础编制

合并财务报表并不是直接根据母公司和子公司的账簿编制，而是利用母公司和子公司编制的反映各自财务状况和经营成果的财务报表提供的数据，通过合并财务报表的特有方法进行编制。以纳入合并范围的个别财务报表为基础，可以说是客观性原则在合并财务报表编制时的具体体现。

（二）一体性原则

合并财务报表反映的是企业集团的财务状况和经营成果，反映的是由多个法人企业组成的一个会计主体的财务情况，在编制合并财务报表时应当将母公司和所有子公司作为整体来看待，视为一个会计主体。母公司和子公司发生的经营活动都应当从企业集团这一整体的角度进行考虑。因此，在编制合并财务报表时，对于母公司与子公司、子公司相互之间发生的经济业务，应当视同同一会计主体内部业务处理，视同同一会计主体之下的不同核算单位的内部业务。

（三）重要性原则

与个别财务报表相比，合并财务报表涉及多个法人主体，涉及的经营活动的范围很广，母公司与子公司经营活动往往跨越不同行业界限，有时母公司与子公司经营活动甚至相差很大。这样，合并财务报表要综合反映这样的会计主体的财务情况，必然要涉及重要性的判断问题。特别是在拥有众多子公司的情况下更是如此。在编制合并财务报表时，特别强调重要性原则的运用。如对一些项目在企业集团中的某一企业具有重要性，但对于整个企业集团则不一定具有重要性，在这种情况下根据重要性的要求对财务报表项目进行取舍，则具有重要的意义。此外，母公司与子公司、子公司相互之间发生的经济业务，对整个企业集团财务状况和经营成果影响不大时，为简化合并手续也应根据重要性原则进行取舍，可以不编制抵销分录而直接编制合并财务报表。

 二、编制合并财务报表需要调整抵销的项目

（一）编制合并资产负债表需要调整抵销的项目

合并资产负债表是以母公司和纳入合并范围的子公司的个别资产负债表为基础编制的。个别资产负债表则是以单个企业为会计主体进行会计核算的结果，它从母公司本身或从子公司本身的角度对自身的财务状况进行反映。对于企业集团内部发生的经济业务，从发生内部经济业务的企业来看，发生经济业务的两方都在其个别资产负债表中进行了反映。例如集团内部母公司与子公司之间发生的收购赊销业务，对于赊销企业来说，一方面确认营业收入、结转营业成本、计算营业利润，并在其个别资产负债表中反映为应收账款；而对赊购企业来说，在内部购入的存货未实现对外销售的情况下，则在其个别资产负债表中反映为存货和应付账款。在这种情况下，资产、负债和所有者权益类各项目的加总数额中，必然包含有重复计算的因素。作为反映企业集团整体财务状况的合并资产负债表，必须将这些重复计算的因素予以扣除，对这些重复的因素进行抵销处理。这些需要扣除的重复因素，就是合并财务报表编制时需要进行抵销处理的项目。

编制合并资产负债表时需进行抵销处理的主要有如下项目：

①母公司对子公司股权投资项目与子公司股东权益项目。

②母公司与子公司、子公司相互之间未结算的内部债权债务项目。

③存货项目，即内部购进存货价值中包含的未实现内部销售损益。

④固定资产项目（包括固定资产原价和累计折旧项目），即内部购进固定资产价值中包含的未实现内部销售损益。

⑤无形资产项目，即内部购进无形资产价值包含的未实现内部销售损益。

（二）编制合并利润表和合并所有者权益变动表需要调整抵销的项目

合并利润表和合并所有者权益变动表是以母公司和纳入合并范围的子公司的个别利润表和个别所有者权益变动表为基础编制的。利润表和所有者权益变动表作为以单个企业为会计主体进行会计核算的结果，它从母公司本身或从子公司本身反映一定会计期间经营成果的形成及其分配情况。在以其个别利润表及个别所有者权益变动表为基础计算的收益和费用等项目的加总数额中，也必然包含有重复计算的因素。在编制合并利润表和合并所有者权益变动表时，也需要将这些重复的因素予以扣除。

编制合并利润表和合并所有者权益变动表时需要进行抵销处理的主要有如下项目：

①内部销售收入和内部销售成本项目。

②内部投资收益项目，包括内部利息收入和利息支出项目、内部股权投资收益项目。

③资产减值损失项目，即与内部交易相关的内部应收账款、存货、固定资产、无形资产等项目的资产减值损失。

④纳入合并范围的子公司利润分配项目。

（三）编制合并现金流量表需要调整抵销的项目

合并现金流量表是综合反映母公司及其子公司组成的企业集团，在一定会计期间现金流入、现金流出数量以及其增减变动情况的财务报表。合并现金流量表以母公司和子公司的现金流量表为基础，在抵销母公司与子公司、子公司相互之间发生内部交易对合并现金流量表的影响后，由母公司编制。

在以母公司和子公司个别现金流量表为基础编制合并现金流量表时，需要进行抵销的内容主要有：

①母公司与子公司、子公司相互之间当期以现金投资或收购股权增加的投资所产生的现金流量。

②母公司与子公司、子公司相互之间当期取得投资收益收到的现金与分配股利、利润或偿付利息支付的现金。

③母公司与子公司、子公司相互之间以现金结算债权与债务所产生的现金流量。

④母公司与子公司、子公司相互之间当期销售商品所产生的现金流量。

⑤母公司与子公司、子公司相互之间处置固定资产、无形资产和其他长期资产收回的现金净额与购建固定资产、无形资产和其他长期资产支付的现金。

⑥母公司与子公司、子公司相互之间当期发生的其他内部交易所产生的现金流量。

第四节 合并企业财务报表分析重点

 一、集团合并报表的特征

（一）母公司投资项目和投资收益的替代和还原

对母公司控股型投资项目还原为子公司的具体资产和负债项目，对母公司利润表中的投资收益来自控股子公司的部分，还原为子公司具体的收入和费用。合并报表中的长期股权投资、投资收益代表母子公司对集团外的非控股性投资。

（二）内部交易的剔除和抵销

母公司对子公司的投资与子公司股东权益中属于母公司的部分相互抵销，母子公司间的债权债务相互抵销。"存货"等项目中，集团内公司间的内部销售所产生的未实现内部销售利润抵销。

（三）反映整个集团共同的对外交易

由于集团内部的交易已经充分抵销，所以合并报表所反映出的是集团共同对外的交易。

（四）报表所代表的法律主体并不存在，仅存在会计主体

合并财务报表所反映的主体是会计主体，组成集团的母公司、子公司均是独立核算，有各自独立的财务经营体系，是独立对其股东出具财务报告的经济实体。集团内的母公司、子公司均有效地支配着各自报表所展示的资源，并运用各自报表所披露的资源来取得各自的财务成果。整个集团内的母公司与子公司以股权关系为纽带有机地联系在一起，但并不存在一个支配合并财务报表所列示的资源，并通过对这种资源的有效运用或支配来谋求经济利益的法律主体。

（五）总资源不代表任何企业可支配的资产，报表不反映现存任何企业的经营成果和财务成果

数据合并过程包含了数据加总过程，所以最终数据不反映现有单一企业的具体情况。

（六）报表信息不再完整，不可用于对集团内个别企业的决策依据

经合并汇总后，报表信息显然不能反映任何一个企业的情况，仅可以反映集团整体情况，所以不能将合并报表用作对任一企业的决策依据。

（七）合并报表的正确性仅体现逻辑关系的正确性

合并报表编制的正确性不再体现为个别财务报表的可验证性，即通过原始凭证进行验证，而是体现为编制过程逻辑关系的正确性。

（八）可大致推断子公司的情况

除集团内部交易抵销剔除外，母子公司报表的对应项目通常直接相加，因此除内部交易涉及的项目外，合并财务报表的数据与母公司数据之差大致可以反映出子公司的相应情况。具体而言，按照合并数据与母公司数据大小的比较，判断子公司在集团中的地位和作用。在内部交易不多的情况下，合并数据大于母公司数据，其差额一般是子公司对该项目的贡献。合并数据等于母公司数据，一般表明子公司对该项目没贡献。合并数据小于母公司数据，一般说明内部关联交易比较多。

二、集团财务报表解读技巧

（一）通过比较合并资产负债表和母公司资产负债表可以了解集团的经营战略和资源的规模及分布状况（存货、固定资产、应收款、营业收入、利润等）

在母公司以对外股权投资为主的情况下，仅仅分析母公司自身的资产负债表将难以判断企业的资源结构。通过比较合并资产负债表和母公司资产负债表中的经营资产及负债（存货、商业债权、固定资产、无形资产、商业债务）可以判断集团主要的经营战略和资源分布状况。

通过比较可以反映出集团以母公司还是子公司为经营核心，集团经营的重心放在流动资产业务还是固定资产业务，单一化发展战略还是多元化发展战略（从资产负债分布看），集团积极扩张战略还是稳健增长战略（从长期股权投资的增长看）。

（二）通过比较合并利润表和母子公司利润表可以了解母子公司基本获利能力，费用发生的特点、管理效率及薄弱环节

通过比较母公司利润表和合并利润表主要项目（营业收入、营业成本、毛利、核心利润）之间的差异，可以比较和评价母子公司的基本获利能力和费用发生的比较效率。如毛利率反映盈利能力，存货周转率、应收账款周转率反映管理效率，找到管理效率较弱的环节，就等于发现了薄弱环节。

（三）了解集团的资金管理模式（货币资金、长短期借款、财务费用、其他应收款）

集团的资金管理模式主要分为集中管理模式和分散管理模式。通过比较合并财务报表与母公司报表中的货币资金、短期借款、长期借款及财务费用等项目，可以对集团的资金管理模式作出初步判断。资金集中管理模式的表现是：货币资金、长短期借款等项目的金额主要集中在母公司，而相应合并数据并没有明显增加。此外，由于集团内部的资金余额的调配使合并财务报表中的财务费用大大降低。而资金分散管理模式表现为合并财务报表中的货币资金、长短期借款及财务费用远远高于母公司相应数据。

（四）关联方交易的依赖度（投资、其他应收应付、预付款、营业收入）

如果关联方交易较多，则母公司的投资、其他应收应付、预付款相应抵销较多，合并金额应该将越小，如果关联交易较多，合并营业收入可能远低于汇总收入。

（五）通过比较合并现金流量表和母公司现金流量表来判断母、子公司的现金流转状况和资本运作状况

通过比较合并现金流量表和母公司现金流量表，可以判断子公司获取经营活动现金流量的能力、投资活动现金流的使用状况和筹资能力。

（六）扩张战略及其实现方式

通过什么方式扩张，会计报告中的实现科目会有体现。比如，通过新设立企业扩张还是通过购并扩张还是母公司扩大固定资产投资扩张，还是商业信用实现扩张，具体实现方式表现为，新设和购并扩张是通过股权投资，固定资产投资则是增加固定资产，通过商业信用扩张则是扩大应收应付款，资金来源方是通过债权融资还是股权融资扩张等。

当前，通过增加控股性股权来实现集团的迅速扩张是企业采取的重要扩张手段。例如通过有限的资源投资设立子公司，再借助子公司吸收少量的股东入资，并利用子公司进行贷款，甚至允许子公司借助母公司的品牌效应来占用客户和供应商的资金。所有这些手段都会帮助集团的资源规模迅速扩张。

因此，可以比较母公司报表中投资项目的变化，合并报表中的少数股权的变化、合并现金流量表中子公司的筹资状况（吸收少数股东入资、借款状况等）来判断集团的扩张战略及实现方式。

（七）关注商誉"爆雷"

合并资产负债表中列示的商誉一般来源于企业合并过程中合并方的合并成本大于被

合并方可辨认净资产公允价值的份额。投资人对于那些商誉占资产比重较大的上市公司一定要格外关注。如果被合并方业绩等达不到合并时的承诺，则会面临计提商誉减值准备的可能性，这对利润的影响是显而易见的。因此，投资人对于那些商誉占比比较大的企业投资一定要慎重。

【案例 6-1】 中国平安（601318）

公司简介：中国平安于 1988 年诞生于深圳蛇口，是中国第一家股份制保险企业，表 6-1 列示了中国平安 2018 年的主营构成情况。中国平安至今已发展成为融保险、银行、投资三大主营业务为一体、核心金融与互联网金融业务并行发展的个人金融生活服务集团之一。公司致力于成为国际领先的个人金融生活服务提供商，坚持"科技引领金融，金融服务生活"的理念，通过"综合金融＋互联网"和"互联网＋综合金融"两个模式，聚焦"大金融资产"和"大医疗健康"两大产业，围绕保险、银行、资产管理、互联网金融四大板块，为客户创造"专业，让生活更简单"的品牌体验。公司是国内金融牌照最齐全、业务范围最广泛、控股关系最紧密的个人金融生活服务集团之一。平安集团旗下子公司包括平安寿险、平安产险、平安养老险、平安健康险、平安银行、平安信托、平安证券、平安大华基金等，涵盖金融业各个领域，已发展成为中国少数能为客户同时提供保险、银行及投资等全方位金融产品和服务的金融企业之一。

表 6-1 中国平安主营构成产品分析（2018 年）

项目	营业收入（亿元）	营业利润（亿元）	毛利率（%）	占主营业务收入比例（%）
寿险及健康险（产品）	5 704.02	812.76	14.25	58.39
财产保险（产品）	2 248.35	195.16	8.68	23.02
银行（产品）	1 167.16	323.05	27.68	11.95
信托（产品）	50.70	39.12	77.16	0.52
证券（产品）	107.49	20.20	18.79	1.10
其他资产管理（产品）	468.33	125.15	26.72	4.79
金融科技与医疗科技（产品）	349.10	156	44.69	3.57
其他业务及合并抵销（产品）	-326.83	-38.06	11.65	-3.35
合计（产品）	9 768.32	1 633.38	16.72	100.00

由表 6-2 和图 6-1 可知，中国平安在 2013 年每股收益达到最高后，2014 年下降明显，2015 年以后基本每股收益稳步回升，2017 年后每股收益快速增加。中国平安净资产收益率 2017 年回升明显，2019 年半年度净资产收益率就高达 16.30%，获利能力快速提升，动态市盈率仅 8 倍左右，是一个不错的长期投资品种。

表 6 - 2					中国平安 2009 ~ 2019 年半年度净资产收益率（ROE）						
年度	2009	2010	2011	2012	2013	2014	2015	2016	2017	2018	2019 中
ROE	18.50	17.30	16.00	13.80	16.40	18.30	17.12	17.36	20.72	20.91	16.30

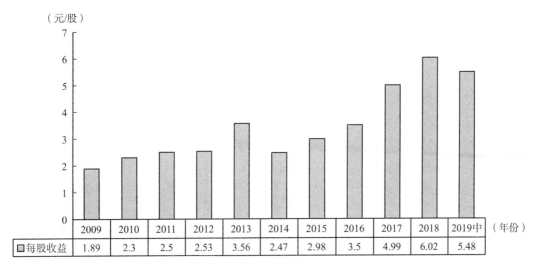

图 6 - 1 中国平安 2009 ~ 2019 年中报基本每股收益

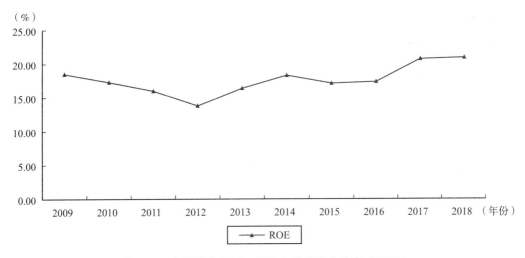

图 6 - 2 中国平安 2009 ~ 2018 年净资产收益率（ROE）

以下为中国平安会计报表附注中的企业合并会计政策：

合并财务报表的合并范围以控制为基础确定，包括本公司及全部子公司截至 2018 年 12 月 31 日年度的财务报表。子公司（包括结构化主体）是指本集团控制的主体。结构化主体为被设计成其表决权或类似权利并非为判断对该主体控制与否的决定因素的主体，比如表决权仅与行政工作相关，而相关运营活动通过合同约定来安排。

本集团决定未由本集团控制的所有信托产品、债权投资计划、股权投资计划和项目资产支持计划均为未合并的结构化主体。信托产品、股权投资计划和项目资产支持计划由关联方的或无关联的信托公司或资产管理人管理，并将筹集的资金投资于其他公司的贷款或股权。债权投资计划由关联的或无关联的资产管理人管理，且其主要投资标的物为基础设施资金支持项目。信托产品、债权投资计划、股权投资计划和项目资产支持计划通过发行受益凭证授予持有人按约定分配相关信托产品、债权投资计划、股权投资计划和项目资产支持计划收益的权利来为其运营融资。本集团持有信托产品、债权投资计划、股权投资计划和项目资产支持计划的受益凭证。

编制合并财务报表时，子公司采用与本公司一致的会计年度和会计政策。本集团内部各主体之间的所有交易产生的余额、交易和未实现损益及股利于合并时对重大往来交易进行抵销。子公司的股东权益、当期净损益及综合收益中不属于本公司所拥有的部分分别作为少数股东权益、少数股东损益及归属于少数股东的综合收益总额在合并财务报表中股东权益、净利润及综合收益总额项下单独列示。本公司向子公司出售资产所发生的未实现内部交易损益，全额抵销归属于母公司股东的净利润；子公司向本公司出售资产所发生的未实现内部交易损益，按本公司对该子公司的分配比例在归属于母公司股东的净利润和少数股东损益之间分配抵销。子公司之间出售资产所发生的未实现内部交易损益，按照母公司对出售方子公司的分配比例在归属于母公司股东的净利润和少数股东损益之间分配抵销。

如果以本集团为会计主体与以本公司或子公司为会计主体对同一交易的认定不同时，从本集团的角度对该交易予以调整。

子公司少数股东分担的当期亏损超过了少数股东在该子公司期初股东权益中所享有的份额的，其余额仍冲减少数股东权益。不丧失控制权情况下少数股东权益发生变化作为权益性交易。

对于通过非同一控制下的企业合并取得的子公司，被购买方的经营成果和现金流量自本集团取得控制权之日起纳入合并财务报表，直至本集团对其控制权终止。在编制合并财务报表时，以购买日确定的各项可辨认资产、负债及或有负债的公允价值为基础对子公司的财务报表进行调整。

对于通过同一控制下的企业合并取得的子公司，被合并方的经营成果和现金流量自合并当期期初纳入合并财务报表。编制比较合并财务报表时，对前期财务报表的相关项目进行调整，视同合并后形成的报告主体自最终控制方开始实施控制时一直存在。

因处置部分股权投资或其他原因丧失了对原有子公司控制权的，本公司区分个别财务报表和合并财务报表进行相关会计处理：

在个别财务报表中，对于处置的股权，按照《企业会计准则第2号—长期股权投资》的规定进行会计处理；同时，对于剩余股权，按其账面价值确认为长期股权投资或其他相关金融资产。处置后的剩余股权能够对原有子公司实施共同控制或重大影响的，按有关成本法转为权益法的相关规定进行会计处理。

在合并财务报表中，对于剩余股权，按照其在丧失控制权日的公允价值进行重新计量。处置股权取得的对价与剩余股权公允价值之和，减去按原持股比例计算应享有原有子公司自购买日开始持续计算的净资产的份额之间的差额，计入丧失控制权当期的投资收益。与原有子公司股权投资相关的其他综合收益，在丧失控制权时转为当期投资收益。

资料来源：中国平安：《中国平安2018年年度报告》，巨潮资讯网，2019年3月13日，http：//www. cninfo. com. cn/new/disclosure/detail？plate = sse&orgId = 9900002221&stockCode = 601318&announcementId = 1205895402&announcementTime = 2019 –03 –13。

图6 –3列示了中国平安的月K线图，从图中可以看出，中国平安长期看，股价依托长期均线上扬趋势明显。

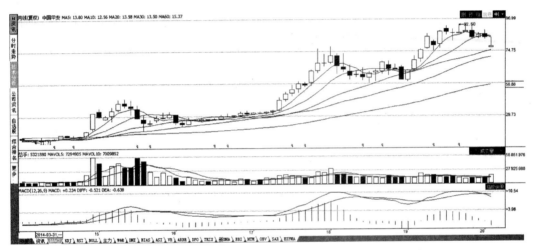

图6 –3　中国平安月K线（截至2020年2月28日）

第七章 与上市公司财务分析有关的 其他重要信息

学习目标：通过本章的学习，学生要熟悉与上市公司财务分析有关的其他重要信息，了解会计报表附注信息的披露内容与关注点，熟悉分部报告信息披露的行业、产品与地区分布情况，知晓关联方关系的判定及其交易的信息披露，理解资产负债表日后事项调整与非调整事项的会计处理，把握或有事项的确认与计量要点，熟悉会计政策、会计估计变更和会计差错更正的方法与审计报告的种类与关注点等。

第一节 会计报表附注

一、会计报表附注概述

会计报表附注是财务报表的重要组成部分，是对在资产负债表、利润表、现金流量表和所有者权益变动表等报表中列示项目的文字描述或明细资料以及对未能在这些报表中列示项目的说明等。附注应当披露财务报表的编制基础，相关信息应当与资产负债表、利润表、现金流量表和所有者权益变动表等报表中列示的项目相互参照。

二、会计报表附注的主要内容

企业应当按照如下顺序披露至少下列内容：

（一）企业的基本情况

①企业注册地、组织形式和总部地址。
②企业的业务性质和主要经营活动。
③母公司以及集团最终母公司的名称。
④财务报告的批准报出者和财务报告批准报出日，或者以签字人及其签字日期为准。
⑤营业期限有限的企业，还应当披露有关营业期限的信息。

（二）财务报表的编制基础

（三）遵循企业会计准则的声明

企业应当明确说明编制的财务报表符合企业会计准则的要求，真实、公允地反映了企业的财务状况、经营成果和现金流量等有关信息，以此明确企业编制财务报表所依据的制度基础。

如果企业编制的财务报表只是部分地遵循了企业会计准则，附注中不得作出这种表述。

（四）重要会计政策和会计估计

会计政策，是指企业在会计确认、计量和报告中所采用的原则、基础和会计处理方法。会计估计，是指企业对结果不确定的交易或者事项以最近可利用的信息为基础所作的判断。

1. 重要会计政策的说明

企业应当披露采用的重要会计政策，并结合企业的具体实际披露其重要会计政策的确定依据和财务报表项目的计量基础。其中，会计政策的确定依据主要是指企业在运用会计政策过程中所作的重要判断，这些判断对在报表中确认的项目金额具有重要影响。比如，企业如何判断持有的金融资产是债权投资而不是交易性投资，企业如何判断与租赁资产相关的所有风险和报酬已转移给企业从而符合融资租赁的标准，投资性房地产的判断标准是什么等。财务报表项目的计量基础包括历史成本、重置成本、可变现净值、现值和公允价值等会计计量属性等。

2. 重要会计估计的说明

企业应当披露重要会计估计，并结合企业的具体实际披露其会计估计所采用的关键假设和不确定因素。重要会计估计的说明，包括可能导致下一个会计期间内资产、负债账面价值重大调整的会计估计的确定依据等。例如，固定资产可收回金额的计算需要根据其公允价值减去处置费用后的净额与预计未来现金流量的现值两者之间的较高者确定，在计算资产预计未来现金流量的现值时需要对未来现金流量进行预测，并选择恰当的折现率，企业应当在附注中披露未来现金流量预测所采用的假设及其依据、所选择的折现率为什么是合理的等。又如，对于正在进行中的诉讼提取准备，企业应当披露最佳估计数的确定依据等。

（五）会计政策和会计估计变更以及差错更正的说明

企业应当按照《企业会计准则第 28 号——会计政策、会计估计变更和差错更正》及其应用指南的规定，披露会计政策和会计估计变更以及差错更正的有关情况。

（六）报表重要项目的说明

企业应当以文字和数字描述相结合，尽可能以列表形式披露重要报表项目的构成或当期增减变动情况，并且报表重要项目的明细金额合计应当与报表项目金额相衔接。在披露顺序上，一般应当按照资产负债表、利润表、现金流量表、所有者权益变动表的顺序及其报表项目列示的顺序。

（七）其他需说明的重要事项

主要包括或有和承诺事项、资产负债表日后非调整事项、关联方关系及其交易等需要说明的事项。

（八）有助于财务报表使用者评价企业管理资本的目标、政策及程序的信息

第二节　分 部 报 告

企业存在多种经营或跨地区经营的，应当披露分部信息。企业应当以对外提供的财务报表为基础披露分部信息。对外提供合并财务报表的企业，应当以合并财务报表为基础披露分部信息。

一、报告分部的确定

企业披露分部信息，应当区分业务分部和地区分部。

业务分部，是指企业内可区分的、能够提供单项或一组相关产品或劳务的组成部分。该组成部分承担了不同于其他组成部分的风险和报酬。

企业在确定业务分部时，应当结合企业内部管理要求，并考虑下列因素：

①各单项产品或劳务的性质，包括产品或劳务的规格、型号、最终用途等；

②生产过程的性质，包括采用劳动密集或资本密集方式组织生产、使用相同或者相似设备和原材料、采用委托生产或加工方式等；

③产品或劳务的客户类型，包括大宗客户、零散客户等；

④销售产品或提供劳务的方式，包括批发、零售、自产自销、委托销售、承包等；

⑤生产产品或提供劳务受法律、行政法规的影响，包括经营范围或交易定价限制等。

地区分部，是指企业内可区分的、能够在一个特定的经济环境内提供产品或劳务的组成部分。该组成部分承担了不同于在其他经济环境内提供产品或劳务的组成部分的风险和报酬。

企业在确定地区分部时，应当结合企业内部管理要求，并考虑下列因素：

①所处经济、政治环境的相似性，包括境外经营所在地区经济和政治的稳定程度等；

②在不同地区经营之间的关系，包括在某地区进行产品生产，而在其他地区进行销售等；

③经营的接近程度大小，包括在某地区生产的产品是否需在其他地区进一步加工生产等；

④与某一特定地区经营相关的特别风险，包括气候异常变化等；

⑤外汇管理规定，即境外经营所在地区是否实行外汇管制；

⑥外汇风险。

两个或两个以上的业务分部或地区分部同时满足下列条件的，可以予以合并：

①具有相近的长期财务业绩，包括具有相近的长期平均毛利率、资金回报率、未来现金流量等；

②确定业务分部或地区分部所考虑的因素类似。

企业应当以业务分部或地区分部为基础确定报告分部。

业务分部或地区分部的大部分收入是对外交易收入，且满足下列条件之一的，应当将其确定为报告分部：

①该分部的分部收入占所有分部收入合计的10%或者以上。

②该分部的分部利润（亏损）的绝对额，占所有盈利分部利润合计额或者所有亏损分部亏损合计额的绝对额两者中较大者的10%或者以上。

③该分部的分部资产占所有分部资产合计额的10%或者以上。

业务分部或地区分部未满足上述规定条件的，可以按照下列规定处理：

①不考虑该分部的规模，直接将其指定为报告分部；

②不将该分部直接指定为报告分部的，可将该分部与一个或一个以上类似的、未满足上述条件的其他分部合并为一个报告分部；

③不将该分部指定为报告分部且不与其他分部合并的，应当在披露分部信息时，将其作为其他项目单独披露。

报告分部的对外交易收入合计额占合并总收入或企业总收入的比重未达到75%的，应当将其他的分部确定为报告分部（即使它们未满足上述规定的条件），直到该比重达到75%。

企业的内部管理按照垂直一体化经营的不同层次来划分的，即使其大部分收入不通过对外交易取得，仍可将垂直一体化经营的不同层次确定为独立的报告业务分部。

二、分部信息的披露

企业应当区分主要报告形式和次要报告形式披露分部信息：

①风险和报酬主要受企业的产品和劳务差异影响的，披露分部信息的主要形式应当是业务分部，次要形式是地区分部。

②风险和报酬主要受企业在不同的国家或地区经营活动影响的，披露分部信息的主要形式应当是地区分部，次要形式是业务分部。

③风险和报酬同时较大地受企业产品和劳务的差异以及经营活动所在国家或地区差异影响的，披露分部信息的主要形式应当是业务分部，次要形式是地区分部。

对于主要报告形式，企业应当在附注中披露分部收入、分部费用、分部利润（亏损）、分部资产总额和分部负债总额等。

分部收入，是指可归属于分部的对外交易收入和对其他分部交易收入。分部的对外交易收入和对其他分部交易收入，应当分别披露。

分部费用，是指可归属于分部的对外交易费用和对其他分部交易费用。分部的折旧费用、摊销费用以及其他重大的非现金费用，应当分别披露。

分部利润（亏损），是指分部收入减去分部费用后的余额。在合并利润表中，分部利润（亏损）应当在调整少数股东损益前确定。

分部资产，是指分部经营活动使用的可归属于该分部的资产，不包括递延所得税资产。分部资产的披露金额应当按照扣除相关累计折旧或摊销额以及累计减值准备后的金额确定。披露分部资产总额时，当期发生的在建工程成本总额、购置的固定资产和无形资产的成本总额，应当单独披露。

分部负债，是指分部经营活动形成的可归属于该分部的负债，不包括递延所得税负债。

分部的日常活动是金融性质的，利息收入和利息费用应当作为分部收入和分部费用进行披露。企业披露的分部信息，应当与合并财务报表或企业财务报表中的总额信息相衔接。

分部收入应当与企业的对外交易收入（包括企业对外交易取得的、未包括在任何分部收入中的收入）相衔接；分部利润（亏损）应当与企业营业利润（亏损）和企业净利润（净亏损）相衔接；分部资产总额应当与企业资产总额相衔接；分部负债总额应当与企业负债总额相衔接。

分部信息的主要报告形式是业务分部的，应当就次要报告形式披露下列信息：

①对外交易收入占企业对外交易收入总额 10% 或者以上的地区分部，以外部客户所在地为基础披露对外交易收入。

②分部资产占所有地区分部资产总额 10% 或者以上的地区分部，以资产所在地为基础披露分部资产总额。

分部信息的主要报告形式是地区分部的，应当就次要报告形式披露下列信息：

①对外交易收入占企业对外交易收入总额 10% 或者以上的业务分部，应当披露对外交易收入。

②分部资产占所有业务分部资产总额 10% 或者以上的业务分部，应当披露分部资产总额。

分部间转移交易应当以实际交易价格为基础计量。转移价格的确定基础及其变更情况，应当予以披露。

企业应当披露分部会计政策，但分部会计政策与合并财务报表或企业财务报表一致的除外。分部会计政策变更影响重大的，应当按照《企业会计准则第 28 号——会计政策、会计估计变更和差错更正》进行披露，并提供相关比较数据。提供比较数据不切实可行的，应当说明原因。

企业改变分部的分类且提供比较数据不切实可行的，应当在改变分部分类的年度，分别披露改变前和改变后的报告分部信息。

分部会计政策，是指编制合并财务报表或企业财务报表时采用的会计政策以及与分部报告特别相关的会计政策。与分部报告特别相关的会计政策包括分部的确定、分部间转移价格的确定方法以及将收入和费用分配给分部的基础等。

企业在披露分部信息时，应当提供前期比较数据。但是，提供比较数据不切实可行的除外。

【案例 7 - 1】　　　　　　　　　　爱尔眼科（300015）

爱尔眼科是我国最大规模的眼科医疗机构，致力于引进国际一流的眼科技术与管理方法，以专业化、规模化、科学化为发展战略，联合国内外战略合作伙伴，共同推动中国眼科医疗事业的发展。利用人才、技术和管理等方面的优势，公司通过全国各连锁医院良好的诊疗质量、优质的医疗服务和深入的市场推广，使自身的市场影响力和渗透力得到迅速提升，也使公司成为具有全国影响力的眼科品牌。

表 7 - 1 列示了爱尔眼科 2016 年分行业、分产品与分地区的分部信息，从分部信息披露中我们可以了解爱尔眼科主营业务的行业、产品与地区构成以及毛利率情况，这对我们进一步分析企业的具体经营与财务情况是非常有用的。

表 7 - 1　　　　　　　　　　　爱尔眼科 2016 年分部信息披露

项目	营业收入（万元）	营业利润（万元）	毛利率（%）	占主营业务收入比例（%）
医疗行业（行业）	399 513.03	184 215.56	46.11	99.87
其他业务收入（行业）	527.13	243.75	46.24	0.13
屈光手术（产品）	114 128.66	62 028.52	54.35	28.53
白内障手术（产品）	98 113.96	36 572.36	37.28	24.53
眼前段手术（产品）	60 632.96	24 283.56	40.05	15.16
眼后段手术（产品）	33 128.30	12 726.01	38.41	8.28
视光服务（产品）	87 212.15	45 589.41	52.27	21.80
其他项目（产品）	6 297.01	3 015.70	47.89	1.57
其他业务（补充）（产品）	527.13	243.75	46.24	0.13
合计（产品）	400 040.17	184 459.31	46.11	100.00

续表

项目	营业收入（万元）	营业利润（万元）	毛利率（%）	占主营业务收入比例（%）
华中地区（地区）	141 814.92	73 280.61	51.67	35.45
东北地区（地区）	45 449.55	22 674.46	49.89	11.36
西南地区（地区）	74 221.34	32 682.33	44.03	18.55
华东地区（地区）	48 372.77	20 804.05	43.01	12.09
华北地区（地区）	32 560.06	12 605.25	38.71	8.14
华南地区（地区）	28 252.06	11 887.63	42.08	7.06
西北地区（地区）	15 561.44	6 508.68	41.83	3.89
港澳台地区（地区）	13 808.02	4 016.31	29.09	3.45
合计（地区）	400 040.17	184 459.31	46.11	100.00

　　图 7-1 列示了爱尔眼科近年来的月 K 线图，如图所示，爱尔眼科伴随着企业规模的进一步增大与业绩的增长，股价出现了快速上扬。

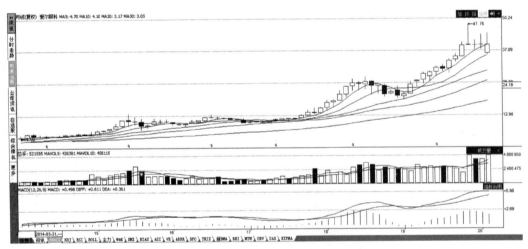

图 7-1　爱尔眼科月 K 线（截至 2020 年 2 月 28 日）

第三节　关联方关系及其交易的披露

 一、关联方关系的认定

　　一方控制、共同控制另一方或对另一方施加重大影响，以及两方或两方以上同受一方控制、共同控制或重大影响的，构成关联方。在判断是否存在关联方关系时，应当遵循实质重于形式的原则。

控制，是指有权决定一个企业的财务和经营政策，并能据以从该企业的经营活动中获取利益。共同控制，是指按照合同约定对某项经济活动所共有的控制，仅在与该项经济活动相关的重要财务和经营决策需要分享控制权的投资方一致同意时存在。重大影响，是指对一个企业的财务和经营政策有参与决策的权力，但并不能够控制或者与其他方一起共同控制这些政策的制定。

下列各方构成企业的关联方：

①该企业的母公司。

②该企业的子公司。

③与该企业受同一母公司控制的其他企业。

④对该企业实施共同控制的投资方。

⑤对该企业施加重大影响的投资方。

⑥该企业的合营企业。

⑦该企业的联营企业。

⑧该企业的主要投资者个人及与其关系密切的家庭成员。主要投资者个人，是指能够控制、共同控制一个企业或者对一个企业施加重大影响的个人投资者。

⑨该企业或其母公司的关键管理人员及与其关系密切的家庭成员。关键管理人员，是指有权力并负责计划、指挥和控制企业活动的人员。与主要投资者个人或关键管理人员关系密切的家庭成员，是指在处理与企业的交易时可能影响该个人或受该个人影响的家庭成员。

⑩该企业主要投资者个人、关键管理人员或与其关系密切的家庭成员控制、共同控制或施加重大影响的其他企业。

仅与企业存在下列关系的各方，不构成企业的关联方：①与该企业发生日常往来的资金提供者、公用事业部门、政府部门和机构；②与该企业发生大量交易而存在经济依存关系的单个客户、供应商、特许商、经销商或代理商；③与该企业共同控制合营企业的合营者；④仅仅同受国家控制而不存在其他关联方关系的企业，不构成关联方。

二、关联方交易

关联方交易，是指关联方之间转移资源、劳务或义务的行为，而不论是否收取价款。关联方交易的类型通常包括下列各项：购买或销售商品；购买或销售商品以外的其他资产；提供或接受劳务；担保；提供资金（贷款或股权投资）；租赁；代理；研究与开发项目的转移；许可协议；代表企业或由企业代表另一方进行债务结算；关键管理人员薪酬。

三、关联方的披露

企业无论是否发生关联方交易，均应当在附注中披露与母公司和子公司有关的下列信息：

①母公司和子公司的名称。母公司不是该企业最终控制方的，还应当披露最终控制方名称。母公司和最终控制方均不对外提供财务报表的，还应当披露母公司之上与其最相近的对外提供财务报表的母公司名称。

②母公司和子公司的业务性质、注册地、注册资本（或实收资本、股本）及其变化。

③母公司对该企业或者该企业对子公司的持股比例和表决权比例。

企业与关联方发生关联方交易的，应当在附注中披露该关联方关系的性质、交易类型及交易要素。交易要素至少应当包括：交易的金额、未结算项目的金额、条款和条件以及有关提供或取得担保的信息、未结算应收项目的坏账准备金额、定价政策。

关联方交易应当分别关联方以及交易类型予以披露。

类型相似的关联方交易，在不影响财务报表阅读者正确理解关联方交易对财务报表影响的情况下，可以合并披露。企业只有在提供确凿证据的情况下，才能披露关联方交易是公平交易。

【案例 7-2】 　　　　乐视网（300104）关联方及关联交易

表 7-2、表 7-3 列示了乐视网的众多关联企业情况。表 7-4 列示了乐视网采购商品/接受劳务的情况，表 7-5 列示了乐视网出售商品/提供劳务的情况，表 7-6、表 7-7 乐视网的关联租赁情况，表 7-8 列示了乐视网的关联担保情况。从上述表格中我们可以看出，乐视网 2016 年存在着大量的关联交易情况，公司业绩应该存在疑问，值得我们进一步研究。稳健的投资人应避免投资于此类上市公司。

1. 本企业的母公司情况

本企业最终控制方是贾跃亭。

2. 本企业的子公司情况

本企业子公司的情况详见附注八、1.（1）企业集团的构成。

3. 本企业合营和联营企业情况

本企业重要的合营或联营企业详见附注八、3.（1）重要的联营企业。

本期与本公司发生关联方交易，或前期与本公司发生关联方交易形成余额的其他合营或联营企业情况如表 7-2 所示。

表 7-2　　　　　　　　　　乐视网关联方情况

合营或联营企业名称	与本企业关系
北京智驿信息技术有限责任公司	联营企业
TCL 多媒体科技控股有限公司	联营企业

4. 其他关联方情况

表7-3 其他关联方情况

其他关联方名称	其他关联方与本企业关系
Le Corporation Limited	受同一控制人控制的公司
……（省略63家企业）	受同一控制人控制的公司
芝兰玉树（北京）科技股份有限公司	其他关联方
TCL海外电子（惠州）有限公司	其他关联方
TCL通力电子（惠州）有限公司	其他关联方
TCL王牌电器（惠州）有限公司	其他关联方

5. 关联交易情况

（1）购销商品、提供和接受劳务的关联交易。

表7-4 采购商品/接受劳务情况

关联方	关联交易内容	本期发生额	获批的交易额度	是否超过交易额度	上期发生额
TCL海外电子（惠州）有限公司	货物采购	1 266 305 496.90			0
北京东方车云信息技术有限公司	会员分成	252 003 296.00			0
北京乐漾影视传媒有限公司	版权采购	20 937 548.74			0
北京网酒网电子商务股份有限公司	货物采购	7 720 290.56			13 261 938.80
北京易到旅行社有限公司	货物采购	248 900.00			0
霍尔果斯乐视影业有限公司	版权采购	212 000 000.00			0
乐果文化传媒（北京）有限公司	版权采购	3 660 000.00			44 080.00
乐卡汽车智能科技（北京）有限公司	货物采购	15 761 023.06			0
乐帕营销服务（北京）有限公司	货物采购	34 046 324.00			0
乐视创景科技（北京）有限公司	货物采购	3 513 072.82			0
乐视飞鸽科技（天津）有限公司	货物采购	6 781 087.30			2 724 677.08
乐视互娱科技有限公司	货物采购	2 287 650.00			0
乐视手机电子商务（北京）有限公司	货物采购	3 139 197 585.38			1 772 359 969.10
乐视体育文化产业发展（北京）有限公司	广告分成、会员分成、货物采购	388 669 274.91			289 871 844.62
乐视虚拟现实科技（北京）有限公司	货物采购	1 790 639.96			0
乐视移动智能信息技术（北京）有限公司	会员分成、货物采购	1 370 453 993.27			346 173 254.00

关联方	关联交易内容	本期发生额	获批的交易额度	是否超过交易额度	上期发生额
乐视音乐文化产业发展（北京）有限公司	货物采购	1 518 480.06			0
乐视影业（北京）有限公司	版权采购、广告	271 063 252.44			257 999 455.98
乐视智能终端科技有限公司	货物采购	317 831 502.21			0
乐享视界信息技术（北京）有限公司	货物采购	3 258 113.00			0
乐信（北京）网络科技有限公司	服务费	6 289.50			0
乐意互联智能科技（北京）有限公司	货物采购	21 743 935.70			27 171 442.40
乐影网络信息（天津）有限公司	货物采购	214 398.28			0
喜悦动漫（杭州）股份有限公司	货物采购	150 000.00			0
宇龙计算机通信科技（深圳）有限公司	货物采购、会员分成	146 308 919.85			0
重庆乐视商业保理有限公司	利息支出	826 111.25			0
橄榄树资产管理（嘉兴）有限公司	利息支出	9 062 142.14			0
向日葵资产管理（嘉兴）有限公司	利息支出	839 983.33			0
芝兰玉树（北京）科技股份有限公司	版权采购	0			134 111.40
乐视影业（天津）有限公司	版权采购、广告	0			500 000.00

表 7-5 出售商品/提供劳务情况 单位：元

关联方	关联交易内容	本期发生额	上期发生额
北京宏城鑫泰置业有限公司	利息收入	1 917 930.98	0
北京锦一资产管理中心（有限合伙）	利息收入	2 024 999.63	0
北京网酒网电子商务股份有限公司	CDN 服务、利息收入	2 778 212.87	17 101 166.93
北京易到旅行社有限公司	销售货物	80 000 000.00	0
北京益动思博网络科技有限公司	CDN 服务	208 309.12	0
北京智驿信息技术有限责任公司	销售货物、版权	0	159 739 233.76
法乐第（北京）网络科技有限公司	广告业务、CDN 服务	30 893 684.90	0
乐风控股（北京）有限公司	利息收入	1 137 221.53	0
乐咖互娱信息技术（北京）有限公司	利息收入	1 674 999.63	0
乐卡汽车智能科技（北京）有限公司	CDN 服务	5 974 257.08	21 875 586.65
乐乐创新智能科技（北京）有限公司	CDN 服务	1 784 742.60	0
乐帕营销服务（北京）有限公司	销售货物、销售会员	7 086 534 298.98	0

续表

关联方	关联交易内容	本期发生额	上期发生额
乐视创景科技（北京）有限公司	CDN 服务、销售货物	518 793.32	0
乐视海韵文化传媒（北京）有限公司	利息收入	2 024 999.63	0
乐视互联科技发展（北京）有限公司	利息收入	2 068 166.31	0
乐视互娱科技有限公司	其他收入、CDN 服务	43 855 516.39	0
乐视控股（北京）有限公司	销售货物、CDN 服务	262 847 690.70	3 513 959.16
乐视链服财务科技（北京）有限公司	利息收入	75 000.00	0
乐视品牌营销策划（北京）有限公司	策划服务	3 500 000.00	0
乐视手机电子商务（北京）有限公司	技术使用收入	451 145.00	15 437 914.62
乐视体育文化产业发展（北京）有限公司	广告、技术服务收入	328 190 894.74	278 776 781.53
乐视通联信息技术（北京）有限公司	利息收入	166 666.55	0
乐视投资管理（北京）有限公司	利息收入	2 068 166.31	0
乐视虚拟现实科技（北京）有限公司	销售货物	460 160.00	0
乐视移动智能信息技术（北京）有限公司	销售货物、会员、广告、技术使用费	1 593 756 718.41	971 027 691.44
乐视音乐文化产业发展（北京）有限公司	技术使用费	2 153 116.03	0
乐视影业（北京）有限公司	销售会员、销售货物	2 103 595.86	15 898 700.00
乐视影业（天津）有限公司	销售会员	66 500.00	0
乐视游戏科技（北京）有限公司	销售会员	925.00	0
乐视智能终端科技有限公司	销售会员	2 165 332 562.00	0
乐视资产管理（青岛）有限公司	销售会员	3 598.00	0
乐享视界信息技术（北京）有限公司	利息收入	1 278 409.11	0
乐信（北京）网络科技有限公司	CDN 服务、广告业务、利息收入	71 923 256.43	0
乐意互联智能科技（北京）有限公司	CDN 服务	368 825.95	20 353.00
乐影网络信息（天津）有限公司	销售会员	8 734.60	54 984.64
零派乐享网络科技（北京）有限公司	利息收入	2 116 666.29	0
宁波梅山保税港区风信子资产管理有限公司	利息收入	305 555.68	0
宇龙计算机通信科技（深圳）有限公司	广告业务、销售会员	60 917 805.00	0
智行唯道（北京）信息技术有限公司	广告业务、利息收入	7 805 702.69	0
重庆乐视商业保理有限公司	利息收入	1 679 999.67	0
重庆乐视体育产业发展有限公司	销售会员	7 581.00	0
橄榄树资产管理（嘉兴）有限公司	利息收入	1 614 199.65	0
LeREE，Ltd. Co.	销售货物	7 022 846.54	0
Le Ecosystem Technology India Private Limited	销售货物	5 202 842.95	0
Le Wish Ltd	版权销售	0	80 228 428.00

（2）关联受托管理/承包及委托管理/出包情况（无）。

（3）关联租赁情况。

表7-6 　　　　　　　　　　　本公司作为出租方的关联租赁情况　　　　　　　　　　单位：元

承租方名称	租赁资产种类	本期确认的租赁收入	上期确认的租赁收入
乐视体育文化产业发展（北京）有限公司	设备租赁	1 995 109.30	1 511 972.54

表7-7 　　　　　　　　　　　本公司作为承租方的关联租赁情况　　　　　　　　　　单位：元

出租方名称	租赁资产种类	本期确认的租赁费	上期确认的租赁费
北京宏城鑫泰置业有限公司	房屋租赁	10 168 907.33	12 930 073.50
山西西贝尔置业有限公司	房屋租赁	157 956.77	8 303.76

（4）关联担保情况。

表7-8 　　　　　　　　　　　本公司作为被担保方的关联担保情况　　　　　　　　　　单位：元

担保方	担保金额	担保起始日	担保到期日	担保是否已经履行完毕
贾跃亭、乐视网（天津）信息技术有限公司	60 000 000.00	2016 年 02 月 05 日	2017 年 02 月 04 日	否
贾跃亭、乐视网（天津）信息技术有限公司	183 800 000.00	2016 年 03 月 31 日	2017 年 03 月 30 日	否
贾跃亭、乐视网（天津）信息技术有限公司	60 000 000.00	2016 年 05 月 27 日	2017 年 05 月 26 日	否
贾跃亭、乐视网（天津）信息技术有限公司	100 000 000.00	2016 年 05 月 31 日	2017 年 05 月 31 日	否
贾跃亭、乐视网（天津）信息技术有限公司	116 200 000.00	2016 年 06 月 03 日	2017 年 06 月 02 日	否
乐视网（天津）信息技术有限公司	150 000 000.00	2016 年 06 月 08 日	2017 年 06 月 07 日	否
乐视控股（北京）有限公司、贾跃亭、贾跃民	50 000 000.00	2016 年 06 月 23 日	2017 年 06 月 22 日	否
乐视网（天津）信息技术有限公司	110 000 000.00	2016 年 07 月 08 日	2017 年 06 月 07 日	否
乐视网（天津）信息技术有限公司	90 000 000.00	2016 年 08 月 18 日	2017 年 08 月 17 日	否
贾跃亭	200 000 000.00	2016 年 09 月 29 日	2017 年 09 月 28 日	否
贾跃亭	23 486 000.00	2016 年 08 月 10 日	2017 年 08 月 09 日	否
贾跃亭	300 000 000.00	2016 年 09 月 12 日	2017 年 06 月 12 日	否
贾跃亭、甘薇	1 000 000 000.00	2016 年 08 月 26 日	2017 年 08 月 25 日	否

续表

担保方	担保金额	担保起始日	担保到期日	担保是否已经履行完毕
贾跃亭	61 875 000.00	2016 年 10 月 21 日	2017 年 10 月 20 日	否
乐视网（天津）信息技术有限公司	300 000 000.00	2015 年 12 月 28 日	2017 年 12 月 28 日	否
乐视控股（北京）有限公司、贾跃亭	1 000 000 000.00	2016 年 12 月 12 日	2018 年 12 月 12 日	否
乐视致新电子科技（天津）有限公司	953 095 528.89	2016 年 05 月 10 日	2019 年 05 月 10 日	否
乐视致新电子科技（天津）有限公司	1 071 350 280.00	2016 年 05 月 06 日	2019 年 05 月 06 日	否
乐视控股（北京）有限公司、高建明、张昭	3 000 000.00	2016 年 05 月 05 日	2017 年 05 月 05 日	否

注：关联担保情况说明：乐视控股（北京）有限公司、贾跃亭向乐视致新质押担保的 10 亿元质押标的为乐视控股（北京）有限公司持有的乐视致新 21.67% 的股权以及贾跃亭持有的本公司 5 854 万股股票；乐视致新向乐视致新（香港）投资有限公司质押担保的 20.24 亿元质押标的为 21.27 亿元保证金。

（5）关联方资金拆借　（略）。

（6）关联方资产转让、债务重组情况（无）。

（7）关键管理人员报酬　（略）。

（8）其他关联交易

6. 关联方应收应付款项

（1）应收项目　（略）。

（2）应付项目　（略）。

7. 关联方承诺　（略）。

资料来源：乐视网：《乐视网 2018 年年度报告》，巨潮资讯网，2019 年 4 月 26 日，http：//www.cninfo.com.cn/new/disclosure/detail？orgId = 9900013169&announcementId = 1206109867&announcementTime = 2019 - 04 - 26。

第四节　资产负债表日后事项

 一、资产负债表日后事项概述

资产负债表日后事项，是指资产负债表日至财务报告批准报出日之间发生的有利或不利事项。理解这一定义，需要注意以下方面。

（一）资产负债表日

资产负债表日是指会计年度末和会计中期期末。中期是指短于一个完整的会计年度的报告期间，包括半年度、季度和月度。

（二）财务报告批准报出日

财务报告批准报出日是指董事会或类似机构批准财务报告报出的日期，通常是指对财务报告的内容负有法律责任的单位或个人批准财务报告对外公布的日期。

（三）有利事项和不利事项

资产负债表日后事项包括有利事项和不利事项。"有利或不利事项"的含义是指，资产负债表日后事项肯定对企业财务状况和经营成果具有一定影响（即包括有利影响也包括不利影响）。

（四）资产负债表日后事项涵盖的期间

资产负债表日后事项涵盖的期间是自资产负债表日次日起至财务报告批准报出日止的一段时间。对上市公司而言，这一期间内涉及几个日期，包括完成财务报告编制日、注册会计师出具审计报告日、董事会批准财务报告可以对外公布日、实际对外公布日等。具体而言，资产负债表日后事项涵盖的期间应当包括：

①报告期间下一期间的第一天至董事会或类似机构批准财务报告对外公布的日期；

②财务报告批准报出以后、实际报出之前又发生与资产负债表日后事项有关的事项，并由此影响财务报告对外公布日期的，应以董事会或类似机构再次批准财务报告对外公布的日期为截止日期。

（五）资产负债表日后事项的内容

资产负债表日后事项包括资产负债表日后调整事项和资产负债表日后非调整事项。

二、资产负债表日后调整事项

资产负债表日后调整事项，是指对资产负债表日已经存在的情况提供了新的或进一步证据的事项。

（一）包括内容

企业发生的资产负债表日后调整事项，通常包括下列各项：

①资产负债表日后诉讼案件结案，法院判决证实了企业在资产负债表日已经存在现时义务，需要调整原先确认的与该诉讼案件相关的预计负债，或确认一项新负债。

②资产负债表日后取得确凿证据，表明某项资产在资产负债表日发生了减值或者需要调整该项资产原先确认的减值金额。

③资产负债表日后进一步确定了资产负债表日前购入资产的成本或售出资产的收入。

④资产负债表日后发现了财务报表舞弊或差错。

(二) 会计处理原则

企业发生的资产负债表日后调整事项，应当调整资产负债表日的财务报表。年度资产负债表日后发生的调整事项，应具体分别按以下情况进行处理：

①涉及损益的事项，通过"以前年度损益调整"科目核算。涉及损益的调整事项，如果发生在资产负债表日所属年度（即报告年度）所得税汇算清缴前的，应调整报告年度应纳税所得额、应纳所得税税额；发生在报告年度所得税汇算清缴后的，应调整本年度（即报告年度的次年）应纳所得税税额。

②涉及利润分配调整的事项，直接在"利润分配——未分配利润"科目核算。

③不涉及损益及利润分配的事项，调整相关科目。

④通过上述账务处理后，还应同时调整财务报表相关项目的数字，包括：a. 资产负债表日编制的财务报表相关项目的期末数或本年发生数；b. 当期编制的财务报表相关项目的期初数或上年数；c. 经过上述调整后，如果涉及报表附注内容的，还应当作出相应调整。

(三) 资产负债表日后调整事项的具体会计处理方法

1. 资产负债表日后诉讼案件结案

法院判决证实了企业在资产负债表日已经存在现时义务，需要调整原先确认的与该诉讼案件相关的预计负债，或确认一项新负债。这一事项是指导致诉讼的事项在资产负债表日已经发生，但尚不具备确认负债的条件而未确认，资产负债表日后至财务报告批准报出日之间获得了新的或进一步的证据（法院判决结果），表明符合负债的确认条件，因此应在财务报告中确认为一项新负债；或者在资产负债表日虽已确认，但需要根据判决结果调整已确认负债的金额。

2. 资产负债表日后取得确凿证据

表明某项资产在资产负债表日发生了减值或者需要调整该项资产原先确认的减值金额。这一事项是指在资产负债表日，根据当时的资料判断某项资产可能发生了损失或减值，但没有最后确定是否会发生，因而按照当时的最佳估计金额反映在财务报表中；但在资产负债表日至财务报告批准报出日之间，所取得的确凿证据能证明该事实成立，即某项资产已经发生了损失或减值，则应对资产负债表日所作的估计予以修正。

3. 资产负债表日后进一步确定了资产负债表日前购入资产的成本或售出资产的收入

这类调整事项包括两方面的内容：①若资产负债表日前购入的资产已经按暂估金额等入账，资产负债表日后获得证据，可以进一步确定该资产的成本，则应对已入账的资产成本进行调整。②企业在资产负债表日已根据收入确认条件确认资产销售收入，但资产负债表日后获得关于资产收入的进一步证据，如发生销售退回等，此时也应调整财务报表相关项目的金额。需要说明的是，资产负债表日后发生的销售退回，既包括报告年度或报告中期销售的商品在资产负债表日后发生的销售退回，也包括以前期间销售的商品在资产负债表日后发生的销售退回。

资产负债表所属期间或以前期间所售商品在资产负债表日后退回的，应作为资产负债表日后调整事项处理。发生于资产负债表日后至财务报告批准报出日之间的销售退回事项，可能发生于年度所得税汇算清缴之前，也可能发生于该企业年度所得税汇算清缴之后，其会计处理分别为：

①涉及报告年度所属期间的销售退回发生于报告年度所得税汇算清缴之前的，应调整报告年度利润表的收入、成本等，并相应调整报告年度的应纳税所得额以及报告年度应缴的所得税等。

②资产负债表日后事项中涉及报告年度所属期间的销售退回发生于报告年度所得税汇算清缴之后，应调整报告年度会计报表的收入、成本等，但按照税法规定在此期间的销售退回所涉及的应缴所得税，应作为本年的纳税调整事项。

 ## 三、资产负债表日后非调整事项

（一）资产负债表日后非调整事项包括内容

资产负债表日后非调整事项，是指表明资产负债表日后发生的情况的事项。非调整事项的发生不影响资产负债表日企业的财务报表数字，只能说明资产负债表日后发生了某些情况。企业发生的资产负债表日后非调整事项，不应当调整资产负债表日的财务报表。企业发生的资产负债表日后非调整事项，通常包括下列各项：

①资产负债表日后发生重大诉讼、仲裁、承诺。
②资产负债表日后资产价格、税收政策、外汇汇率发生重大变化。
③资产负债表日后因自然灾害导致资产发生重大损失。
④资产负债表日后发行股票和债券以及其他巨额举债。
⑤资产负债表日后资本公积转增资本。
⑥资产负债表日后发生巨额亏损。
⑦资产负债表日后发生企业合并或处置子公司。

资产负债表日后，企业利润分配方案中拟分配的以及经审议批准宣告发放的股利或利润，不确认为资产负债表日的负债，但应当在附注中单独披露。

（二）调整事项与非调整事项的区别

资产负债表日后发生的某一事项究竟是调整事项还是非调整事项，取决于该事项表明的情况在资产负债表日或资产负债表日以前是否已经存在。若该情况在资产负债表日或之前已经存在，则属于调整事项；反之，则属于非调整事项。

（三）非调整事项的具体会计处理办法

资产负债表日后发生的非调整事项，应当在报表附注中披露每项重要的资产负债表日后非调整事项的性质、内容，及其对财务状况和经营成果的影响。无法作出估计的，应当说明原因。资产负债表日后非调整事项的主要例子有：

①资产负债表日后发生重大诉讼、仲裁、承诺。资产负债表日后发生的重大诉讼等事项，对企业影响较大，为防止误导投资者及其他财务报告使用者，应当在报表附注中披露。

②资产负债表日后资产价格、税收政策、外汇汇率发生重大变化。资产负债表日后发生的资产价格、税收政策和外汇汇率的重大变化，虽然不会影响资产负债表日财务报表相关项目的数据，但对企业资产负债表日后期间的财务状况和经营成果有重大影响，应当在报表附注中予以披露。

③资产负债表日后因自然灾害导致资产发生重大损失。

④资产负债表日后发行股票和债券以及其他巨额举债。企业发行股票、债券以及向银行或非银行金融机构举借巨额债务都是比较重大的事项，虽然这一事项与企业资产负债表日的存在状况无关，但这一事项的披露能使财务报告使用者了解与此有关的情况及可能带来的影响，因此应当在报表附注中进行披露。

⑤资产负债表日后资本公积转增资本。企业以资本公积转增资本将会改变企业的资本（或股本）结构，影响较大，应当在报表附注中进行披露。

⑥资产负债表日后发生巨额亏损。企业资产负债表日后发生巨额亏损将会对企业报告期以后的财务状况和经营成果产生重大影响，应当在报表附注中及时披露该事项，以便为投资者或其他财务报告使用者做出正确决策提供信息。

⑦资产负债表日后发生企业合并或处置子公司。企业合并或者处置子公司的行为可以影响股权结构、经营范围等方面，对企业未来的生产经营活动能产生重大影响，应当在报表附注中进行披露。

⑧资产负债表日后，企业利润分配方案中拟分配的以及经审议批准宣告发放的股利或利润。资产负债表日后，企业制定利润分配方案，拟分配或经审议批准宣告发放股利或利润的行为，并不会导致企业在资产负债表日形成现时义务，虽然该事项的发生可导致企业负有支付股利或利润的义务，但支付义务在资产负债表日尚不存在，不应该调整资产负债表日的财务报告，因此，该事项为非调整事项。不过，该事项对企业资产负债表日后的财务状况有较大影响，可能导致现金大规模流出、企业股权结构变动等，为便于财务报告使用者更充分了解相关信息，企业需要在财务报告中适当披露该信息。

【案例 7－3】　　　　　科大讯飞（002230）

科大讯飞是一家专业从事智能语音及语言技术研究、软件及芯片产品开发、语音信息服务及电子政务系统集成的国家级骨干软件企业。是我国众多软件企业中为数极少掌握核心技术并拥有自主知识产权的企业之一，其语音合成核心技术代表了世界的最高水平。公司承建有首批国家新一代人工智能开放创新平台（智能语音国家人工智能开放创新平台）、语音及语言信息处理国家工程实验室以及我国在人工智能高级阶段——认知智能领域的首个国家级重点实验室等国家级重要平台。

资产负债表日后事项：

1. 资产负债表日后非公开发行募集配套资金情况

经过中国证券监督管理委员会《关于核准科大讯飞股份有限公司向杨军等发行股份购买资产并募集配套资金的批复》（证监许可〔2016〕2474号文）的核准，本公司向配套募集资金认购对象发行人民币普通股股票11 005 134股，每股面值1.00元，每股发行价格为人民币27.26元。本公司于2017年3月3日实际收到募集资金总额299 999 952.84元，扣除与发行有关的费用人民币15 850 348.00元，实际募集资金净额为人民币284 149 604.84元，已经过华普天健会计师事务所审验，并出具会验字〔2017〕1378号验资报告。截至2017年3月18日止，上述新增股份已完成股份登记，本公司总股本为1 326 490 128.00元。

2. 资产负债表日后利润分配情况说明

2017年3月18日本公司第四届董事会第三次会议审议通过了《关于公司2016年度利润分配的预案》，以2017年3月18日的总股本1 326 490 128.00股为基数，向全体股东按每10股派息1元（含税），共派发现金红利132 649 012.80元。

除上述事项外，截至2017年3月18日止，本公司无需要披露的其他重大资产负债表日后事项。

表7-9列示了科大讯飞2017年中报的主营构成分析，公司主营软件与信息技术服务。图7-2列示了科大讯飞近年来的月K线图，从图中可以看出，公司股价依托长期均线支撑稳步上扬。

表7-9　　　　　　　　　　科大讯飞主营构成分析（2017年中报）

项目	营业收入（万元）	营业利润（万元）	毛利率（%）	占主营业务收入比例（%）
软件和信息技术服务业（行业）	203 673.48	101 514.54	49.84	96.88
其他业务（补充）（行业）	6 562.79	1 173.24	17.88	3.12
合计（行业）	210 236.27	102 687.77	48.84	100.00
教育产品和服务（产品）	56 510.95	31 295.34	55.38	26.88
电信增值产品运营（产品）	21 401.81	17 705.68	82.73	10.18
信息工程（产品）	56 441.28	8 980.64	15.91	26.85
其他业务（补充）（产品）	75 882.23	44 706.12	58.92	36.09
合计（产品）	210 236.27	102 687.77	48.84	100.00

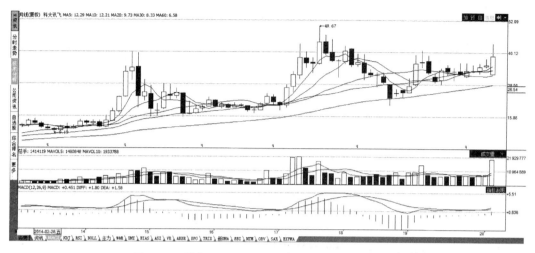

图 7 - 2　科大讯飞月 K 线（截至 2020 年 2 月 28 日）

资料来源：科大讯飞：《2016 年年度报告》，巨潮资讯网，2017 年 3 月 21 日，http：//www.cninfo.com.cn/new/disclosure/detail? plate = sse&orgId = 9900002221&stockCode =601318&announcementId =1205895402&announcementTime =2019 -03 -13。

第五节　或有事项

 一、或有事项概述

（一）或有事项的概念和特征

或有事项，是指过去的交易或者事项形成的，其结果须由某些未来事项的发生或不发生才能决定的不确定事项。常见的或有事项包括：未决诉讼或未决仲裁、债务担保、产品质量保证（含产品安全保证）、亏损合同、重组义务、承诺、环境污染整治等。

或有事项是因过去的交易或者事项形成的，结果具有不确定性，结果须由未来事项决定。

（二）或有负债和或有资产

或有负债，是指过去的交易或事项形成的潜在义务，其存在须通过未来不确定事项的发生或不发生予以证实；或过去的交易或事项形成的现时义务，履行该义务不是很可能导致经济利益流出企业或该义务的金额不能可靠计量。

或有负债涉及两类义务：一类是潜在义务；另一类是现时义务。其中，潜在义务是指结果取决于不确定未来事项的可能义务。也就是说，潜在义务最终是否转变为现时义务，由某些未来不确定事项的发生或不发生才能决定。

现时义务是指企业在现行条件下已承担的义务，该现时义务的履行不是很可能导致经济利益流出企业，或者该现时义务的金额不能可靠地计量。例如，甲公司涉及一桩诉讼案，根据以往的审判案例推断，甲公司很可能要败诉。但法院尚未判决，甲公司无法根据经验判断未来将要承担多少赔偿金额，因此该现时义务的金额不能可靠地计量，该诉讼案件即形成一项甲公司的或有负债。

履行或有事项相关义务导致经济利益流出的可能性，通常按照一定的概率区间加以判断。一般情况下，发生的概率分为以下几个层次：基本确定、很可能、可能、极小可能。其中，"基本确定"是指，发生的可能性大于95%但小于100%；"很可能"是指，发生的可能性大于50%但小于或等于95%；"可能"是指，发生的可能性大于5%但小于或等于50%；"极小可能"是指，发生的可能性大于0但小于或等于5%。

或有资产，是指过去的交易或者事项形成的潜在资产，其存在须通过未来不确定事项的发生或不发生予以证实。或有资产作为一种潜在资产，其结果具有较大的不确定性，只有随着经济情况的变化，通过某些未来不确定事项的发生或不发生才能证实其是否会形成企业真正的资产。

或有负债和或有资产不符合负债或资产的定义和确认条件，企业不应当确认或有负债和或有资产，而应当进行相应的披露。但是，影响或有负债和或有资产的多种因素处于不断变化之中，企业应当持续地对这些因素予以关注。随着时间推移和事态的进展，或有负债对应的潜在义务可能转化为现时义务，原本不是很可能导致经济利益流出的现时义务也可能被证实将很可能导致企业流出经济利益，并且现时义务的金额也能够可靠计量。这时或有负债就转化为企业的负债，应当予以确认。

或有资产也是一样，其对应的潜在资产最终是否能够流入企业会逐渐变得明确，如果某一时点企业基本确定能够收到这项潜在资产并且其金额能够可靠计量，则应当将其确认为企业的资产。

 二、或有事项的确认和计量

（一）或有事项的确认

或有事项形成的或有资产只有在企业基本确定能够收到的情况下，才转变为真正的资产，从而予以确认。与或有事项有关的义务应当在同时符合以下三个条件时确认为负债，作为预计负债进行确认和计量：①该义务是企业承担的现时义务；②履行该义务很可能导致经济利益流出企业；③该义务的金额能够可靠地计量。

该义务是企业承担的现时义务，即与或有事项相关的义务是在企业当前条件下已承担的义务，企业没有其他现实的选择，只能履行该现时义务。通常情况下，过去的交易或事项是否导致现时义务是比较明确的，但也存在极少情况，如法律诉讼，特定事项是否已发生或这些事项是否已产生了一项现时义务可能难以确定，企业应当考虑包括资产负债表日后所有可获得的证据、专家意见等，以此确定资产负债表日是否存在现时义务。如果据此判断，资产负债表日很可能存在现时义务，且符合预计负债确认条件的，应当确认一项负债；如果资产负债表日现时义务很可能不存在的，企业应披露一项或有负债，除非含有经济利益的资源流出企业的可能性极小。这里所指的义务包括法定义务和推定义务。法定义务，是指因合同、法规或其他司法解释等产生的义务，通常是企业在经济管理和经济协调中，依照经济法律、法规的规定必须履行的责任。比如，企业与其他企业签订购货合同产生的义务就属于法定义务。推定义务，是指因企业的特定行为而产生的义务。企业的"特定行为"，泛指企业以往的习惯做法、已公开的承诺或已公开宣布的经营政策。并且，由于以往的习惯做法，或通过这些承诺或公开的声明，企业向外界表明了它将承担特定的责任，从而使受影响的各方形成了其将履行那些责任的合理预期。

（二）预计负债的计量

当与或有事项有关的义务符合确认为负债的条件时应当将其确认为预计负债，预计负债应当按照履行相关现时义务所需支出的最佳估计数进行初始计量。此外，企业清偿预计负债所需支出还可能从第三方或其他方获得补偿。因此，或有事项的计量主要涉及两个问题，一是最佳估计数的确定；二是预期可获得补偿的处理。

1. 最佳估计数的确定

预计负债应当按照履行相关现时义务所需支出的最佳估计数进行初始计量。最佳估计数的确定应当分别以两种情况处理：第一，所需支出存在一个连续范围（或区间），且该范围内各种结果发生的可能性相同，则最佳估计数应当按照该范围内的中间值，即上下限金额的平均数确定。第二，所需支出不存在一个连续范围，或者虽然存在一个连续范围，但该范围内各种结果发生的可能性不相同，那么，如果或有事项涉及单个项目，最佳估计数按照最可能发生金额确定；如果或有事项涉及多个项目，最佳估计数按照各种可能结果及相关概率计算确定。"涉及单个项目"指或有事项涉及的项目只有一个，如一项未决诉讼、一项未决仲裁或一项债务担保等。"涉及多个项目"指或有事项涉及的项目不止一个，如产品质量保证。在产品质量保证中，提出产品保修要求的可能有许多客户，相应地，企业对这些客户负有保修义务。

2. 预期可获得补偿的处理

如果企业清偿因或有事项而确认的负债所需支出全部或部分预期由第三方或其他方补偿，则此补偿金额只有在基本确定能收到时，才能作为资产单独确认，确认的补偿金额不能超过所确认负债的账面价值。预期可能获得补偿的情况通常有：发生交通事故等情况时，企业通常可从保险公司获得合理的赔偿；在某些索赔诉讼中，企业可对索赔人或第三方另行提出赔偿要求；在债务担保业务中，企业在履行担保义务的同时，通常可向被担保企业提出追偿要求。

3. 预计负债的计量需要考虑的其他因素

企业在确定最佳估计数时，应当综合考虑与或有事项有关的风险、不确定性、货币时间价值和未来事项等因素。

风险是对交易或事项结果的变化可能性的一种描述。企业在不确定的情况下进行判断需要谨慎，使得收益或资产不会被高估，费用或负债不会被低估。企业应当充分考虑与或有事项有关的风险和不确定性，既不能忽略风险和不确定性对或有事项计量的影响，也需要避免对风险和不确定性进行重复调整，从而在低估和高估预计负债金额之间寻找平衡点。

预计负债的金额通常应当等于未来应支付的金额。但是，因货币时间价值的影响，资产负债表日后不久发生的现金流出，要比一段时间之后发生的同样金额的现金流出负有更大的义务。因此，如果预计负债的确认时点距离实际清偿有较长的时间跨度，货币时间价值的影响重大，那么在确定预计负债的确认金额时，应考虑采用现值计量，即通过对相关未来现金流出进行折现后确定最佳估计数。将未来现金流出折算为现值时，需要注意以下三点：用来计算现值的折现率，应当是反映货币时间价值的当前市场估计和相关负债特有风险的税前利率；风险和不确定性既可以在计量未来现金流出时作为调整因素，也可以在确定折现率时予以考虑，但不能重复反映；随着时间的推移，即使在未来现金流出和折现率均不改变的情况下，预计负债的现值将逐渐增长。企业应当在资产负债表日，对预计负债的现值进行重新计量。

企业应当考虑可能影响履行现时义务所需金额的相关未来事项。也就是说，对于这些未来事项，如果有足够的客观证据表明它们即将发生，如未来技术进步、相关法规出台等，则应当在预计负债计量中考虑相关未来事项的影响，但不应考虑预期处置相关资产形成的利得。预期的未来事项可能对预计负债的计量较为重要。例如，某核电企业预计，在生产结束时清理核废料的费用将因未来技术的变化而显著降低。那么，该企业因此确认的预计负债金额应当反映有关专家对技术发展以及清理费用减少作出的合理预测。但是，这种预计需要取得相当客观的证据予以支持。

企业应当在资产负债表日对预计负债的账面价值进行复核。有确凿证据表明该账面价值不能真实反映当前最佳估计数的，应当按照当前最佳估计数对该账面价值进行调整。

三、或有事项会计的具体应用

（一）未决诉讼或未决仲裁

诉讼，是指当事人不能通过协商解决争议，因而在人民法院起诉、应诉，请求人民法院通过审判程序解决纠纷的活动。诉讼尚未裁决之前，对于被告来说，可能形成一项或有负债或者预计负债；对于原告来说，则可能形成一项或有资产。

仲裁，是指经济法的各方当事人依照事先约定或事后达成的书面仲裁协议，共同选定仲裁机构并由其对争议依法作出具有约束力裁决的一种活动。作为当事人一方，仲裁的结果在仲裁决定公布以前是不确定的，会构成一项潜在义务或现时义务，或者潜在资产。

应当注意的是，对于未决诉讼，企业当期实际发生的诉讼损失金额与已计提的相关预计负债之间的差额，应分别情况处理：

第一，企业在前期资产负债表日，依据当时实际情况和所掌握的证据合理预计了预计负债，应当将当期实际发生的诉讼损失金额与已计提的相关预计负债之间的差额，直接计入或冲减当期营业外支出。

第二，企业在前期资产负债表日，依据当时实际情况和所掌握的证据，原本应当能够合理估计诉讼损失，但企业所作的估计却与当时的事实严重不符（如未合理预计损失或不恰当地多计或少计损失），应当按照重大会计差错更正的方法进行处理。

第三，企业在前期资产负债表日，依据当时实际情况和所掌握的证据，确实无法合理预计诉讼损失，因而未确认预计负债，则在该项损失实际发生的当期，直接计入当期营业外支出。

第四，资产负债表日后至财务报告批准报出日之间发生的需要调整或说明的未决诉讼，按照资产负债表日后事项的有关规定进行会计处理。

（二）债务担保

债务担保在企业中是较为普遍的现象。作为提供担保的一方，在被担保方无法履行合同的情况下，常常承担连带责任。从保护投资者、债权人的利益出发，客观、充分地反映企业因担保义务而承担的潜在风险是十分必要的。

（三）产品质量保证

产品质量保证，通常指销售商或制造商在销售产品或提供劳务后，对客户提供服务的一种承诺。在约定期内（或终身保修），若产品或劳务在正常使用过程中出现质量或与之相关的其他属于正常范围的问题，企业负有更换产品、免费或只收成本价进行修理等责任。为此，企业应当在符合确认条件的情况下，于销售成立时确认预计负债。

在对产品质量保证确认预计负债时，需要注意的是：

第一，如果发现产品质量保证费用的实际发生额与预计数相差较大，应及时对预计比例进行调整；

第二，如果企业针对特定批次产品确认预计负债，则在保修期结束时，应将"预计负债——产品质量保证"余额冲销，不留余额；

第三，已对其确认预计负债的产品，如企业不再生产了，那么应在相应的产品质量保证期满后，将"预计负债——产品质量保证"余额冲销，不留余额。

（四）亏损合同

待执行合同变为亏损合同，同时该亏损合同产生的义务满足预计负债的确认条件的，应当确认为预计负债。

待执行合同，是指合同各方未履行任何合同义务，或部分履行了同等义务的合同。企业与其他企业签订的商品销售合同、劳务提供合同、租赁合同等，均属于待执行合同，待执行合同不属于或有事项。但是，待执行合同变为亏损合同的，应当作为或有事项。

亏损合同，是指履行合同义务不可避免发生的成本超过预期经济利益的合同。预计负债的计量应当反映退出该合同的最低净成本，即履行该合同的成本与未能履行该合同而发生的补偿或处罚两者之中的较低者。企业与其他单位签订的商品销售合同、劳务合同、租赁合同等，均可能变为亏损合同。

企业对亏损合同进行会计处理，需要遵循以下两点原则：

首先，如果与亏损合同相关的义务不需支付任何补偿即可撤销，企业通常就不存在现时义务，不应确认预计负债；如果与亏损合同相关的义务不可撤销，企业就存在了现时义务，同时满足该义务很可能导致经济利益流出企业且金额能够可靠地计量的，应当确认预计负债。

其次，待执行合同变为亏损合同时，合同存在标的资产的，应当对标的资产进行减值测试并按规定确认减值损失，在这种情况下，企业通常不需确认预计负债，如果预计亏损超过该减值损失，应将超过部分确认为预计负债；合同不存在标的资产的，亏损合同相关义务满足预计负债确认条件时，应当确认预计负债。

（五）重组义务

重组是指企业制定和控制的，将显著改变企业组织形式、经营范围或经营方式的计划实施行为。属于重组的事项主要包括：出售或终止企业的部分业务；对企业的组织结构进行较大调整；关闭企业的部分营业场所，或将营业活动由一个国家或地区迁移到其他国家或地区。

企业应当将重组与企业合并、债务重组区别开。因为重组通常是企业内部资源的调整和组合，谋求现有资产效能的最大化；企业合并是在不同企业之间的资本重组和规模扩张；而债务重组是债权人对债务人作出让步，债务人减轻债务负担，债权人尽可能减少损失。

企业因重组而承担了重组义务，并且同时满足预计负债的三项确认条件时，才能确认预计负债。

首先，同时存在下列情况的，表明企业承担了重组义务：①有详细、正式的重组计划，包括重组涉及的业务、主要地点、需要补偿的职工人数、预计重组支出、计划实施时间等；②该重组计划已对外公告。

其次，需要判断重组义务是否同时满足预计负债的三个确认条件，即判断其承担的重组义务是否是现时义务、履行重组义务是否很可能导致经济利益流出企业、重组义务的金额是否能够可靠计量。只有同时满足这三个确认条件，才能将重组义务确认为预计负债。

企业应当按照与重组有关的直接支出确定预计负债金额，计入当期损益。其中，直接支出是企业重组必须承担的直接支出，不包括留用职工岗前培训、市场推广、新系统和营销网络投入等支出。

由于企业在计量预计负债时不应当考虑预期处置相关资产的利得或损失，在计量与重组义务相关的预计负债时，也不考虑处置相关资产（厂房、店面，有时是一个事业部整体）可能形成的利得或损失，即使资产的出售构成重组的一部分也是如此，这些利得或损失应当单独确认。

【案例 7-4】　　　　　　　　　中兴通讯（000063）或有事项

公司简介：中兴通讯是全球领先的综合性通信制造业上市公司，是近年全球增长最快的通信解决方案提供商。公司凭借在无线产品（CDMA、GSM、3G、WiMAX 等）、网络产品（xDSL、NGN、光通信等）、手机终端（CDMA、GSM、小灵通、3G 等）和数据产品（路由器、以太网交换机等）四大产品领域的卓越实力，现已成为中国电信市场最主要的设备提供商之一，并为 100 多个国家的 500 多家运营商，及全球近 3 亿人口提供优质的、高性价比的产品与服务。公司承担了近 20 项国家"863"重大课题，是通信设备领域承担国家 863 课题最多的企业之一，并在美国、印度、瑞典及国内设立了 15 个研究中心。中兴通讯已相继与和记电讯、法国电信、英国电信、沃达丰、西班牙电信、加拿大 Telus 等全球顶级运营商及跨国运营商建立了长期合作关系，并持续突破发达国家的高端市场。

（以下材料节选自中兴通讯 2016 年年报，中兴通讯附注中共有 11 项或有事项，限于篇幅这里只节选公司部分或有事项。）

……

美国 Universal Telephone Exchange, Inc.（以下简称"UTE"）在美国得克萨斯州达拉斯地方法院向本公司及本公司全资子公司 ZTE USA, Inc.（以下简称"美国中兴"）提起违约及侵权诉讼，指称本公司及美国中兴违反 UTE 与美国中兴签订的保密协议，据此 UTE 寻求 2 000 万美元的实际损害赔偿；UTE 同时指控，由于本公司及美国中兴的不适当行为，造成 UTE 丧失了本应获得的某电信项目合同，据此 UTE 请求 1 000 万美元的实际损害赔偿与 2 000 万美元的惩罚性损害赔偿。在收到法院传票后，本公司已聘请代理律师积极应诉。

2012 年 2 月 23 日，本公司及美国中兴以保密协议存在仲裁条款为由向法院申请驳回 UTE 的起诉。2012 年 3 月 1 日，UTE 代理律师同意本公司关于本案件适用仲裁条款的申请，并与本公司签订协议书后将该协议书提交法院。2012 年 5 月 1 日，UTE 就本案件向美国仲裁委员会提起仲裁，请求本公司进行赔偿。后续 UTE 提高了赔偿请求金额。2014 年 9 月 19 日，仲裁庭正式关闭本案件庭审。2017 年 2 月 17 日，仲裁庭作出终局裁决，裁定驳回 UTE 的全部赔偿请求。2017 年 2 月 21 日，本公司向得克萨斯州达拉斯地方法院提交仲裁裁决确认动议，法院尚未作出裁定。

根据本公司聘请的律师出具的法律意见书和本案件的进展情况，本公司目前尚未能对诉讼的结果做出可靠的估计。

4. 2011 年 7 月 26 日，InterDigital Communications, LLC、InterDigital Technology Corporation 及 IPR Licensing, Inc（上述三家公司均为 InterDigital, Inc. 的全资子公司）在美国国际贸易委员会（ITC）和 Delaware 联邦地区法院起诉本公司及本公司全资子公司美国中兴侵犯其 3G 专利，同案被告还包括行业内其他公司。该三家公司在 ITC 案件中针对本公司部分终端产品要求颁发永久排除令和禁止令；另在地区法院的案件中，除请求颁发禁令外，还要求被告赔偿损失和支付律师费用，但没有提出明确的赔偿金额，地区法院的诉讼程序已暂停。2013 年 6 月 28 日，ITC 就该案件发布初裁结果，裁定其中一项涉案专利无效及本公司及美国中兴未侵犯其余涉案专利，未违反 337 条款（337 条款通常指调查进口产品或进口后在美国销售产品中的不公平行为及不公平措施）。2013 年 12 月 19 日，ITC 就该案件发布终裁结果，裁定本公司及美国中兴未违反 337 条款。该三家公司就该终裁结果上诉至美国联邦巡回上诉法院，2015 年 2 月 18 日，美国联邦巡回上诉法院判决维持 ITC 的终裁结果。

2013 年 1 月 2 日，上述三家公司及 InterDigital Holdings, Inc.（该公司亦为 InterDigital, Inc. 的全资子公司）在美国国际贸易委员会（ITC）和 Delaware 联邦地区法院起诉本公司及美国中兴侵犯其 3G 及 4G 专利，同案被告还包括行业内其他公司。该四家公司在 ITC 案件中针对本公司部分终端产品要求颁发永久排除令和禁止令；另在地区法院的案件中，除请求颁发禁令外，还要求被告赔偿损失和支付律师费用，但没有提出明确的赔偿金额。2014 年 6 月 13 日，ITC 就该案件发布初裁结果，裁定本公司及美国中兴未侵犯涉案专利，未违反 337 条款。2014 年 8 月 15 日，ITC 就该案件发布终裁结果，裁定本公司及美国中兴未侵犯涉案专利，未违反 337 条款。上述三家公司及 InterDigital Holdings, Inc. 就该终裁结果上诉至美国联邦巡回上诉法院，2015 年 6 月上述三家公司及 InterDigital Holdings, Inc. 撤回上诉。2014 年 10 月 28 日，Delaware 联邦地区法院发布判决，判决本公司及美国中兴侵犯涉案四件专利中的三件专利；2015 年 4 月 22 日，Delaware 联邦地区法院针对另外一件涉案专利发布判决，判决本公司及美国中兴未侵犯该件专利。本公司及美国中兴已聘请外部律师进行积极抗辩，并将根据上述 Delaware 联邦地区法院判决侵权的三件涉案专利的判决结果进行上诉。

根据本公司聘请的律师出具的法律意见书和本案件的进展情况，本公司目前尚未能对诉讼的结果做出可靠的估计。

……

6. 2012 年 5 月，美国 Flashpoint Technology, Inc. 在美国国际贸易委员会（ITC）和 Delaware 联邦地区法院起诉本公司及美国中兴侵犯其图像处理相关技术专利，同案被告还包括行业内其他公司。该公司在 ITC 案件中针对本公司及美国中兴被控侵权产品要求颁发有限排除令和禁止令；另在 Delaware 联邦地区法院的诉讼中，除请求颁发禁令外，还要求本公司及美国中兴赔偿损失和支付律师费用，但没有提出明确的赔偿金额，Del-

aware 联邦地区法院的诉讼程序已暂停。2013 年 10 月 1 日，ITC 就该案件发布初裁结果，裁定本公司及美国中兴未侵犯涉案专利，未违反 337 条款。2014 年 3 月 14 日，ITC 就该案件发布终裁结果，裁定本公司及美国中兴未侵犯涉案专利，未违反 337 条款。

根据本公司聘请的律师出具的法律意见书和本案件的进展情况，本公司目前尚未能对诉讼的结果做出可靠的估计。

7. 2012 年 7 月，美国 Technology Properties Limited LLC 在美国国际贸易委员会（ITC）和加利佛尼亚联邦地区法院起诉本公司及美国中兴侵犯其芯片专利，同案被告还包括行业内其他公司。该公司在 ITC 案件中针对本公司及美国中兴被控侵权产品要求颁发永久排除令和禁止令；另在加利佛尼亚联邦地区法院的诉讼中，要求本公司及美国中兴赔偿损失和支付律师费用，但没有提出明确的赔偿金额，加利佛尼亚联邦地区法院的诉讼程序已暂停。2013 年 9 月 6 日，ITC 就该案件发布初裁结果，裁定本公司及美国中兴未侵犯涉案专利，未违反 337 条款。2014 年 2 月 19 日，ITC 就该案件发布终裁结果，裁定本公司及美国中兴未侵犯涉案专利，未违反 337 条款。2014 年 8 月，加利佛尼亚联邦地区法院重启该案件的诉讼程序。2015 年 11 月，加利佛尼亚联邦地区法院裁定本公司及美国中兴未侵犯涉诉专利。该公司就加利佛尼亚联邦地区法院裁定上诉至美国联邦巡回上诉法院，美国联邦巡回上诉法院尚未做出裁定。

根据本公司聘请的律师出具的法律意见书和本案件的进展情况，本公司目前尚未能对诉讼的结果做出可靠的估计。

……

9. 本公司已就美国商务部工业与安全局（以下简称"BIS"）、美国司法部（以下简称"DOJ"）及美国财政部海外资产管理办公室（以下简称"OFAC"）对本公司遵循美国出口管制条例及美国制裁法律情况的调查达成协议（以下合称"该等协议"）。鉴于本公司违反了美国出口管制法律，并在调查过程中因提供信息及其他行为违反了相关美国法律法规，本公司已同意认罪并支付合计 892 360 064 美元（折合人民币 6 182 452 千元）罚款，并已在本报告期计入营业外支出，详情参见附注五、49。此外，BIS 还对本公司处以暂缓执行的 3 亿美元罚款，在本公司于七年暂缓期内履行与 BIS 达成的协议要求的事项后将被豁免支付。本公司与 OFAC 达成的协议签署即生效，本公司与 DOJ 达成的协议在获得得克萨斯州北区美国地方法院（以下简称"法院"）的批准后生效，法院批准本公司与 DOJ 达成的协议是 BIS 发布和解令的先决条件。同时，在本公司与 DOJ 达成的协议获得法院批准、本公司认罪及 BIS 助理部长签发和解令后，BIS 会建议将本公司从实体名单移除。

该等协议还包括以下主要事项：

（1）本公司与 DOJ 达成的协议设置三年观察期，在观察期内，美国政府批准任命的独立合规监督员将监督本公司遵循美国出口管制法律及履行协议义务的情况，并出具年度报告。在上述观察期届满之后三年，根据本公司与 BIS 达成的协议，本公司将聘请独立合规审计员对本公司遵循美国出口管制法律及履行协议义务的情况出具年度审计报告。

（2）根据本公司与 BIS 达成的协议，BIS 将做出为期七年的拒绝令，包括限制及禁止本公司申请、使用任何许可证，或购买、出售美国出口的受美国出口管制条例约束的任何物品等事项，但在本公司遵循协议要求事项的前提下，上述拒绝令将被暂缓执行，并在七年暂缓期届满后予以解除。

（3）本公司将为管理层及雇员、子公司及本公司所有及控制的其他实体的管理层及雇员提供广泛的出口管制培训。

为全面执行该等协议，本公司将持续对组织架构、业务流程及内部控制做出检视，通过成立合规管理委员会、建立独立合规管理部门及任命首席出口管制合规官、采用新的自动化工具和流程、编制和执行出口管制合规手册、持续对公司员工进行出口管制培训等措施确保本公司遵守美国出口管制法律及履行该等协议义务。

基于公司上述的政策和措施，公司认为违反该等协议、BIS 对本公司暂缓执行的 3 亿美元罚款不会被豁免支付的可能性很小。

表 7-10、图 7-3 列示了中兴通讯的加权净资产收益率表格与折线图。从图可知，中兴通讯由于或有事项等方面的原因，净资产收益率多年来起伏较大。图 7-4 列示了中兴通讯近年来的月 K 线图，从图中可以看出，公司股价一直低位盘整运行，2019 年在了结了部分或有事项后，由于是 5G 设备主要提供商，股价出现明显上扬。

表 7-10   中兴通讯 2006～2019 年中报净资产收益率（加权）

年度	2006	2007	2008	2009	2010	2011	2012
ROE（加权）	7.76	10.94	12.36	15.83	15.32	8.74	-12.43
年度	2013	2014	2015	2016	2017	2018	2019 中
ROE（加权）	6.17	11.1	12.28	-8.4	15.74	-26.1	6.2

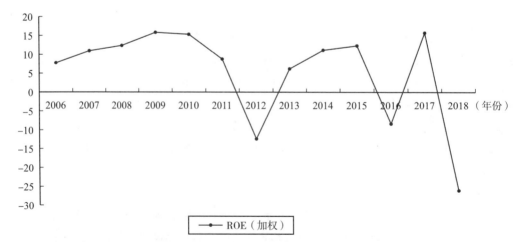

图 7-3   中兴通讯加权净资产收益率（ROE）

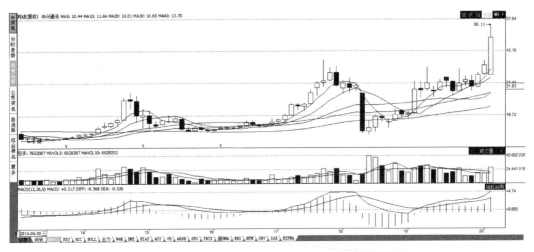

图 7 - 4　中兴通讯月 K 线（截至 2020 年 2 月 28 日）

资料来源：中兴通讯：《2018 年度报告》，巨潮资讯网，2019 年 4 月 10 日，http：//www. cninfo. com. cn/new/fulltextSearch？notautosubmit = &keyWord = % E4% B8% AD% E5% 85% B4% E9% 80% 9A% E8% AE% AF% E5% B9% B4% E5% BA% A6% E6% 8A% A5% E5% 91% 8A。

第六节　会计政策、会计估计变更和会计差错更正

一、会计政策及其变更

（一）会计政策概述

会计政策，是指企业在会计确认、计量和报告中所采用的原则、基础和会计处理方法。其中，原则，是指按照企业会计准则规定的、适合于企业会计核算所采用的具体会计原则；基础，是指为了将会计原则应用于交易或者事项而采用的基础，主要是计量基础（即计量属性），包括历史成本、重置成本、可变现净值、现值和公允价值等；会计处理方法，是指企业在会计核算中按照法律、行政法规或者国家统一的会计制度等规定采用或者选择的、适合于本企业的具体会计处理方法。

会计政策的特点有三：第一，会计政策的选择性。会计政策是在允许的会计原则、计量基础和会计处理方法中作出指定或具体选择。由于企业经济业务的复杂性和多样化，某些经济业务在符合会计原则和计量基础的要求下，可以有多种会计处理方法，即存在不止一种可供选择的会计政策。第二，会计政策的强制性。在我国，会计准则和会

计制度属于行政法规，会计政策所包括的具体会计原则、计量基础和具体会计处理方法由会计准则或会计制度规定，具有一定的强制性。企业必须在法规所允许的范围内选择适合本企业实际情况的会计政策。第三，会计政策的层次性。会计政策包括会计原则、计量基础和会计处理方法三个层次。会计原则、计量基础和会计处理方法三者之间是一个具有逻辑性的、密不可分的整体，通过这个整体，会计政策才能得以应用和落实。

企业应当披露重要的会计政策，不具有重要性的会计政策可以不予披露。判断会计政策是否重要，应当考虑与会计政策相关项目的性质和金额。企业应当披露的重要会计政策包括：

①发出存货成本的计量，是指企业确定发出存货成本所采用的会计处理。例如，企业发出存货成本的计量是采用先进先出法，还是采用其他计量方法。

②长期股权投资的后续计量，是指企业取得长期股权投资后的会计处理。例如，企业对被投资单位的长期股权投资是采用成本法，还是采用权益法核算。

③投资性房地产的后续计量，是指企业在资产负债表日对投资性房地产进行后续计量所采用的会计处理。例如，企业对投资性房地产的后续计量是采用成本模式，还是公允价值模式。

④固定资产的初始计量，是指对取得的固定资产初始成本的计量。例如，企业取得的固定资产初始成本是以购买价款，还是以购买价款的现值为基础进行计量。

⑤生物资产的初始计量，是指对取得的生物资产初始成本的计量。例如，企业为取得生物资产而产生的借款费用，应当予以资本化，还是计入当期损益。

⑥无形资产的确认，是指对无形项目的支出是否确认为无形资产。例如，企业内部研究开发项目开发阶段的支出是确认为无形资产，还是在发生时计入当期损益。

⑦非货币性资产交换的计量，是指非货币性资产交换事项中对换入资产成本的计量。例如，非货币性资产交换是以换出资产的公允价值作为确定换入资产成本的基础，还是以换出资产的账面价值作为确定换入资产成本的基础。

⑧收入的确认，是指收入确认所采用的会计原则。例如，企业确认收入时要同时满足已将商品所有权上的主要风险和报酬转移给购货方、收入的金额能够可靠地计量、相关经济利益很可能流入企业等条件。

⑨合同收入与费用的确认，是指确认建造合同的收入和费用所采用的会计处理方法。例如，企业确认建造合同的合同收入和合同费用采用完工百分比法。

⑩借款费用的处理，是指借款费用的会计处理方法，即是采用资本化，还是采用费用化。

⑪合并政策，是指编制合并财务报表所采纳的原则。例如，母公司与子公司的会计年度不一致的处理原则；合并范围的确定原则等。

⑫其他重要会计政策。

（二）会计政策变更

会计政策变更，是指企业对相同的交易或者事项由原来采用的会计政策改用另一会计政策的行为。为保证会计信息的可比性使财务报表使用者在比较企业一个以上期间的财务报表时，能够正确判断企业的财务状况、经营成果和现金流量的趋势，一般情况下，企业采用的会计政策，在每一会计期间和前后各期应当保持一致，不得随意变更。否则势必削弱会计信息的可比性。

但是，在下述两种情形下，企业可以变更会计政策：第一，法律、行政法规或者国家统一的会计制度等要求变更。第二，会计政策变更能够提供更可靠、更相关的会计信息。

对会计政策变更的认定，直接影响会计处理方法的选择。因此，在会计实务中，企业应当正确认定属于会计政策变更的情形。下列两种情况不属于会计政策变更：第一，本期发生的交易或者事项与以前相比具有本质差别而采用新的会计政策。第二，对初次发生的或不重要的交易或者事项采用新的会计政策。对初次发生的某类交易或事项采用适当的会计政策，并未改变原有的会计政策。对不重要的交易或事项采用新的会计政策，不按会计政策变更作出会计处理，并不影响会计信息的可比性，所以也不作为会计政策变更。

（三）会计政策变更的会计处理

发生会计政策变更时，有两种会计处理方法，即追溯调整法和未来适用法，两种方法适用于不同情形。

1. 追溯调整法

追溯调整法，是指对某项交易或事项变更会计政策，视同该项交易或事项初次发生时即采用变更后的会计政策，并以此对财务报表相关项目进行调整的方法。采用追溯调整法时，对于比较财务报表期间的会计政策变更，应调整各期间净损益各项目和财务报表其他相关项目，视同该政策在比较财务报表期间一直采用。对于比较财务报表可比期间以前的会计政策变更的累积影响数，应调整比较财务报表最早期间的期初留存收益，财务报表其他相关项目的数字也应一并调整。

追溯调整法通常由以下步骤构成：第一步，计算会计政策变更的累积影响数；第二步，编制相关项目的调整分录；第三步，调整列报前期最早期初财务报表相关项目及其金额；第四步，附注说明。

其中，会计政策变更累积影响数，是指按照变更后的会计政策对以前各期追溯计算的列报前期最早期初留存收益应有金额与现有金额之间的差额。根据上述定义的表述，会计政策变更的累积影响数可以分解为以下两个金额之间的差额：①在变更会计政策当期，按变更后的会计政策对以前各期追溯计算，所得到列报前期最早期初留存收益金额；②在变更会计政策当期，列报前期最早期初留存收益金额。上述留存收益金额，包括盈余公积和未分配利润等项目，不考虑由于损益的变化而应当补分的利润或股利。例如，由于会计政策变化，增加了以前期间可供分配的利润，该企业通常按净利润的20%分派股利。但在计算调整会计政策变更当期期初的留存收益时，不应当考虑由于以前期间净利润的变化而需要分派的股利。

在财务报表只提供列报项目上一个可比会计期间比较数据的情况下，上述第②项，在变更会计政策当期，列报前期最早期初留存收益金额，即为上期资产负债表所反映的期初留存收益，可以从上年资产负债表项目中获得；需要计算确定的是第①项，即按变更后的会计政策对以前各期追溯计算，所得到的上期期初留存收益金额。

累积影响数通常可以通过以下各步计算获得：第一步，根据新会计政策重新计算受影响的前期交易或事项；第二步，计算两种会计政策下的差异；第三步，计算差异的所得税影响金额；第四步，确定前期中的每一期的税后差异；第五步，计算会计政策变更的累积影响数。

需要注意的是，对以前年度损益进行追溯调整或追溯重述的，应当重新计算各列报期间的每股收益。

2. 未来适用法

未来适用法，是指将变更后的会计政策应用于变更日及以后发生的交易或者事项，或者在会计估计变更当期和未来期间确认会计估计变更影响数的方法。

在未来适用法下，不需要计算会计政策变更产生的累积影响数，也无须重编以前年度的财务报表。企业会计账簿记录及财务报表上反映的金额，变更之日仍保留原有的金额，不因会计政策变更而改变以前年度的既定结果，并在现有金额的基础上再按新的会计政策进行核算。

3. 会计政策变更的会计处理方法的选择

对于会计政策变更，企业应当根据具体情况，分别采用不同的会计处理方法：

第一，法律、行政法规或者国家统一的会计制度等要求变更的情况下，企业应当分别以下情况进行处理：①国家发布相关的会计处理办法，则按照国家发布的相关会计处理规定进行处理；②国家没有发布相关的会计处理办法，则采用追溯调整法进行会计处理。

第二，会计政策变更能够提供更可靠、更相关的会计信息的情况下，企业应当采用追溯调整法进行会计处理，将会计政策变更累积影响数调整列报前期最早期初留存收益，其他相关项目的期初余额和列报前期披露的其他比较数据也应当一并调整。

第三，确定会计政策变更对列报前期影响数不切实可行的，应当从可追溯调整的最早期间期初开始应用变更后的会计政策；在当期期初确定会计政策变更对以前各期累积影响数不切实可行的，应当采用未来适用法处理。

其中，不切实可行，是指企业在采取所有合理的方法后，仍然不能获得采用某项规定所必需的相关信息，而导致无法采用该项规定，则该项规定在此时是不切实可行的。

对于以下特定前期，对某项会计政策变更应用追溯调整法或进行追溯重述以更正一项前期差错是不切实可行的：①应用追溯调整法或追溯重述法的累积影响数不能确定；②应用追溯调整法或追溯重述法要求对管理层在该期当时的意图做出假定；③应用追溯调整法或追溯重述法要求对有关金额进行重大估计，并且不可能将提供有关交易发生时存在状况的证据（例如，有关金额确认、计量或披露日期存在事实的证据，以及在受变更影响的当期和未来期间确认会计估计变更的影响的证据）和该期间财务报表批准报出时能够取得的信息这两类信息与其他信息客观地加以区分。

在某些情况下，调整一个或者多个前期比较信息以获得与当期会计信息的可比性是不切实可行的。例如，企业因账簿、凭证超过法定保存期限而销毁，或因不可抗力而毁坏、遗失，如火灾、水灾等，或因人为因素，如盗窃、故意毁坏等，可能使当期期初确定会计政策变更对以前各期累积影响数无法计算，即不切实可行，此时，会计政策变更应当采用未来适用法进行处理。

对根据某项交易或者事项确认、披露的财务报表项目应用会计政策时常常需要进行估计。本质上，估计是主观行为，而且可能在资产负债表日后才做出。当追溯调整会计政策变更或者追溯重述前期差错更正时，要做出切实可行的估计更加困难，因为有关交易或者事项已经发生较长一段时间，要获得做出切实可行的估计所需要的相关信息往往比较困难。

当在前期采用一项新会计政策或者更正前期金额时，不论是对管理层在某个前期的意图作出假定，还是估计在前期确认、计量或者披露的金额，都不应当使用"后见之明"。例如，按照《企业会计准则第22号——金融工具确认和计量》的规定，企业对原先划归为债权投资的金融资产计量的前期差错，即便管理层随后决定不将这些投资持有至到期，也不能改变它们在前期的计量基础，即该项金融资产应当仍然按照债权投资进行计量。

（四）会计政策变更的披露

企业应当在附注中披露与会计政策变更有关的下列信息：

①会计政策变更的性质、内容和原因。包括：对会计政策变更的简要阐述、变更的日期、变更前采用的会计政策和变更后所采用的新会计政策及会计政策变更的原因。

②当期和各个列报前期财务报表中受影响的项目名称和调整金额。包括：采用追溯调整法时，计算出的会计政策变更的累积影响数；当期和各个列报前期财务报表中需要调整的净损益及其影响金额以及其他需要调整的项目名称和调整金额。

③无法进行追溯调整的，说明该事实和原因以及开始应用变更后的会计政策的时点、具体应用情况。包括：无法进行追溯调整的事实；确定会计政策变更对列报前期影响数不切实可行的原因；在当期期初确定会计政策变更对以前各期累积影响数不切实可行的原因；开始应用新会计政策的时点和具体应用情况。

需要注意的是，在以后期间的财务报表中，不需要重复披露在以前期间的附注中已披露的会计政策变更的信息。

二、会计估计及其变更

(一) 会计估计概述

会计估计,是指企业对结果不确定的交易或者事项以最近可利用的信息为基础所作的判断。

会计估计具有如下特点:第一,会计估计的存在是由于经济活动中内在的不确定性因素的影响。在会计核算中,企业总是力求保持会计核算的准确性,但有些经济业务本身具有不确定性。例如,坏账、固定资产折旧年限与残值、无形资产摊销年限等,因而需要根据经验作出估计。可以说,在进行会计核算和相关信息披露的过程中,会计估计是不可避免的。第二,进行会计估计时,往往以最近可利用的信息或资料为基础。企业在进行会计估计时,通常应根据当时的情况和经验,以一定的信息或资料为基础进行。但是,随着时间的推移、环境的变化,进行会计估计的基础可能会发生变化。由于最新的信息是最接近目标的信息,以其为基础所作的估计最接近实际,所以进行会计估计时,应以最近可利用的信息或资料为基础。第三,进行会计估计并不会削弱会计确认和计量的可靠性。企业为了定期、及时地提供有用的会计信息,将延续不断的经营活动人为划分为一定的期间并在权责发生制的基础上对企业的财务状况和经营成果进行定期确认和计量。由于会计分期和货币计量的前提,在确认和计量过程中,不得不对许多尚在延续中、其结果尚未确定的交易或事项予以估计入账。

企业应当披露重要的会计估计,不具有重要性的会计估计可以不披露。判断会计估计是否重要,应当考虑与会计估计相关项目的性质和金额。企业应当披露的重要会计估计包括:①存货可变现净值的确定。②采用公允价值模式下的投资性房地产公允价值的确定。③固定资产的预计使用寿命与净残值;固定资产的折旧方法。④生物资产的预计使用寿命与净残值;各类生产性生物资产的折旧方法。⑤使用寿命有限的无形资产的预计使用寿命与净残值。⑥可收回金额按照资产组的公允价值减去处置费用后的净额确定的,确定公允价值减去处置费用后的净额的方法;可收回金额按照资产组的预计未来现金流量的现值确定的,预计未来现金流量的确定。⑦合同完工进度的确定。⑧权益工具公允价值的确定。⑨债务人债务重组中转让的非现金资产的公允价值、由债务转成的股份的公允价值和修改其他债务条件后债务的公允价值的确定。债权人债务重组中受让的非现金资产的公允价值、由债权转成的股份的公允价值和修改其他债务条件后债权的公允价值的确定。⑩预计负债初始计量的最佳估计数的确定。⑪金融资产公允价值的确定。⑫承租人对未确认融资费用的分摊;出租人对未实现融资收益的分配。⑬探明矿区权益、井及相关设施的折耗方法。与油气开采活动相关的辅助设备及设施的折旧方法。⑭非同一控制下企业合并成本的公允价值的确定。⑮其他重要会计估计。

（二）会计估计变更

会计估计变更，是指由于资产和负债的当前状况及预期经济利益和义务发生了变化，从而对资产或负债的账面价值或者资产的定期消耗金额进行调整。

由于企业经营活动中内在的不确定因素，许多财务报表项目不能准确地计量，只能加以估计，估计过程涉及以最近可以得到的信息为基础所作的判断。但是，估计毕竟是就现有资料对未来所作的判断，随着时间的推移，如果赖以进行估计的基础发生变化，或者由于取得了新的信息、积累了更多的经验或后来的发展可能不得不对估计进行修订，但会计估计变更的依据应当真实、可靠。会计估计变更的情形包括：第一，赖以进行估计的基础发生了变化。例如，企业的某项无形资产摊销年限原定为 10 年，以后发生的情况表明，该资产的受益年限已不足 10 年，相应调减摊销年限。第二，取得了新的信息、积累了更多的经验。例如，企业原根据当时能够得到的信息，对应收账款每年按其余额的 5% 计提坏账准备。现在掌握了新的信息，判定不能收回的应收账款比例已达 15%，企业改按 15% 的比例计提坏账准备。

会计估计变更，并不意味着以前期间会计估计是错误的，只是由于情况发生变化，或者掌握了新的信息，积累了更多的经验，使得变更会计估计能够更好地反映企业的财务状况和经营成果。如果以前期间的会计估计是错误的，则属于会计差错按会计差错更正的会计处理办法进行处理。

（三）会计估计变更的会计处理

企业对会计估计变更应当采用未来适用法处理。即在会计估计变更当期及以后期间采用新的会计估计不改变以前期间的会计估计，也不调整以前期间的报告结果。

第一，会计估计变更仅影响变更当期的，其影响数应当在变更当期予以确认。例如，企业原按应收账款余额的 5% 提取坏账准备，由于企业不能收回应收账款的比例已达 10% 则企业改按应收账款余额的 10% 提取坏账准备。这类会计估计的变更，只影响变更当期，因此，应于变更当期确认。

第二，既影响变更当期又影响未来期间的，其影响数应当在变更当期和未来期间予以确认。例如，企业的某项可计提折旧的固定资产，其有效使用年限或预计净残值的估计发生的变更，常常影响变更当期及资产以后使用年限内各个期间的折旧费用，这类会计估计的变更，应于变更当期及以后各期确认。

会计估计变更的影响数应计入变更当期与前期相同的项目中。为了保证不同期间的财务报表具有可比性，如果以前期间的会计估计变更的影响数计入企业日常经营活动损益，则以后期间也应计入日常经营活动损益；如果以前期间的会计估计变更的影响数计入特殊项目中，则以后期间也应计入特殊项目。

第三，企业应当正确划分会计政策变更和会计估计变更，并按不同的方法进行相关会计处理。企业通过判断会计政策变更和会计估计变更划分基础仍然难以对某项变更进行区分的，应当将其作为会计估计变更处理。

（四）会计估计变更的披露

企业应当在附注中披露与会计估计变更有关的下列信息：①会计估计变更的内容和原因。包括变更的内容、变更日期以及为什么要对会计估计进行变更。②会计估计变更对当期和未来期间的影响数。包括会计估计变更对当期和未来期间损益的影响金额以及对其他各项目的影响金额。③会计估计变更的影响数不能确定的，披露这一事实和原因。

 三、前期差错及其更正

（一）前期差错概述

前期差错，是指由于没有运用或错误运用下列两种信息，而对前期财务报表造成省略或错报：①编报前期财务报表时预期能够取得并加以考虑的可靠信息；②前期财务报告批准报出时能够取得的可靠信息。

前期差错通常包括计算错误、应用会计政策错误、疏忽或曲解事实以及舞弊产生的影响以及存货、固定资产盘盈等。

没有运用或错误运用上述两种信息而形成前期差错的情形主要有：①计算以及账户分类错误。②采用法律、行政法规或者国家统一的会计制度等不允许的会计政策。③对事实的疏忽或曲解以及舞弊。④在期末对应计项目与递延项目未予调整。⑤漏记已完成的交易。⑥提前确认尚未实现的收入或不确认已实现的收入。⑦资本性支出与收益性支出划分差错，等等。

需要注意的是，就会计估计的性质来说，它是个近似值，随着更多信息的获得，估计可能需要进行修正，但是会计估计变更不属于前期差错更正。

（二）前期差错更正的会计处理

如果财务报表项目的遗漏或错误表述可能影响财务报表使用者根据财务报表所作出的经济决策，则该项目的遗漏或错误是重要的。重要的前期差错，是指足以影响财务报表使用者对企业财务状况、经营成果和现金流量作出正确判断的前期差错。不重要的前期差错，是指不足以影响财务报表使用者对企业财务状况、经营成果和现金流量作出正确判断的会计差错。

前期差错的重要性取决于在相关环境下对遗漏或错误表述的规模和性质的判断。前期差错所影响的财务报表项目的金额或性质，是判断该前期差错是否具有重要性的决定性因素。一般来说，前期差错所影响的财务报表项目的金额越大、性质越严重，其重要性水平越高。

企业应当采用追溯重述法更正重要的前期差错，但确定前期差错累积影响数不切实可行的除外。追溯重述法，是指在发现前期差错时，视同该项前期差错从未发生过，从而对财务报表相关项目进行更正的方法。

1. 不重要的前期差错的会计处理

对于不重要的前期差错，企业不需调整财务报表相关项目的期初数，但应调整发现当期与前期相同的相关项目。属于影响损益的，应直接计入本期与上期相同的净损益项目。属于不影响损益的，应调整本期与前期相同的相关项目。

2. 重要的前期差错的会计处理

对于重要的前期差错，企业应当在其发现当期的财务报表中，调整前期比较数据。具体地说，企业应当在重要的前期差错发现当期的财务报表中，通过下述处理对其进行追溯更正：①追溯重述差错发生期间列报的前期比较金额；②如果前期差错发生在列报的最早前期之前，则追溯重述列报的最早前期的资产、负债和所有者权益相关项目的期初余额。

对于发生的重要的前期差错，如影响损益，应将其对损益的影响数调整发现当期的期初留存收益，财务报表其他相关项目的期初数也应一并调整；如不影响损益，应调整财务报表相关项目的期初数。

在编制比较财务报表时，对于比较财务报表期间的重要的前期差错，应调整各该期间的净损益和其他相关项目，视同该差错在产生的当期已经更正；对于比较财务报表期间以前的重要的前期差错，应调整比较财务报表最早期间的期初留存收益，财务报表其他相关项目的数字也应一并调整。

确定前期差错影响数不切实可行的，可以从可追溯重述的最早期间开始调整留存收益的期初余额，财务报表其他相关项目的期初余额也应当一并调整，也可以采用未来适用法。当企业确定前期差错对列报的一个或者多个前期比较信息的特定期间的累积影响数不切实可行时，应当追溯重述切实可行的最早期间的资产、负债和所有者权益相关项目的期初余额（可能是当期）；当企业在当期期初确定前期差错对所有前期的累积影响数不切实可行时，应当从确定前期差错影响数切实可行的最早日期开始采用未来适用法追溯重述比较信息。

需要注意的是，为了保证经营活动的正常进行，企业应当建立健全内部稽核制度，保证会计资料的真实、完整。对于年度资产负债表日至财务报告批准报出日之间发现的报告年度的会计差错及报告年度前不重要的前期差错，应按照《企业会计准则第 29 号——资产负债表日后事项》的规定进行处理。

（三）前期差错更正的披露

企业应当在附注中披露与前期差错更正有关的下列信息：前期差错的性质；各个列报前期财务报表中受影响的项目名称和更正金额；无法进行追溯重述的，说明该事实和原因以及对前期差错开始进行更正的时点、具体更正情况。

在以后期间的财务报表中，不需要重复披露在以前期间的附注中已披露的前期差错更正的信息。

【案例 7-5】　　　　中兴通讯（000063）会计政策变更

根据中兴通讯 2016 年年度报告中有关会计政策变更部分信息披露如下：

本集团于 2016 年按照《增值税会计处理规定》的要求，将利润表中"营业税金及附加"项目调整为"税金及附加"项目；企业经营活动发生的房产税、土地使用税、车船使用税、印花税等相关税费，自 2016 年 5 月 1 日起发生的，列示于"税金及附加"项目，不再列示于"管理费用"项目；2016 年 5 月 1 日之前发生的项目相关的房产税和土地使用税外，仍列示于"管理费用"项目。"应交税费"科目的"应交增值税""未交增值税""待抵扣进项税额""待认证进项税额""增值税留抵税额"等明细科目的借方余额，于 2016 年及 2015 年末由资产负债表中的"应交税费"项目重分类至"其他流动资产"及"其他非流动资产"列示；"应交税费"科目的"待转销项税额"等明细科目的贷方余额，于 2016 年及 2015 年末由资产负债表中的"应交税费"重分类至"其他流动负债"及"其他非流动负债"列示。对 2016 年度和 2015 年度的合并及公司净利润和合并及公司股东权益无影响。

上述会计政策变更引起的追溯调整对 2016 年度和 2015 年度财务报表的主要影响如表 7-11 所示。

表 7-11　　　　会计政策变更对 2016 年度与 2015 年度财务报表的影响　　　　单位：元

2016 年	会计政策变更前年末余额/本年发生额	会计政策变更年末余额/本年发生额	会计政策变更后年末余额/本年发生额
应交税费	（6 588 715）	7 585 904	997 189
其他流动资产	291 970	7 585 904	7 877 874
税金及附加	713 335	154 873	868 208
管理费用	2 642 791	（154 873）	2 487 918
2015 年	会计政策变更前年末余额/本年发生额	会计政策变更年末余额/本年发生额	会计政策变更后年末余额/本年发生额
应交税费	（2 329 886）	3 937 776	1 607 890
其他流动资产	—	3 937 776	3 937 776

第七节　审计报告

　一、审计报告概念与种类

审计报告是注册会计师根据审计准则的规定，在执行审计工作的基础上，对财务报表发表审计意见的书面文件。审计报告是注册会计师对财务报表是否在所有重大方面按照财务报告编制基础编制并实现公允反映发表审计意见的书面文件。注册会计师签发的审计报告主要具有鉴证、保护和证明三方面的作用。

审计报告应当包括下列要素：①标题。②收件人。③引言段。④管理层对财务报表的责任段。⑤注册会计师的责任段。⑥审计意见段。⑦注册会计师的签名和盖章。⑧会计师事务所的名称、地址和盖章。⑨报告日期。

审计报告分为标准审计报告和非标准审计报告两种。

标准审计报告，是指不含有说明段、强调事项段、其他事项段或其他任何修饰性用语的无保留意见的审计报告。其中，无保留意见，是指当注册会计师认为财务报表在所有重大方面按照适用的财务报告编制基础编制并实现公允反映时发表的审计意见。包含其他报告责任段，但不含有强调事项段或其他事项段的无保留意见的审计报告也被视为标准审计报告。标准审计报告的格式见后附案例。

非标准审计报告，是指带强调事项段或其他事项段的无保留意见的审计报告和非无保留意见的审计报告。非无保留意见的审计报告包括保留意见的审计报告、否定意见的审计报告和无法表示意见的审计报告。

二、非无保留意见审计报告

（一）非无保留意见审计报告

非无保留意见是指保留意见、否定意见或无法表示意见。

当存在下列情形之一时，注册会计师应当在审计报告中发表非无保留意见：

情形1：根据获取的审计证据，得出财务报表整体存在重大错报的结论。

错报是指某一财务报表项目的金额、分类、列报或披露，与按照适用的财务报告编制基础应当列示的金额、分类、列报或披露之间存在的差异。财务报表的重大错报可能源于：

①选择的会计政策的恰当性；②对所选择的会计政策的运用；③财务报表披露的恰当性或充分性。

情形2：无法获取充分、适当的审计证据，不能得出财务报表整体不存在重大错报的结论。

下列情形可能导致注册会计师无法获取充分、适当的审计证据：①超出被审计单位控制的情形；②与注册会计师工作的性质或时间安排相关的情形；③管理层施加限制的情形。

（二）确定非无保留意见的类型

注册会计师确定恰当的非无保留意见类型，取决于下列事项：①导致非无保留意见的事项的性质，是财务报表存在重大错报，还是在无法获取充分、适当的审计证据的情况下，财务报表可能存在重大错报；②注册会计师就导致非无保留意见的事项对财务报表产生或可能产生影响的广泛性作出的判断。

广泛性是描述错报影响的术语，用于说明错报对财务报表的影响，或者由于无法获取充分、适当的审计证据而未发现的错报（如存在）对财务报表可能产生的影响。根据注册会计师的判断，对财务报表的影响具有广泛性的情形包括（见表7－12）：①不限于对财务报表的特定要素、账户或项目产生影响；②虽然仅对财务报表的特定要素、账户或项目产生影响，但这些要素、账户或项目是或可能是财务报表的主要组成部分；③当与披露相关时，产生的影响对财务报表使用者理解财务报表至关重要。

表 7－12　　　　　　　　　　广泛性影响财务报表的情形

导致发表非无保留意见的事项的性质	这些事项对财务报表产生或可能产生影响的广泛性	
	重大但不具有广泛性	重大且具有广泛性
财务报表存在重大错报	保留意见	否定意见
无法获取充分、适当的审计证据	保留意见	无法表示意见

1. 发表保留意见

当存在下列情形之一时，注册会计师应当发表保留意见：①在获取充分、恰当的审计证据后，注册会计师认为错报单独或汇总起来对财务报表影响重大，但不具有广泛性；②注册会计师无法获取充分、适当的审计证据以作为形成审计意见的基础，但认为未发现的错报（如存在）对财务报表可能产生的影响重大，但不具有广泛性。

2. 发表否定意见

在获取充分适当的审计证据后，如果认为错报单独或汇总起来对财务报表的影响重大且具有广泛性，注册会计师应当发表否定意见。

3. 发表无法表示意见

如果无法获取充分、适当的审计证据以作为形成审计意见的基础，但认为未发现的错报（如存在）对财务报表可能产生的影响重大且具有广泛性，注册会计师应当发表无法表示意见。

在极其特殊的情况下，可能存在多个不确定事项。即使注册会计师对每个单独的不确定事项获取了充分、适当的审计证据，但由于不确定事项之间可能存在相互影响以及可能对财务报表产生累积影响，注册会计师不可能对财务报表形成审计意见。在这种情况下，注册会计师应当发表无法表示意见。

以下将分别列示标准无保留意见审计报告（伊利股份）、带强调事项段的无保留意见审计报告（恒生电子）、保留意见的审计报告（天津磁卡）、无法表示意见的审计报告（欣泰电气）以及2018年以后新版的标准无保留意见的审计报告（山东黄金）。新版审计报告和旧版审计报告相比，更具专业性。注册会计师会结合上市公司独特的企业会计特点提出针对性的审计程序与审计方法,可读性更强,对投资人的决策更具相关性。

【案例 7-6】　标准无保留意见的审计报告(以伊利股份为例)

审 计 报 告

大华审字〔2017〕002553 号

内蒙古伊利实业集团股份有限公司全体股东:

我们审计了后附的内蒙古伊利实业集团股份有限公司(以下简称伊利集团)财务报表,包括 2016 年 12 月 31 日的合并及母公司资产负债表,2016 年度的合并及母公司利润表、合并及母公司现金流量表、合并及母公司股东权益变动表,以及财务报表附注。

一、管理层对财务报表的责任

编制和公允列报财务报表是伊利集团管理层的责任,这种责任包括:(1)按照企业会计准则的规定编制财务报表,并使其实现公允反映;(2)设计、执行和维护必要的内部控制,以使财务报表不存在由于舞弊或错误导致的重大错报。

二、注册会计师的责任

我们的责任是在执行审计工作的基础上对财务报表发表审计意见。我们按照中国注册会计师审计准则的规定执行了审计工作。中国注册会计师审计准则要求我们遵守职业道德守则,计划和执行审计工作以对财务报表是否不存在重大错报获取合理保证。

审计工作涉及实施审计程序,以获取有关财务报表金额和披露的审计证据。选择的审计程序取决于注册会计师的判断,包括对由于舞弊或错误导致的财务报表重大错报风险的评估。在进行风险评估时,注册会计师考虑与财务报表编制和公允列报相关的内部控制,以设计恰当的审计程序。审计工作还包括评价管理层选用会计政策的恰当性和作出会计估计的合理性,以及评价财务报表的总体列报。

我们相信,我们获取的审计证据是充分、适当的,为发表审计意见提供了基础。

三、审计意见

我们认为,伊利集团的财务报表在所有重大方面按照企业会计准则的规定编制,公允反映了伊利集团 2016 年 12 月 31 日的合并及母公司财务状况以及 2016 年度的合并及母公司经营成果和现金流量。

大华会计师事务所(特殊普通合伙)　　　　中国注册会计师: ×××

中国·北京　　　　　　　　　　　　　　中国注册会计师: ××

　　　　　　　　　　　　　　　　　　二〇一七年三月二十九日

【案例 7 – 7】　　带强调事项段的无保留意见审计报告（以恒生电子为例）

审 计 报 告

天健审〔2017〕1365 号

恒生电子股份有限公司全体股东：

我们审计了后附的恒生电子股份有限公司（以下简称恒生电子公司）财务报表，包括 2016 年 12 月 31 日的合并及母公司资产负债表，2016 年度的合并及母公司利润表、合并及母公司现金流量表、合并及母公司所有者权益变动表，以及财务报表附注。

一、管理层对财务报表的责任

编制和公允列报财务报表是恒生电子公司管理层的责任，这种责任包括：（1）按照企业会计准则的规定编制财务报表，并使其实现公允反映；（2）设计、执行和维护必要的内部控制，以使财务报表不存在由于舞弊或错误导致的重大错报。

二、注册会计师的责任

我们的责任是在执行审计工作的基础上对财务报表发表审计意见。我们按照中国注册会计师审计准则的规定执行了审计工作。中国注册会计师审计准则要求我们遵守中国注册会计师职业道德守则，计划和执行审计工作以对财务报表是否不存在重大错报获取合理保证。

审计工作涉及实施审计程序，以获取有关财务报表金额和披露的审计证据。选择的审计程序取决于注册会计师的判断，包括对由于舞弊或错误导致的财务报表重大错报风险的评估。在进行风险评估时，注册会计师考虑与财务报表编制和公允列报相关的内部控制，以设计恰当的审计程序。审计工作还包括评价管理层选用会计政策的恰当性和作出会计估计的合理性，以及评价财务报表的总体列报。

我们相信，我们获取的审计证据是充分、适当的，为发表审计意见提供了基础。

三、审计意见

我们认为，恒生电子公司财务报表在所有重大方面按照企业会计准则的规定编制，公允反映了恒生电子公司 2016 年 12 月 31 日的合并及母公司财务状况，以及 2016 年度的合并及母公司经营成果和现金流量。

四、强调事项

我们提醒财务报表使用者关注，如财务报表附注十三其他重要事项（二）1 所述，恒生电子公司子公司杭州恒生网络技术服务有限公司（以下简称网络技术公司）于 2016 年 12 月 13 日收到中国证券监督管理委员会行政处罚决定书（〔2016〕123 号），决定"没收杭州恒生网络技术服务有限公司违法所得 109 866 872.67 元，并处以 329 600 618.01 元罚款。"截至 2016 年 12 月 31 日，网络技术公司累计已预提上述罚没支出 439 467 490.68 元。截至本财务报表批准日，网络技术公司已支付 20 500 000.00 元，尚未支付 418 967 490.68 元。截至 2016 年 12 月 31 日，网络技术公司账面净资产余额为 – 415 690 077.38 元，网络技术公司持续经营能力存在重大不确定性。本段内容不影响已发表的审计意见。

天健会计师事务所（特殊普通合伙）　　　　中国注册会计师：×××

中国·杭州　　　　　　　　　　　　　　　中国注册会计师：×××

　　　　　　　　　　　　　　　　　　　　二〇一七年三月二十四日

【案例7-8】　　　**保留意见的审计报告（以天津磁卡为例）**

审 计 报 告

瑞华字〔2017〕31020018号

天津环球磁卡股份有限公司全体股东：

我们审计了后附的天津环球磁卡股份有限公司（以下简称"天津磁卡公司"的财务报表，包括2016年12月31日合并及公司的资产负债表，2016年度合并及公司的利润表、合并及公司的现金流量表和合并及公司的股东权益变动表以及财务报表附注。

一、管理层对财务报表的责任

编制和公允列报财务报表是天津磁卡公司管理层的责任。这种责任包括：（1）按照企业会计准则的规定编制财务报表，并使其实现公允反映；（2）设计、执行和维护必要的内部控制，以使财务报表不存在由于舞弊或错误导致的重大错报。

二、注册会计师的责任

我们的责任是在执行审计工作的基础上对财务报表发表审计意见。我们按照中国注册会计师审计准则的规定执行了审计工作。中国注册会计师审计准则要求我们遵守中国注册会计师职业道德守则，计划和执行审计工作以对财务报表是否不存在重大错报获取合理保证。

审计工作涉及实施审计程序，以获取有关财务报表金额和披露的审计证据。选择的审计程序取决于注册会计师的判断，包括对由于舞弊或错误导致的财务报表重大错报风险的评估。在进行风险评估时，注册会计师考虑与财务报表编制和公允列报相关的内部控制，以设计恰当的审计程序，但目的并非对内部控制的有效性发表意见。审计工作还包括评价管理层选用会计政策的恰当性和作出会计估计的合理性，以及评价财务报表的总体列报。

我们相信，我们获取的审计证据是充分、适当的，为发表审计意见提供了基础。

三、导致保留意见的事项

如"附注十二、其他重要事项"第2点所述，天津磁卡公司在2016年度年报编制过程中发现：天津磁卡公司在海南环球金卡有限公司等8家公司工商登记信息显示为其股东但账面并无相应的对外投资记录。因该8家公司现已处于吊销及停业状态，天津磁卡公司无法获得上述8家公司相关财务数据，因而无法确认上述8家公司对天津磁卡公司截至2016年12月31日的财务状况以及2016年度的经营成果和现金流量的影响。

四、审计意见

我们认为，除"三、导致保留意见的事项"段所述事项产生的影响外，天津磁卡公司财务报表在所有重大方面按照企业会计准则的规定编制，公允反映了天津磁卡公司2016年12月31日合并及公司的财务状况以及2016年度合并及公司的经营成果和现金流量。

五、强调事项

我们提醒财务报表使用者关注，如财务报表编制基础所述，天津磁卡公司截至2016年12月31日累计亏损673 779 806.85元，欠付大股东天津环球磁卡集团有限公司借款205 351 214.08元，2016年度经营活动净现金流量为－88 128 524.36元。针对上述可能导致对持续经营假设产生疑虑的情况，天津磁卡公司管理层制定了相应的应对计划，可能导致对持续经营能力产生疑虑的重大事项或情况仍然存在不确定性。本段内容不影响已发表的审计意见。

瑞华会计师事务所（特殊普通合伙）　　　　　　中国注册会计师：×××

中国·北京　　　　　　　　　　　　　　　　　中国注册会计师：××

二〇一七年四月二十六日

【案例 7 - 9】　　无法表示意见的审计报告（以欣泰电气为例）

审 计 报 告

众环审字（2017）011990号

丹东欣泰电气股份有限公司全体股东：

我们审计了后附的丹东欣泰电气股份有限公司（以下简称"欣泰电气公司"或"公司"）财务报表，包括2016年12月31日的合并及母公司资产负债表，2016年度的合并及母公司利润表、合并及母公司现金流量表、合并及母公司股东权益变动表以及财务报表附注。

一、管理层对财务报表的责任

编制和公允列报财务报表是欣泰电气公司管理层的责任，这种责任包括：（1）按照企业会计准则的规定编制财务报表，并使其实现公允反映；（2）设计、执行和维护必要的内部控制，以使财务报表不存在由于舞弊或错误导致的重大错报。

二、注册会计师的责任

我们的责任是在按照中国注册会计师审计准则的规定执行审计工作的基础上对财务报表发表审计意见。但由于"三、导致无法表示意见的事项"段中所述的事项，我们无法获取充分、适当的审计证据以为发表审计意见提供基础。

三、导致无法表示意见的事项

（一）欣泰电气公司截至2016年12月31日应收账款余额为53 534.58万元，我们实施了检查、函证、工商查档、走访等必要的审计程序，但仍无法确认上述应收账款期末的可收回性，以及对欣泰电气公司财务状况、经营成果和现金流量的影响。

（二）欣泰电气公司截至 2016 年 12 月 31 日其他应收款中包括 4 081.05 万元的销售人员与非公司人员的个人借款及 2 067.34 万元往来款项，我们无法获取充分、适当的审计证据以合理判断上述款项的性质；我们无法判断上述款项对欣泰电气公司财务状况、经营成果和现金流量的影响。

（三）欣泰电气公司 2016 年度生产经营大幅萎缩，截至 2016 年 12 月 31 日预付款项余额为 11 642.11 万元，较上年同期增加 5 541.97 万元，我们无法获取充分、适当的审计证据以合理判断上述款项的性质，及其对欣泰电气公司财务状况、经营成果和现金流量的影响。

（四）欣泰电气公司截至 2016 年 12 月 31 日预收款项余额为 1 724.37 万元，其中 1 年以上为 1 154.52 万元，我们无法判断上述预收款项余额是否恰当，以及对欣泰电气公司财务状况、经营成果和现金流量的影响。

（五）审计范围受到限制：

①欣泰电气公司 2016 年度主要银行账户已被查封，2016 年度存在使用个人账户替代公司账户进行资金结算及大额使用现金结算的情形，我们无法获取充分、适当的审计证据以合理判断上述款项的性质，及其对欣泰电气公司财务状况、经营成果和现金流量的影响。

②欣泰电气公司存货 1 年以上库龄 3 924.86 万元，由于公司销售主要基于客户订单而组织生产，我们无法获取充分、适当的审计证据以合理判断上述存货是否存在减值及具体减值金额；经过盘点，我们发现公司存货存在 1 492.72 万元差异，我们无法获取充分、适当的审计证据以合理判断上述存货是否存在，及其对欣泰电气公司财务状况和经营成果的影响。

③欣泰电气公司 2016 年以来经营环境持续严重恶化，固定资产开工不足，大量设备闲置；在建工程停建；2015 年美国科惠力公司（CoherixLnc.）作价 930.00 万元投入的 "Coherix 商标特许使用权" 和 "Coherix 专利特许使用权" 无形资产是否能够产生预计效益具有不确定性；欣泰电气子公司经营状况欠佳，其欣泰电气母公司对子公司的长期股权投资能否达到预期目的具有不确定性；我们无法获取充分、适当的审计证据以合理判断上述长期资产是否存在减值及具体减值金额，及其对欣泰电气公司财务状况和经营成果的影响。

④欣泰电气公司开具了部分应付票据，由于公司资金紧张，无力兑付到期票据；部分银行借款逾期，我们无法获取充分、适当的审计证据以合理判断上述无力支付的票据及逾期银行借款对欣泰电气公司财务状况、经营成果和现金流量的影响。

⑤欣泰电气公司存在收入、成本、费用等跨期事项，由于公司内部控制环境薄弱，我们无法保证收入、成本、费用等的真实性与完整性，无法判断上述事项对欣泰电气公司财务状况、经营成果的影响。

⑥欣泰电气公司面临较多的诉讼与仲裁等或有事项，我们无法获取全部或有事项并无法预计这些或有事项对欣泰电气公司财务状况、经营成果和现金流量的影响。

⑦在审计中，我们无法实施满意的审计程序，获取充分适当的审计证据，以识别欣泰电气公司的全部关联方，我们无法合理保证欣泰电气公司关联方和关联方交易的相关信息得到恰当的记录和充分的披露，及这些交易可能对欣泰电气公司的财务报告产生重大影响。

⑧在审计中，我们无法实施满意的审计程序，获取充分适当的审计证据，以识别欣泰电气公司的受限资产得到恰当的记录和充分的披露，及可能对欣泰电气公司的财务报告产生重大影响。

⑨欣泰电气公司境外3家子公司未能提经审计后的财务报表，1家公司未能提供相关财务数据，其中对美国科惠力公司（CoherixLnc.）存在400.00万美元股权投资与400.00万美元债券投资；我们无法实施满意的审计程序，获取充分适当的审计证据以判断长期股权投资采用权益法核算是否恰当，上述长期资产否存在减值及具体减值金额；无法判断上述境外财务数据可能对欣泰电气公司合并财务报告产生的重大影响。

⑩欣泰电气公司2016年度被公安机关立案侦查，部分财务资料被司法冻结；上年度财务报表被前任会计师出具了无法表示意见类型的审计报告，我们未能获取充分适当的证据以确定本年年初数是否恰当；无法判断上述事项可能对欣泰电气公司财务报表年末数据产生的重大影响。

（六）持续经营存在重大不确定性：如财务报表附注（十一）、2所述，欣泰电气公司在首次公开发行股票时承诺特定情况下回购所发行股份；公司面临较多仲裁、诉讼等事项；与此同时，公司主要银行账户被查封、存在大量逾期未偿还债务，可供经营活动支出的货币资金严重短缺，且很可能无法在正常的经营过程中变现资产、清偿债务，生产经营大幅萎缩，经营环境及财务状况持续严重恶化；基于以上情况，欣泰电气公司持续经营能力存在重大不确定性。截至审计报告日，欣泰电气公司虽已对改善持续经营能力拟定了相关措施，但仍未能就与改善持续经营能力相关的未来应对计划提供充分、适当的证据。因此，我们无法判断欣泰电气公司运用持续经营假设编制2016年度财务报表是否适当。

四、无法表示意见

由于"三、导致无法表示意见的事项"段所述事项的重要性，我们无法获取充分、适当的审计证据以为发表审计意见提供基础，因此，我们不对欣泰电气公司财务报表发表审计意见。

中审众环会计师事务所（特殊普通合伙）　　　　　中国注册会计师×××

中国·武汉　　　　　　　　　　　　　　　　　　中国注册会计师×××

　　　　　　　　　　　　　　　　　　　　　　　二〇一七年四月二十四日

【案例7-10】　　　新版标准无保留意见的审计报告（以山东黄金为例）

审 计 报 告

天圆全审字［2018］000056号

山东黄金矿业股份有限公司全体股东：

一、审计意见

我们审计了山东黄金矿业股份有限公司（以下简称山东黄金）财务报表，包括2017年12月31日的合并及母公司资产负债表，2017年度的合并及母公司利润表、合并及母公司现金流量表、合并及母公司股东权益变动表以及相关财务报表附注。

我们认为，后附的财务报表在所有重大方面按照企业会计准则的规定编制，公允反映了山东黄金2017年12月31日的合并及母公司财务状况以及2017年度的合并及母公司经营成果和现金流量。

二、形成审计意见的基础

我们按照中国注册会计师审计准则的规定执行了审计工作。审计报告的"注册会计师对财务报表审计的责任"部分进一步阐述了我们在这些准则下的责任。按照中国注册会计师职业道德守则，我们独立于山东黄金，并履行了职业道德方面的其他责任。我们相信，我们获取的审计证据是充分、适当的，为发表审计意见提供了基础。

三、关键审计事项

关键审计事项是我们根据职业判断，认为对本期财务报表审计最为重要的事项。这些事项的应对以对财务报表整体进行审计并形成审计意见为背景，我们不对这些事项单独发表意见。

（一）商誉减值

1. 事项描述

如财务报表附注五、19所示，截至2017年12月31日，山东黄金合并资产负债表中商誉账面价值为人民币2 707 985 615.61元，比期初增加了1 005 979 295.20元。

如财务报表附注三、5所示，企业合并形成的商誉，山东黄金至少在每年年度终了进行减值测试。减值测试要求估计包含商誉的相关资产组的可收回金额，即相关资产组的公允价值减去处置费用后的净额与相关资产组预计未来现金流量的现值两者之中的较高者。在确定相关资产组预计未来现金流量的现值时，山东黄金需要恰当的预测相关资产组未来现金流的长期平均增长率和合理的确定计算相关资产组预计未来现金流量现值所采用的折现率。

由于商誉金额重大，且管理层需要作出重大判断，我们将商誉的减值确定为关键审计事项。

2. 实施的审计程序

在审计中，我们执行了以下审计程序：

（1）基于我们对山东黄金业务的了解和企业会计准则的规定，评价管理层对各资产及资产组的识别以及如何将商誉和其他资产分配至各资产组；

（2）对于所有商誉获取独立估值专家出具的评估报告，评估报告中所涉及的评估减值测试模型是否符合现行的企业会计准则；

（3）评价管理层判断商誉是否减值时委聘的外部估值专家的胜任能力、专业素质和客观性；

（4）我们通过实施下列程序对评估报告中的关键假设进行了复核：

①将商誉减值测试报告中第一期的收入、毛利率等数据与经批准的财务预算进行比较；

②将未来现金流量预测期间的收入增长率和毛利率等与被测试公司的历史情况进行比较；

③复核了折现现金流量模型中的折现率等参数的适当性；

④复核了未来现金流量净现值的计算是否准确。

考虑在财务报表中商誉的减值评估以及所采用的关键假设的披露是否符合企业会计准则的要求。

3. 实施审计程序的结果

基于获取的审计证据，我们认为，管理层对商誉的减值是合理的。

（二）会计估计变更

1. 事项描述

如财务报表附注三、31所述，山东黄金经董事会审议批准，自2017年10月1日起对井巷资产的折旧方法、采矿权及探矿权的摊销方法进行变更，井巷资产折旧方法以及探矿权、采矿权摊销方法的改变属于会计估计变更。

由于上述会计估计变更主要依赖管理层的判断并受其偏向影响，因此我们对会计估计变更作为关键审计事项。

2. 实施的审计程序

在审计中我们执行了以下程序：

（1）了解山东黄金会计估计变更的理由，评价会计估计变更的合理性；

（2）评价会计估计变更相关的关键内部控制；

（3）了解会计估计变更后的井巷资产的折旧方法、采矿权及探矿权的摊销方法，并按照新的会计估计测算井巷资产的折旧、采矿权及探矿权的摊销是否正确，计算会计估计变更的累计影响数；

（4）考虑在财务报表中会计估计变更的披露是否符合企业会计准则的要求。

3. 实施审计程序的结果

基于获取的审计证据，我们认为，山东黄金的会计估计变更是合理的，并进行了恰当的披露。

（三）收购Veladero矿的50%权益

1. 事项描述

山东黄金于2017年6月30日根据2017年4月6日之购股协议，由在中国香港设立的山东黄金矿业（香港）有限公司（以下简称"山东黄金香港公司"）作为交易主体，收购 Argentina Gold（Bermuda）II Ltd.（以下简称"AGBII"）50%的股权，同时认购 Minera Argentina Gold S. R. L.（以下简称"MAG"）新发行的 2.1547%的股权（MAG 为 AGBII 之非全资附属公司），购买巴理克黄金公司（Barrick Gold Corporation，以下简称"巴理克"）持有 MAG 的 50%的股东贷款。收购价款为 9.6 亿美元（根据股份购买协议根据若干财务指标于 2017 年 11 月调整至 9.9 亿美元，相当于约人民币 67.05 亿元）。其中，1.41 亿美元（相当于约人民币 9.35 亿元）用于购买 MAG 的 50%股东贷款。

为确定收购事项的商誉，山东黄金委托评估机构评估所收购可识别资产及所承担负债及或有负债的公允价值，并就所收购资产及承担负债分配购买价款。收购事项产生的商誉为 1.54 亿美元（相当于约人民币 10.42 亿元）。

通过上述交易，山东黄金香港公司直接和间接持有 MAG50%的股权，公司与巴理克将对 MAG 拥有的阿根廷贝拉德罗（Veladero）金矿实施共同经营，并各按 50%比例并表。山东黄金已于 2017 年 6 月 30 日起将其于 AGBII 集团的投资作为一项合营业务入账，合并其资产负债及损益。

由于本次收购的重要性以及重大管理层判断和估计涉及确定投资的会计处理以及收购产生的商誉金额，我们将此事视为关键审计事项。

2. 实施的审计程序

在审计中我们执行了以下程序：

（1）就购买事项的结算及合并完成收购事项取得及检查股份购买协议及有关证明文件；

（2）取得检查了管理层对确定投资的会计处理和收购完成日期的评估，并检查了相关证明文件；

（3）我们对本次收购基准日的财务信息进行了审计；

（4）我们评估了管理层聘请的评估机构的资格、专业能力和独立性；

（5）关注山东黄金在财务报告中对此次收购的披露是否充分。

3. 实施审计程序的结果

我们认为山东黄金收购 Veladero 矿的 50%的权益的会计处理与我们所取得的审计证据一致，并进行了恰当的披露。

四、其他信息

山东黄金管理层（以下简称管理层）对其他信息负责。其他信息包括山东黄金 2017 年年报中涵盖的信息，但不包括财务报表和我们的审计报告。

我们对财务报表发表的审计意见不涵盖其他信息，我们也不对其他信息发表任何形式的鉴证结论。

结合我们对财务报表的审计，我们的责任是阅读其他信息，在此过程中，考虑其他信息是否与财务报表或我们在审计过程中了解到的情况存在重大不一致或者似乎存在重大错报。

基于我们已执行的工作，如果我们确定其他信息存在重大错报，我们应当报告该事实。在这方面，我们无任何事项需要报告。

五、管理层和治理层对财务报表的责任

管理层负责按照企业会计准则的规定编制财务报表，使其实现公允反映，并设计、执行和维护必要的内部控制，以使财务报表不存在由于舞弊或错误导致的重大错报。

在编制财务报表时，管理层负责评估山东黄金的持续经营能力，并运用持续经营假设，除非管理层计划清算山东黄金、终止运营或别无其他现实的选择。

治理层负责监督山东黄金的财务报告过程。

六、注册会计师对财务报表审计的责任

我们的目标是对财务报表整体是否不存在由于舞弊或错误导致的重大错报获取合理保证，并出具包含审计意见的审计报告。合理保证是高水平的保证，但并不能保证按照审计准则执行的审计在某一重大错报存在时总能发现。错报可能由于舞弊或错误导致，如果合理预期错报单独或汇总起来可能影响财务报表使用者依据财务报表作出的经济决策，则通常认为错报是重大的。

在按照审计准则执行审计工作的过程中，我们运用职业判断，并保持职业怀疑。同时，我们也执行以下工作：

（1）识别和评估由于舞弊或错误导致的财务报表重大错报风险，设计和实施审计程序以应对这些风险，并获取充分、适当的审计证据，作为发表审计意见的基础。由于舞弊可能涉及串通、伪造、故意遗漏、虚假陈述或凌驾于内部控制之上，未能发现由于舞弊导致的重大错报的风险高于未能发现由于错误导致的重大错报的风险。

（2）了解与审计相关的内部控制，以设计恰当的审计程序。

（3）评价管理层选用会计政策的恰当性和作出会计估计及相关披露的合理性。

（4）对管理层使用持续经营假设的恰当性得出结论。同时，根据获取的审计证据，就可能导致对山东黄金持续经营能力产生重大疑虑的事项或情况是否存在重大不确定性得出结论。如果我们得出结论认为存在重大不确定性，审计准则要求我们在审计报告中提请报表使用者注意财务报表中的相关披露；如果披露不充分，我们应当发表非无保留意见。我们的结论基于截至审计报告日可获得的信息。然而，未来的事项或情况可能导致山东黄金不能持续经营。

（5）评价财务报表的总体列报、结构和内容（包括披露），并评价财务报表是否公允反映相关交易和事项。

（6）就山东黄金中实体或业务活动的财务信息获取充分、适当的审计证据，以对财务报表发表审计意见。我们负责指导、监督和执行集团审计，并对审计意见承担全部责任。

我们与治理层就计划的审计范围、时间安排和重大审计发现等事项进行沟通，包括沟通我们在审计中识别出的值得关注的内部控制缺陷。

我们还就已遵守与独立性相关的职业道德要求向治理层提供声明，并与治理层沟通可能被合理认为影响我们独立性的所有关系和其他事项，以及相关的防范措施。

从与治理层沟通过的事项中，我们确定哪些事项对本期财务报表审计最为重要，因而构成关键审计事项。我们在审计报告中描述这些事项，除非法律法规禁止公开披露这些事项，或在极少数情形下，如果合理预期在审计报告中沟通某事项造成的负面后果超过在公众利益方面产生的益处，我们确定不应在审计报告中沟通该事项。

北京天圆全会计师事务所（特殊普通合伙）　　　　中国注册会计师×××

中国·北京　　　　　　　　　　　　　　　　中国注册会计师×××

二〇一八年三月六日

第八章 上市公司财务报表综合分析

学习目标：通过本章的学习，学生要掌握上市公司财务报表综合分析的基本方法，熟练掌握杜邦比率分析的技巧，了解财务预警单变量与多变量预警分析方法，了解财务报表舞弊识别方法，知晓上市公司财务报表分析时应注意的若干问题，认识到财务报表分析的局限性，对价值投资思想有一个大致的了解。

第一节 上市公司财务报表综合分析的基本方法

一般来说，财务报表的分析方法包括趋势分析法、结构分析法和财务比率分析法。

 一、趋势分析法

趋势分析法是研究上市公司成长性的方法，通过分析上市公司历年的销售、净利润、加权平均每股收益等财务指标的变化，来发现它们的发展趋势。

（一）销售增长率

历年销售增长率的一般计算公式为：

$$r = \sqrt[n]{\frac{S_n}{S_0}} - 1$$

r 为 n 年的销售增长率；S_0 为初始年份的销售额，S_n 为 n 年后的销售额；常见的是 n 为奇数。此增长率也称为销售的复利增长率或环比增长率。

（二）净利润增长率

历年净利润增长率的一般计算公式为：

$$r = \sqrt[n]{\frac{P_n}{P_0}} - 1$$

r 为 n 年的净利润增长率；P_0 为初始年份的净利润额，P_n 为 n 年后的净利润额；常见的是 n 为奇数。此增长率也称为净利润的复利增长率或环比增长率。

（三）加权平均每股收益增长率

历年加权平均每股收益增长率的一般计算公式为：

$$r = \sqrt[n]{\frac{EPS_n}{EPS_0}} - 1$$

r 为加权平均每股收益的年均复利增长率；n 为年份；EPS_0 为加权平均每股收益的初始值，EPS_n 为 n 年后加权平均每股收益。

 ## 二、结构分析法

结构分析法也叫共同比财务报表分析法，顾名思义是将三张财务报表每张表中的某一账户的"总额"设定为100%，而将同一报表的其他账户余额与前述"总额"相比，并将结果以百分比的形式表示，这样得到的报表中的每一项都是以百分数表示的。资产负债表的"总额"是资产总计；利润表的"总额"是主营业务收入净额（或营业收入总额）；现金流量表"总额"是"现金流入合计"和"现金流出合计"。我们可以在结构分析中引入趋势分析，即将不同期间的报表中的同一账户的百分比数进行比较，以便发现企业在资本、资产结构、现金流量结构和利润结构方面的变化趋势。表8-1列示的是贵州茅台2014~2016年度共同比利润表数据，是根据贵州茅台2014年度、2015年度与2016年度财务报告数据为基础，以各年营业总收入设定为100%，其他各项目与营业总收入的比较百分比。通过与营业总收入的比较，可以发现贵州茅台各项成本结构等方面的变化趋势。

表8-1	贵州茅台共同比利润		单位：%
项目	2016 年度	2015 年度	2014 年度
营业总收入	100.00	100.00	100.00
营业收入	96.78	97.65	98.00
其他类金融业务收入	3.22	2.35	2.00
营业总成本	39.57	33.76	31.40
营业成本	8.49	7.59	7.26
税金及附加	16.21	10.31	8.66
销售费用	4.19	4.44	5.20
管理费用	10.43	11.40	10.49
财务费用	−0.08	−0.20	−0.38
资产减值损失	0.03	0	0
其他业务成本（金融类）	0.31	0.22	0.18

项目	2016 年度	2015 年度	2014 年度
投资净收益		0.01	0.01
营业利润	60.43	66.25	68.61
加：营业外收入	0.02	0.01	0.02
减：营业外支出	0.79	0.48	0.71
其中：非流动资产处置净损失	0	0	0.27
利润总额	59.66	65.78	67.92
减：所得税	15.01	16.58	17.42
净利润	44.65	49.20	50.50
减：少数股东损益	3.02	2.85	2.85
归属于母公司所有者的净利润	41.63	46.35	47.64
加：其他综合收益	0	-0.04	0
综合收益总额	44.66	49.16	50.50
减：归属于少数股东的综合收益总额	3.02	2.85	2.85
归属于母公司普通股东综合收益总额	41.64	46.31	47.64

资料来源：笔者整理而成。

第二节　综合比率分析与杜邦财务分析体系

综合比率分析是对上市公司的清偿能力、长期偿债能力、盈利能力、资产管理效率和投资报酬率等进行全面综合的分析，不仅研究其单一比率的强弱、好坏，而且还研究不同比率之间的互动关系。

 ## 一、财务比率体系

（一）清偿能力

1. 流动比率

流动比率也称营运资金比率，是流动资产与流动负债的比率。

$$流动比率 = 流动资产 / 流动负债$$

它的作用是表明企业每百元流动负债有多少流动资产作为其支付保障，是衡量企业资产在短期内可以变为现金用于偿还其流动负债的能力。

2. 速动比率

速动比率也称为酸性测试比率，是速动资产对流动负债的比例关系。

$$速动比率 = 速动资产/流动负债$$

速动资产是流动资产减存货的差额。速动比率衡量企业流动资产中可以立即用于偿付流动负债的能力，它说明了企业流动性很强的资产与流动负债的关系，能够更准确地评价企业资产的流动性。

3. 现金流动负债比率

现金流动负债比率也称现金流量与当期债务比率。

$$现金流动负债比率 = 经营活动产生的现金流量净额/流动负债 \times 100\%$$

它是计量企业产生的本期经营现金流量对当期债务偿还满足程度的指标，同时也是表明企业的经营现金流量是否充裕的指标，一般来讲，该比率的取值为 40% 以上，表明该公司的经营活动产生的现金流量净额很充裕。当然，某企业的该比率的数值还应和同业的标准值和平均值进行比较。

（二）财务杠杆

1. 资产负债率

资产负债率也称为债务比率，使企业全部负债总额与全部资产总额的比率，表示企业从债权人处筹集的资金占企业资产的百分比。

$$资产负债率 = 负债总额/资产总额 \times 100\%$$

资产负债率用于衡量企业利用债权人提供资金进行财务活动的能力，同时还是显示企业在较长时期内财务风险的重要指标，有助于反映企业对债权人投入资本的保障程度。

2. 权益乘数

权益乘数即权益总资产率，是指资产总额与股东权益的比率。

$$权益乘数 = 资产总额/股东权益$$

权益乘数这一指标说明企业资产总额与股东权益的倍数关系，由股东权益融资的资产比例越大，权益乘数就越小。一个公司成功地使用杠杆，较高的权益乘数将增加权益报酬率。

3. 长期负债与股东权益比率

长期负债与股东权益比率是企业的长期债务与所有者权益之间的比率。

$$长期负债与股东权益比率 = 长期负债总额/股东权益总额 \times 100\%$$

在英国，一般认为该比率不应超过 80%。由于目前我国长期债务市场不发达，导致该比率普遍很低。

4. 已获利息倍数

已获利息倍数又称利息保障倍数，是指企业每期获得的息税前利润与所支付的固定利息费用的倍数关系。

$$已获利息倍数 = 息税前利润/利息费用$$
$$息税前利润 = 净利润 + 所得税 + 利息费用$$

已获利息倍数国际公认值为 3 倍,美国商业银行的系统表明:当已获利息倍数为 1 倍和 1 倍以下时,企业的违约风险将很大,在此种情况下 35% 以上的企业到期偿还不了债务和利息。

(三) 盈利能力

1. 毛利率

毛利率是指毛利额占主营业务收入的比率。

$$毛利率 = 毛利/主营业务收入净额 \times 100\%$$

其中,主营业务收入净额是指主营业务收入总额中扣除销售退回、销售折扣后的净额。毛利是主营业务收入净额与主营业务成本之差。毛利是企业利润形成的基础,表示企业每百元销售收入扣除销售成本后有多少剩余可用于抵偿各项费用并形成利润。单位收入的毛利越高,抵补各项支出的能力越强,企业的获利能力也就越高。

2. 销售净利润率

销售净利润率是指企业净利润与主营业务收入净额的比率,用于衡量销售收入的收益水平。

$$销售净利润率 = 净利润/主营业务收入净额 \times 100\%$$

3. 息税前利润率

息税前利润率为息税前利润与主营业务收入净额的比率,用于衡量每百元销售额产生息税前利润的水平。

$$息税前利润率 = 息税前利润/主营业务收入净额 \times 100\%$$
$$息税前利润 = 利润总额 + 利息费用 \times (1 - 所得税率)$$

(四) 资产管理效率

1. 总资产周转率

总资产周转率是指企业产品或商品销售收入净额与资产总额的比率,即企业的总资产在一年内周转的次数。总资产周转率反映企业的总资产在一定时期创造了多少销售收入或周转额的指标。

$$总资产周转率(次数) = 主营业务收入净额/总资产平均余额$$
$$总资产平均余额 = (期初总资产额 + 期末总资产额)/2$$

将 365 天(或 360 天)除以总资产周转率即为总资产周转天数。

$$总资产周转天数 = 365/总资产周转率$$

2. 流动资产周转率

流动资产周转率是企业流动资产在一年内所完成的销售额与流动资产平均余额的比率,显示企业的流动资产在一年内的周转次数。流动资产周转率是反映企业的流动资产周转速度的指标。

$$流动资产周转率 = 主营业务收入净额/流动资产平均占用额$$

将 365 天（或 360 天）除以流动资产周转率即为流动资产周转天数。

$$流动资产周转天数 = 365/流动资产周转率$$

3. 存货周转率

存货周转率是企业产品或商品销售成本与存货平均余额的比率，表示企业的存货在一年内周转的次数。存货周转率是反映企业存货周转速度的指标，也是衡量企业生产经营各环节中存货运营效率的综合性指标。

$$存货周转率（次/年）= 本期的主营业务成本/存货平均余额$$
$$存货平均余额 =（期初存货 + 期末存货）/2$$

将 365 天（或 360 天）除以存货周转率即为存货周转天数。

$$存货周转天数 = 365/存货周转率$$

4. 应收账款平均收账天数

应收账款平均收账天数也称应收账款周转天数，是企业的应收账款周转一次所需的天数。

$$应收账款周转天数 =（应收账款平均余额/主营业务收入净额）× 365（或 360）$$
$$应收账款平均余额 =（期初应收账款 + 期末应收账款）/2$$

5. 应付账款平均付账期

应付账款平均付账期也称应付账款周转天数，是企业的应付账款周转一次所需的天数。

$$应付账款周转天数 =（应付账款平均余额/主营业务成本）× 365（或 360）$$
$$应付账款平均余额 =（期初应付账款 + 期末应付账款）/2$$

（五）投资报酬率

1. 总资产报酬率

总资产报酬率也称资产利润率，是企业一定期间内实现的息税前利润与该时期企业平均资产总额的比率。

$$资产利润率 = 息税前利润/平均资产总额 × 100\%$$
$$息税前利润 = 利润总额 + 利息支出 ×（1 - 所得税率）$$

总资产报酬率是反映企业资产综合利用效果的指标，也是衡量企业利用自有资金和债务资金总额所取得的利润多少的重要指标。平均资产总额为期初资产总额与期末资产总额的平均数。

2. 股东权益报酬率

股东权益报酬率也称净值报酬率或净资产收益率，是企业利润净额减去已分配优先股股利余数与平均普通股股东权益之比。该指标表明企业普通股股东权益所获报酬的水平。

$$股东权益报酬率 =（净利润 - 应付优先股股利）/平均普通股股东权益 × 100\%$$
$$平均股东权益 =（期初普通股股东权益 + 期末普通股股东权益）/2$$

二、杜邦比率分析金字塔

　　1910年，美国著名的化学制品生产商杜邦（Dupont）公司为了考核集团下属企业的业绩，制定了以投资报酬率为核心的财务比率考核体系。此体系也称为杜邦比率分析金字塔。如图8-1、图8-2所示，杜邦比率分析金字塔初衷是用于内部考核分析业绩，后发展到用于投资人和债权人分析企业的目的。

$$\frac{\text{净利润}}{\text{净资产}} \Rightarrow \frac{\text{净利润/总资产}}{\text{净资产/总资产}} \Rightarrow \frac{\text{净利润}}{\text{总资产}} \times \frac{\text{总资产}}{\text{净资产}} \Rightarrow \text{总资产收益率} \times \frac{\text{总资产}}{\text{总资产}-\text{总负债}}$$

$$\Rightarrow \text{总资产收益率} \times \frac{\text{总资产/总资产}}{(\text{总资产}-\text{总负债})/\text{总资产}} \Rightarrow \text{总资产收益率} \times \frac{1}{1-\dfrac{\text{总负债}}{\text{总资产}}}$$

$$\Rightarrow \frac{\text{净利润/营业收入}}{\text{总资产/营业收入}} \times \text{权益乘数} \Rightarrow \text{销售净利率} \times \text{资产周转率} \times \text{权益乘数}$$

图8-1　净资产收益率拆解分析过程

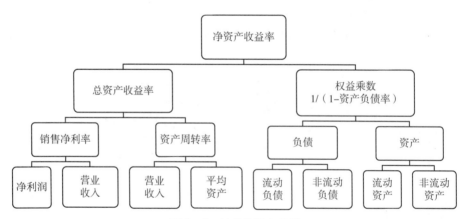

图8-2　杜邦分析金字塔

【案例8-1】　　乐视网2015年、2016年杜邦分析图解析

　　从图8-3乐视网2015年、2016年杜邦分析图可以看出，2015年乐视网净资产收益率为14.59%，到2016年大幅下降为5.43%。究其原因，一是总资产收益率从2015年的1.28%下降到2016年的-0.69%。再拆解总资产收益率发现下降的原因在于销售净利率的下降（从1.67%降到-1.01%）和资产周转率的下降（从100.78%降到89.2%）。2016年乐视网营业收入虽然从130亿元增长到220亿元，但由于净利润下滑明显，从2015年的2.17亿元下降到亏损2.22亿元。

　　从权益乘数一侧分析。乐视网净资产收益率的大幅下降也源于2016年资产负债率的下降（从78%下降到67%）。另外2016年乐视网资产大幅增加，快于负债的增加是资产负债率下降的主要原因。

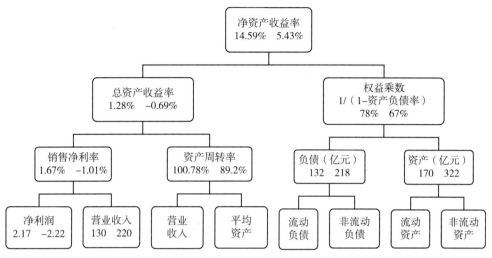

图 8-3　乐视网杜邦分析金字塔

第三节　财务预警分析与报表舞弊识别方法

一、财务预警分析

财务危机预警是以财务会计信息为基础，通过设置并观察一些敏感性预警指标的变化，对企业可能或者将要面临的财务危机所实施的实时监控和预测警报。

企业财务危机的形成应该可以划分为如下四个主要阶段，并各自变化出不同的财务危机特征。即：财务危机的潜伏阶段、财务危机的发展阶段、财务危机的恶化阶段和财务危机的最终阶段。这四个阶段表现的不同特征，可以用图 8-4 来进行描述。

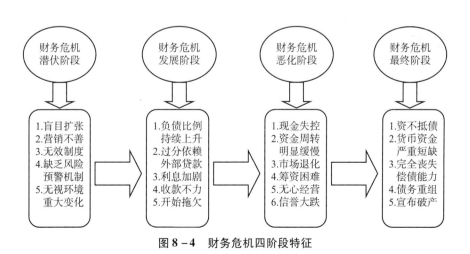

图 8-4　财务危机四阶段特征

（一）财务危机的比率诊断

对于公司财务状况的早期发现，可参考使用以下 10 个指标进行判断。这些指标至少要进行三期的比较、看它们的变化。对于不同的行业、不同的特性的公司，数据是不同的，表 8 - 2 所提出的危险公司的特征数据可作为一般判断时的参考。

表 8 - 2　　　　　　　　　　　危险公司特征

比率	公式	危险公司的特征
销售额税前利润率	税前利润/销售收入	大幅下降接近负数
税前利润增长率	本期收益/前期收益	大幅度下降
销售收入利息率	支付利息/销售收入	接近或超过6%
经营债务倍率	经营债务/月销售额	接近或超过四倍
金融借款倍率	金融负债/月销售额	接近或超过四倍
总资本税前利润率	税前利润/平均总资本	大幅下降接近负数
负债比率	负债总额/自有资本	大幅度升高
自有资本比率	自有资本/总资本	大幅度降低
长期适应比率	固定资产/(自有资本 + 固定负债)	降低到100% 以下
流动比率	流动资产/流动负债	降低到1.5 以下

（二）建立动态财务危机预警系统

企业财务危机预警系统，作为一种成本低廉的诊断工具，可以预知财务危机的征兆。当可能危害企业财务状况的关键因素出现时，财务危机预警系统能预先发出警告，以提醒经营者早作准备或采取对策以减少财务损失，控制财务危机进一步扩大。

财务危机有两个基本预警模式：

1. 单一财务比率模式

观察财务危机的主要财务比率是：

$$现金债务总额比 = 现金净流量/债务总额$$
$$资产净利率 = 净收益/资产总额$$
$$资产负债率 = 负债/资产$$

陷入财务危机的企业，这三个比率的特征是：①低于行业平均水平；②不断下降；③具有长期趋势而非偶然。

此外，财务危机企业有一个共同特征：现金和存货不断减少，而应收账款不断增加。

2. 多元线性函数模型

多元线性函数模型是一个经验模型。它根据大量破产企业的财务报表用统计方法建立，对 5 个财务比率分别给一定权数，计算其加权平均值。这个值称为 Z 值。

$$Z = 0.012 \times 营运资金/资产 + 0.014 \times 留存收益/资产 + 0.033 \times 息税前收益/资产$$
$$+ 0.006 \times 权益市值/负债 + 0.010 \times 销售收入/资产$$

一般而言，如 Z 值 > 2.675，则表明企业的财务状况良好，发生财务危机的可能性较小，如 Z 值 < 1.81，则认为企业存在财务危机的可能性很大，与破产企业有共同特征。如 Z 值介于 1.81 ~ 2.675 之间，则可视为企业进入"灰色地带"，财务状况极不稳定，风险较大。

从这个模型可以看出，要掌握 Z 值的影响因素，增加营运资金、留存收益、息税前利润、销售收入和提高企业市值，或者减少负债、节约资产占用，可以减少破产可能性。

根据若干财务比率进行综合，以判断危机程度的原理，是有普遍意义的。但预警制度的建立，需要长期、完整的资料，不断地修正、执行，长久实施，方能见到成效，切不可半途而废。

【案例 8 - 2】

表 8 - 3 列示了部分企业的 Z 值，表 8 - 4 列示了部分 ST 公司的 Z 值。通过表中 Z 值数据，可以看出，一般来讲，业绩优异、可持续性良好的上市公司的 Z 值数值远远超过 2.675。相反 ST 公司的 Z 值则普遍偏低且大多低于 2.675，有的则低于 1.81，与破产企业有相似特点。这一点值得投资人关注。

表 8 - 3　　　　　　　　　　部分上市公司 2011 ~ 2016 年 Z 值　　　　　　　　单位：%

序号	证券简称	2011 年	2012 年	2013 年	2014 年	2015 年	2016 年
1	贵州茅台	15.87	17.27	10.55	15.63	11.03	9.27
2	格力电器	1.99	2.09	2.16	2.25	2.00	2.01
3	美的集团	2.03	1.72	2.82	2.90	3.18	2.90
4	片仔癀	18.68	15.76	15.83	14.88	24.31	14.92
5	中国建筑	1.63	1.52	1.48	1.57	1.50	1.36
6	同仁堂	6.50	5.55	6.25	6.25	12.78	7.29
7	海康威视	19.81	22.34	22.29	11.39	10.47	7.89
8	科大讯飞	23.29	20.17	16.81	11.31	16.43	7.73
9	五粮液	8.05	7.69	8.16	10.92	10.33	8.21
10	云南白药	9.08	10.91	14.39	11.07	11.07	8.33
11	东阿阿胶	25.30	18.46	20.29	12.96	16.43	16.60
12	恒瑞医药	48.48	52.99	58.15	45.65	53.93	47.24
13	厦门空港	14.03	11.07	10.78	7.01	7.45	6.68
14	伊利股份	3.59	4.14	4.96	4.71	5.51	6.76
15	承德露露	6.65	7.05	9.93	16.54	12.36	8.46
16	信立泰	19.47	29.58	29.37	19.50	30.27	19.87

续表

序号	证券简称	2011 年	2012 年	2013 年	2014 年	2015 年	2016 年
17	万科 A	1.13	1.17	1.05	1.16	1.28	1.02
18	苏泊尔	7.55	5.82	5.69	5.71	7.63	7.29
19	比亚迪	1.68	1.32	1.83	1.60	2.11	1.98
20	中兴通讯	1.82	1.26	1.58	1.76	2.04	1.40

资料来源：Wind 资讯数据平台。

表 8 - 4　　　　　　部分 ST 上市公司 2011 ~ 2016 年 Z 值

序号	证券简称	2011 年	2012 年	2013 年	2014 年	2015 年	2016 年
1	*ST 锐电	1.90	1.42	0.70	1.79	0.25	- 1.35
2	*ST 金宇	3.37	4.26	2.53	3.54	6.78	2.75
3	*ST 沈机	1.11	0.88	0.80	1.01	1.11	0.44
4	*ST 众和	2.89	2.07	2.66	2.39	4.37	2.82
5	*ST 匹凸	4.06	5.11	3.41	3.20	5.54	0.63
6	*ST 厦工	2.38	2.01	1.29	1.75	1.26	- 0.90
7	*ST 青松	2.08	1.35	0.86	1.19	0.57	0.46
8	*ST 一重	1.50	1.37	1.26	1.70	1.72	0.36

资料来源：Wind 资讯平台。

 二、财务报表舞弊识别方法

判别模型 LOGISTIC。Logistic 函数，也称为生长曲线函数，由美国生物学家和人口统计学家珀尔和利德（R·B·Pearl and L·J·Reed，1920）首先在果蝇繁殖的研究中发现，后被广泛应用于生物生长过程的产业成长过程的描述。

Logistic 回归的 Logit 模型为：$Logit\ p = \sum b_i x_i$

可供实际使用的公式如下：

$$
\begin{aligned}
LN(P/1-P) = & 14.621LEV_t - 1.118\ LEVG_t - 13.422MP_t + 1.922MPG_t + 0.016RT_t \\
& - 0.617RTG_t - 0.041IVT_t + 2.36\ IVTG_t - 2.949SG_t - 0.082ACTAG_t \\
& - 0.038INTAXR_t + 15.462BTSR_t - 0.633\ BTSRG_t + 17.59GASER_t \\
& + 0.112ASSET_t + 0.006ASSETG_t + 5.703AQ_t - 0.070AQG_t \\
& + 8.629WCTA_t + 0.021WCTAG_t - 0.421NIOCF_t + 7.996EITA_t \\
& + 0.009\ EITAG_t - 9.754ROA_t - 13.599
\end{aligned}
$$

LEV：资产负债率；LEVG：本年资产负债率与上年的比值；MP：毛利率；MPG：毛利率增长率；RT：应收账款周转率；RTG：本年应收账款周转率与上年的比值；IVT：存货周转率；IVTG：本年存货周转率与上年的比值；SG：销售增长率；ACTAG：本年

应计项目/资产总额与上年的比值，应计项目 = 净利润 – 经营活动现金净流量；IN-TAXR：实际所得税率 = 所得税/利润总额；BTSR：营业税金率；BTSRG：本年营业税金率与上年的比值；GASER 销售费用率（销售费用 + 管理费用)/销售收入；ASSET：资产总额的自然对数；ASSETG：本年资产总额的自然对数/上年资产总额的自然对数；AQ：资产质量 = 1 – (流动资产 + 固定资产净值)/资产总额；AQG：本年资产质量与上年资产质量的比值；WCTA：营运资本/资产总额；WCTAG：本年营运资本/资产总额与上年的比值；NIOCF：净利润/经营活动现金流量；EITA：非经常性损益/资产总额；EITAG：本年非经常性损益/资产总额与上年的比值；ROA：资产报酬率。

上式计算出比值 P > 0.75，舞弊的可能性较高。此判别模型与其他方法结合使用较为有效。

第四节 报表分析应注意的问题及报表分析的局限性

 一、对上市公司财务报表进行分析时应注意的若干问题

虽然上市公司遵循企业会计准则及中国证监会相关信息披露的相关要求，但是投资人仍然注意影响公司之间可比性的因素，这些因素在目前和将来依旧会存在。

第一，不同上市公司采取的会计政策不相同。

第二，不同公司所处的行业不同。行业的不同使得企业之间有着不同的风险和收益特征以及不同的成长性。

第三，非财务信息的作用。上市公司之间，即使是同业间的比较，仅看财务上的差异是不够的，还应该关注企业在管理团队、员工素质、核心技术的掌握程度、产品的先进性和营销渠道等方面的差别。

 二、财务报表分析的局限性

上市公司财务报表的分析可以使投资人全面把握公司的财务状况和感知其未来无疑具有重要的意义，但是我们也应该清醒地认识到财务报表分析的局限性。

第一，历史成本的原则导致资产和成本不是按现行价值反映。通货膨胀时，可能引起资产报酬率或权益报酬率的高估。还容易造成同行业新老企业比较的困难。

第二，本期财务比率应与同业平均水平比较，还是与更高的行业标准值比较。

第三，同业中不同产品和细分市场的公司之间的比较问题。

第四，报表信息并未完全反映企业可利用的经济资源。

第五，会计政策运用上的差异使企业自身的历史与未来的对比、企业间的对比出现问题。

第六，企业对会计信息的操纵可能会误导报表使用者。

第七，历史是否代表未来，或者预示未来。

第八，会计估计的普遍存在，会计原则之间的矛盾。

 ## 三、利用非财务报表信息分析上市公司案例

【案例 8 – 3】 厦门空港（600897）

厦门空港自 1983 年通航以来，逐步发展成为中国东南沿海重要的区域性航空枢纽。公司的经营范围是主营机场代理业务、机场旅客服务、机场设施服务。为国内外航空运输企业及旅客提供地面保障服务；出租和管理候机楼内航空营业场所、商业场所和办公场所；商务信息咨询；旅客票务代理；其他航空运输辅助活动；装卸搬运；国内货运代理；其他未列明运输代理业务；其他仓储业；物业管理；停车场管理等。目前，元翔厦门空港飞行区等级为 4E 级，可起降 B747 – 8 等大型飞机。

根据厦门空港各月公布的经营数据，图 8 – 5、图 8 – 6、图 8 – 7 分别绘制了 2015 年 6 月 ~ 2017 年 12 月厦门空港飞机起降、旅客吞吐与货邮吞吐等各月数据。通过这种非财务报表信息来分析企业的经营现状对投资人的投资决策应该是非常有用的。

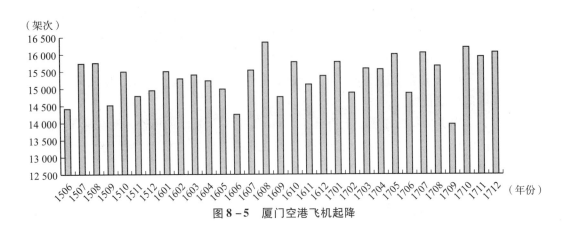

图 8 – 5　厦门空港飞机起降

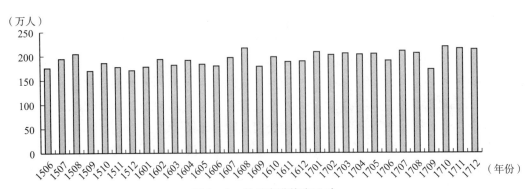

图 8 – 6　厦门空港旅客吞吐

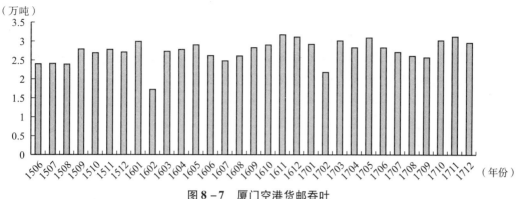

图 8 – 7 厦门空港货邮吞吐

厦门市拥有人口近 400 万，旅游资源丰富。从图 8 – 5～图 8 – 7 可以看出，厦门空港在 2017 年 9 月在厦门金砖会议后在飞机起降、旅客吞吐与货邮吞吐等方面都有显著增加，收益稳定。2020 年初由于受疫情影响股价下跌，但这只是暂时现象。公司业绩优异且稳定，动态市盈率 10 倍左右，估值明显偏低，价值低估。公司总股份 29 781 万股，流通盘较小，盘小绩优，分红优厚，市值重估值得期待。

图 8 – 8 厦门空港月 K 线（截至 2020 年 2 月 28 日）

第五节 价值投资理论思想脉络分析

一、格雷厄姆关于股票内在价值的论述

本杰明·格雷厄姆 1894 年生于英国伦敦，婴儿时全家移民纽约。父亲去世后，留下母亲及他们兄弟三人。格雷厄姆在经济拮据的家庭环境中成长，但天资聪颖的他拿到

了哥伦比亚大学的奖学金。虽然他在古典文学、数学、哲学等学科的成绩极为突出，但毕业后哥伦比亚大学的院长还是把他推荐给了纽约的一家投资公司。1914 年格雷厄姆入职时，他对华尔街一无所知。入行后不久，纽约金融市场因第一次世界大战停业。股市重新开盘时，格雷厄姆很快就以卓越的选股技术在华尔街崭露头角，并研究了独到的投资方法。不久他开始管理别人的资产，1920 年声名显赫。但也就是从那个时候开始，他的好运气开始逆转。

1929 年的股市大崩盘摧毁了格雷厄姆的投资组合，也摧毁了他原本想写一本关于个人投资理念方面书的计划。虽然格雷厄姆有高超的选股技术，但是他的客户还是和其他人一样在大崩盘中损失惨重。格雷厄姆与他的合伙人杰洛姆·纽曼不收分文工作了五年才使客户的资产回到崩盘前的水平。虽然经验十分惨痛，但格雷厄姆的正直与诚信由此声名远播。

1934 年，格雷厄姆和多德出版了著名的《证券分析》一书。当时多德还只是一位初出茅庐的年轻学者；当格雷厄姆在哥伦比亚大学授课时，他还是一名勤奋抄写笔记的学生。这些课堂笔记后来成为《证券分析》这本书的雏形。随着无数次的再版，该书成为畅销书，是价值投资者眼中的"圣经"。1949 年格雷厄姆为非专业投资人士撰写了《聪明的投资者》一书，之后数次再度修订，如今依然是畅销书。

格雷厄姆方法的核心为内在价值的概念，该价值是由公司的资产、利润、股利和财务的稳健所确定的。注重此价值将防止投资者在股市深度的悲观或乐观期间被市场经常的错误判断所误导。

投资者如果想获取高于平均回报的机会，他们应遵循内在稳健而富有期望的投资政策，尽管这些投资政策与大多数投资者或投机商所遵循的政策不同。格雷厄姆警告买下被人忽略然而价值被低估的证券图利通常证明是一种考验人的耐性的过程。然而，超额利润获取的可能仅仅当投资者的意见与市场的不一致时才存在。

格雷厄姆认为投资者要想找到股市表现比整个市场长期的平均水平好得多的股票是困难的。长期能打败市场平均回报水平的股票是那些具有较大增长潜力的股票，但是问题是难以提前发现这样的股票。

投资者面临的问题是两方面的。首先，即使有明显的增长潜力的股票也不一定能让投资者赚取额外的利润，这是因为那些增长潜能也许已反映在股票的当前价格中。其次，存在投资者对某公司增长潜能的判断出现错误的风险。格雷厄姆认为这一风险被代表整个市场大多数人的哲学所加大。此时，"横扫股市的悲观和乐观的潮汐"可能将投资者引入低估或高估某一股票的歧途。

总而言之，长期来讲，大多数投资者仅能指望平均的回报，但却存在着由于判断失误而造成的低于平均回报的风险。

格雷厄姆建议与其寻求产生高于平均回报的方法，不如使用一个能减少错误判断风险的方法。他建议首先确定某只股票的独立于市场的"内在价值"。格雷厄姆从来没有全面地解释过如何决定"内在价值"，并且坦承这需要相当的投资判断能力。然而，他觉得一个公司的有形资产是特别重要的因素；其他因素包括利润、股利、财务稳健。格雷厄姆认为投资者应将他们的购买限于售价没有偏离其"内在价值"过高的股票，而售价低于其内在价值的股票将提供投资者更好的安全保障范围。

格雷厄姆觉得投资者应将他们自己视为企业的所有者，目的是以合理的价格买到一项稳健而发展的生意，而无须去理会股市的态度。一项成功的投资是股票产生的股利和其市场的平均价值的长期趋势共同作用的结果。

 ## 二、价值投资思想拾贝

用合理价格购买优秀公司，不贪便宜货。不要因为一只股票的价格便宜就去购买，更重要的是看到这个企业业务的基础是好的、可持续的。以合理的价格，购买非常优秀公司的股票；而不是以超低的价格，购买平庸公司的股票。

格雷厄姆的"烟蒂型"投资——"烟蒂"的思想最早起源于《证券分析》，并且在《聪明的投资者》中得到进一步的发展和明确。"烟蒂型投资"，是"价值投资之父"本杰明·格雷厄姆的学术思想精华。2007年巴菲特在美国佛罗里达大学商学院的演讲中，第一次向公众完整地论述了他的"烟蒂型投资"理念："那是我第一次买股票的方法，即寻找那些股票价格远低于流动资本的公司，非常便宜但又有一点素质的公司。我把这方法叫烟蒂投资法。你满地找雪茄烟蒂，终于你找到一个湿透了的令人讨厌的烟蒂，看上去还能抽上一口，那一口可是免费的，你把它捡起来，抽上最后一口，然后扔了，接着找下一个。这听上去一点都不优雅，但是如果你找的是一口免费的雪茄烟，这方法还值得做。"

根据巴菲特的描述，"烟蒂型投资"的核心理念便是注重投资的安全边际——低价格、低市盈率或市净率、用三流的价钱买二流的公司、用四流的价钱买三流的公司，而对公司的品质以及所处的行业要求不高。烟蒂型公司的价值便是利用市场先生的暂时失灵，用低价买进物超所值的公司。日后当市场先生的称重机效应发挥作用时，烟蒂型公司的价格便会回升至不用打折甚至还有适当溢价的水平上。

巴菲特是公认的价值投资的成功典范，但价值投资并不完全等于价值股投资，价值股也不是低价股。从其成功投资实例看，巴菲特不仅是价值股投资者，更是成长股投资者。巴菲特有两大投资原则：第一，不能只看一只股票某一年的市盈率，而要看过去多年的市盈率。第二，所投资的公司必须足够大，在行业内必须占据领导地位，而且负债率不高。巴菲特不捡便宜货，却取得了股票投资的巨大成功。比如，2008年年底，可口可乐股票是巴菲特最大的重仓股，占其总股票资产的16%，而可口可乐的股票是巴菲特在1998年年底时买入的，当时，可口可乐股票的市净率为5.32倍，虽然现在看起来不高，可是在当时整个市场的市净率不到2倍的情况下，可口可乐股票价格其实是"贵"的。显然，1998年巴菲特投资可口可乐时，是典型的以相对高价格买入了一个高成长的股票。1998年之前的10年，可口可乐公司股票的每股盈利的复合增长率达到

11.1%。巴菲特首先是因为认可了可口可乐公司的竞争优势、商业模式及管理层的经营管理水平，并认为这种竞争力是可持续的。然后才考虑公司的估值问题，他宁可在估值方面多一点让步。巴菲特说："多付一点钱买一家伟大的公司，远远好过贪便宜而买家普普通通的公司。"

因此，如果一家公司的管理层进取，并且诚信，同时公司所处的行业前景很好，在优秀管理团队的带领下，企业利润会高速增长很多年的话，这时就不要用传统的估值方法来评判企业，束缚自己的手脚。现在看起来很贵的股票，过两年后就显得很便宜了，而且你似乎永远买不到它，因为它的价格不断创出新高，似乎永远很贵。

在评估企业成长时，要区分一次性或短暂高增长与可持续的高增长。经常看到工程机械、汽车、石化等行业内的龙头公司，在景气上升期间实现了一两年的高速增长，但其后就陷入了增长乏力的境界。可持续的高增长，则应把时间周期拉长。在一个成长空间大而持续的行业中，寻找有竞争力的管理层并且带领企业为高增长做好充分准备的公司，找到它，并拥有它，和企业共同成长。

总的来讲，如果把股票价格与企业成长做两维分析的话，股票可分为以下几种情况：低价格低成长股票、低价格高成长股票、高价格低成长股票以及高价格高成长股票。最好的投资就是能以低价格买入高成长股，这种机会很少，每次市场大底都有这种机会，但不常见。正常情况下，我们应以高价格买入高成长股票，正如1998年在可口可乐涨了两倍的情况下，巴菲特以高价格重仓，实现收益最大化。高价格低成长股票显然不可取，但低价格低成长却也不是一个好的选择。因此，股票投资，便宜不一定就好，最重要的还是增长！

聪明投资者的股票投资准则有：①首先考虑投资风险；②低价买入有前景的公司；③买股即买该公司前世今生；④追求稳赚不赔的效果。以上准则，与巴菲特大师的原话有异曲同工之妙——"以合理的价格购买具有持续竞争优势并且由一群既能干又全心全意为股东服务的人来管理的公司几乎不可能出错。"

三、全面理解巴菲特投资思想

巴菲特被誉为"股神"，他仅仅依靠股权投资而成为全球首富的成功经历，堪称人类商业领域的"奇葩式存在"。

（一）巴菲特的投资思想是一个不断进化的投资系统

对巴菲特投资思想发展阶段的划分，一般都是合伙公司阶段为早期，控股伯克希尔后至20世纪80年代末为中期，20世纪90年代后至今为后期。其划分方法是根据公司的组织形式和经营模式，有一定道理，但严格地从他个人投资思想的进化脉络来看不够准确。巴菲特的投资思想呈现出阶段进化的轨迹。

第一阶段（早期）：1949~1971年（19~41岁）。从年代看主要集中在20世纪五六十年代。投资风格是格雷厄姆式的安全边际法，被后人称为"价值投资法"，巴菲特自己则戏称为只买便宜货的"雪茄烟蒂"投资法。

1949 年，巴菲特 19 岁第一次阅读格雷厄姆的经典著作《聪明的投资者》。1970 年 7 月 17 日，巴菲特在和格雷厄姆的通信中写道"在此之前，我一直是靠腺体而不是靠大脑进行投资"。巴菲特本人甚至把这次经历比作"保罗走在通往大马士革的路上"，并且他从中学到了"以 40 美分买 1 美元"的哲学。从此，"安全边际"的哲学成为巴菲特投资思想的基石。

之后的几件事对巴菲特的进化都起到重要的推动作用：1950 年（20 岁）巴菲特在哥伦比亚大学研究生院正式拜格雷厄姆为师；1954 年（24 岁）巴菲特加盟格雷厄姆—纽曼公司，为格雷厄姆工作；1956 年（26 岁）成立第一家合伙公司，开始创业；1959 年和芒格开始相识相知，并在 20 世纪 60 年代开展了一系列的合作；1962 年巴菲特开始买入伯克希尔的股票，1963 年成为最大股东，并于 1965 年（35 岁）巴菲特正式接管伯克希尔；1967 年（37 岁）巴菲特以 860 万美元的价格为伯克希尔购买了国民补偿金公司，第一次踏入保险业；1969 年（39 岁），巴菲特解散了他的合伙企业，专心经营伯克希尔。

巴菲特在 1962 年 1 月写给合伙人的报告中将自己的投资方法分为三类：

第一类：Generals（低估类投资）。是指那些价值被低估的股票。投资比例最大。

第二类：Workouts（套利类投资）。这类投资的价格更多取决于公司的经营管理决策而非买卖双方的供求关系。影响投资价格的公司行为包括合并、清算、重组、分立等。与道琼斯指数的表现无关。

第三类：Control（控制类投资）。是指要么控制了这家公司，要么买入了相当多的股份，从而可以影响公司的经营管理决策。这类投资也与道琼斯指数的表现没什么关系。

第一类和第三类可以互相转化。如果买入的"Generals"的价格长期在低点徘徊，巴菲特就会考虑买进更多的股份，从而演变成"Control"；反之，如果"Control"的价格在购入几年内迅速攀升，巴菲特通常考虑在高点获利了结，从而完成一次漂亮的"Generals"类投资。

巴菲特在 1965 年 1 月写给合伙人的报告中，将原来的第一类投资"Generals"一分为二："Generals – Priavate Owner Basis"和"Generals – Relatively Undervalued"。"Generals – Priavate Owner Basis"这是一类被低估的股票，规模较小，缺乏魅力，无人问津。而且其价格远远低于这家公司对一个私人股权投资人的价值（内在价值）。价格长期低估的话，可以转化为"Control"。"Generals – Relatively Undervalued"是指那些相对同类质地的公司的价格较低的股票。虽然价格低估，但通常规模较大，对私人投资者意义不大，不能转化为"Control"。

1964 年巴菲特注意到格雷厄姆买进廉价股的策略存在价值实现的问题，并不完美，而且随着股市的上涨这类投资机会越来越少。巴菲特在 1965 年 1 月的报告中增加的第

四类投资 "Generals – Relatively Undervalued" 可视为一种新的探索。但尚处量变阶段，并没有完全突破格雷厄姆的投资框架。该类投资的最佳案例就是 1964 年巴菲特利用"色拉油丑闻"将合伙公司 40% 的资金投入到美国运通中，并持股长达 4 年，在随后的 5 年时间里，美国运通的股票上涨了 5 倍。

正如芒格说的，在格雷厄姆手下工作的经历和巨额盈利让巴菲特的大脑一度阻塞，很难摆脱如此成功的思维方式。

1969 年（39 岁），巴菲特读到费舍的著作《普通股和不普通的利润》，从中得到了很大的启发。而真正使巴菲特摆脱格雷厄姆思想束缚、完成进化的是查理·芒格。芒格对一家优势企业的价值有着敏锐的观察力，他使费舍的公司特质理论进一步具体化。"查理把我推向了另一个方向，而不是像格雷厄姆那样只建议购买便宜货，这是他思想的力量，他拓展了我的视野。我以非同寻常的速度从猩猩进化到人类，否则我会比现在贫穷得多。"

总而言之，遭遇到价值实现的问题，巴菲特才认清格雷厄姆"不论本质购买任何公司"的哲学的局限性，开始将费舍和芒格的杰出企业扩张价值理论整合进他的哲学中。

第二阶段（中期）：1972～1989（42～59 岁）年。1972 年 1 月 3 日，巴菲特接受芒格的建议，用 2 500 万美元收购了喜饴糖果公司。以此为开端，芒格就不断地推动着巴菲特向为质量付出代价的方向前进。随着喜饴公司的茁壮成长，巴菲特和芒格都意识到"购买一个好企业并让它自由发展要比购买一个亏损企业然后花费大量时间、精力和金钱去扶持它要容易且快得多。"巴菲特把格雷厄姆、费舍和芒格的思想结合起来，逐步形成自己的风格。1997 年，芒格在公司股东年会上说："喜饴公司是我们第一次根据产品品质来收购的。"巴菲特补充道："如果我们没有收购喜饴公司，我们就不会购买可口可乐公司股票。"

这个阶段巴菲特的投资方法的显著特点是减少套利操作和廉价股票的投资，增加优秀企业控制，并利用保险浮存金进行优质企业普通股的长期投资：①优秀企业的购并和永久持有：如喜饴公司、内部拉斯加家具店；②少数"必然如此"的伟大企业普通股的永久持有：如华盛顿邮报、盖可保险、可口可乐等；③部分"可能性高"的优秀企业普通股的长期投资；④中期固定收益证券；⑤长期固定收益证券；⑥现金等价物；⑦短期套利；⑧可转换优先股；⑨垃圾债券。

第一阶段，巴菲特的投资思想和角色基本上是格雷厄姆式的"私募基金经理"；第二阶段，转型为企业家和投资家的双重角色的合二为一。他说："因为我把自己当成是个企业经营者，所以我成为更优秀的投资人；因为我把自己当成是投资人，所以我成为更优秀的企业经营者。"

这个阶段可以用巴菲特 1985 年的一席话来概括："我现在要比 20 年前更愿意为好的行业和好的管理多支付一些钱。本人倾向于单独地看统计数据。而我越来越看重的，是那些无形的东西。"

第三阶段（后期）：1990 年至今（60 岁以来）。这里还可以有一种更加精确的划分方法——1995 年（65 岁）至今为巴菲特后期。有芒格的话为证："过了 65 岁之后，沃伦的投资技巧真是百尺竿头，更进一步。"

进入 20 世纪 90 年代后，伯克希尔的未来遇到更大的困难，用芒格的话说：①我们的规模太大了，这将我们的投资选择限制在被那些聪明的人所检验过的更具竞争力的领域。②当前的环境令未来 15～20 年内的普通股与我们在过去 15～20 年内看到的股票将有很大的不同。简单地说，巴菲特面临两难境地：钱太多，机会太少。面对这样的挑战，随着巴菲特的持续学习和滚雪球的威力，巴菲特的投资思想进化到更高的层次，投资技艺更加全面、更加炉火纯青。这个阶段巴菲特投资思想的进化表现在以下几个方面：

第一，"护城河"概念的提出。这标志着巴菲特评估企业长期竞争优势和内在价值的艺术更加成熟。1993 年巴菲特在致股东信中首次提出了"护城河"概念。他说："最近几年可乐和吉列剃须刀在全球的市场份额实际上还在增加。他们的品牌威力、产品特性以及销售实力，赋予他们一种巨大的竞争优势，在他们的经济堡垒周围形成了一条护城河。相比之下，一般的公司在没有这样的保护之下奋战。1995 年 5 月 1 日在伯克希尔的年度会议上，巴菲特对"护城河"的概念作了仔细的描述："奇妙的、由很深、很危险的护城河环绕的城堡。城堡的主人是一个诚实而高雅的人。城堡最主要的力量源泉是主人天才的大脑；护城河永久地充当着那些试图袭击城堡的敌人的障碍；城堡内的主人制造黄金，但并不都据为己有。粗略地转译一下就是，我们喜欢的是那些具有控制地位的大公司，这些公司的特许权很难被复制，具有极大或者说永久的持续运作能力。"

2000 年的股东大会上，巴菲特进一步解释说："我们根据'护城河'、它加宽的能力以及不可攻击性作为判断一家伟大企业的主要标准。而且我们告诉企业的管理层，我们希望企业的护城河每年都能不断加宽。这并不是非要企业的利润要一年比一年多，因为有时做不到。然而，如果企业的'护城河'每年不断地加宽，这家企业会经营得很好。"

第二，投资战略的转变。一个转变："由于伯克希尔的资产迅速膨胀，以及会明显影响我们业绩的投资空间急剧收缩，使得我们必须做出精明的决策。因此我们采用了一种仅需要几次精明，而不是过于精明的战略。事实上，每年有一个好主意对我们来说就够了。"这意味着巴菲特决定采取更加集中持股的投资战略。

另一个转变：因为资本的体量越来越大，巴菲特的普通股投资更加专注于寻找在一个细分领域内价值低估的优秀或良好的大公司，实施选择性反向投资策略，即在一家具有持久竞争优势的大公司遭遇挫折、股价被目光短浅的市场压低时给以积极关注。这意味着格雷厄姆式的不论本质买便宜货的模式不再适合大块头伯克希尔了。

第三，"挥棒"概念的发展。美国超级击球手威廉姆斯在所写的《打击科学》一书中解释了自己的击球技巧。这种技巧将击球区分成 77 个单元，每个单元代表一个棒球，只有当球处在最好的单元时（幸运区），他才会挥棒击球，即使这样做会面临三振出局的风险，因为处在最差位置的球将严重降低他的成功率。巴菲特将这一策略和投资作类比，发展了投资领域的"挥棒"概念。1995 年巴菲特在对南加州大学商学院学生的演讲中简述了这个概念："在投资时，没有所谓的必须去击打的好球。你可以站在击球手的位置上，投球手可以投出好球；通用汽车投出 47 美元，你若缺乏足够的资讯来决定是否在 47 美元的价位买进，你可以让它从眼前流过，不会有人判给你一击。因为只有挥棒落空时，你才可能被判出局。"

第四，三类业务的区分。巴菲特在 2007 年的致股东信中对伟大（卓越）、优秀和可憎三类业务做了传神划分。伟大的业务：拥有持久的"护城河"、回报率高而且不需要大量增加资本就可以实现利润增长的业务，如喜饴糖果公司；优秀的业务：拥有持久的竞争优势、回报率较高，但为实现增长而需要大量增加资本的业务，如飞行安全公司；可憎的业务：就是那些增长很快、为获得增长必须提供大量资金，而利润却有限或者没有产生利润的业务，如航空业。

巴菲特通俗易懂地把这三类业务比喻为三种类型的"存款账户"——伟大的账户会支付非常高的利息，且利息会随着时间的推移而上升；优秀的账户会支付吸引人的利息，且只有当你增加存款的时候才能获得这些利息；最后一种是可憎的账户，它所提供的利息并不充分，且要求你不断增加资金以获得那些让人失望的回报。

第五，跨国投资和收购的突破。巴菲特的首次跨国投资是 1991 年投资英国的酒精类饮料公司健力士；最有代表性的跨国投资则是 2003 年投资中石油近 5 亿美元；最有代表性的跨国收购则是 2006 年以 40 亿美元购买以色列伊斯卡尔金属制品公司 80% 的股份，这是巴菲特在美国以外进行的最大一笔投资交易，也是以色列历史上来自海外的最大一笔投资。巴菲特在韩国股市也实施了非常漂亮的跨国投资。他简单浏览了投行提供的投资手册，发现有些财务健全的公司，市盈率只有 3 倍，他就挑选了大约 20 只股票买进，等这些股票上涨五六倍、接近其内在价值时卖出。

第六，非常规投资更加多样化。鼓鼓囊囊的钱包，迫使巴菲特在非常规投资又有了新的突破和发展。在 1991 年透过私募的方式投资了三亿美元的美国运通俗称"Percs"的股票，在投资的前三年可以领取一笔特别的股利，在 1994 年八月以前转换成普通股；1994～1995 年建立了 4 570 万桶仓位的石油的衍生合约；1997 年购买了 1.112 亿盎司的白银；1997 年购买了 46 亿美元以账面摊销的长期美国零息债券；2002 年首度进入外汇市场投资，截至 2004 年底总计持有 214 亿美元的外汇，投资组合遍布 12 种外币；同时于同年涉足以欧元为单位垃圾债券市场，至 2006 年总值达 10 亿美元；此外巴菲特还进行固定收入套利，并持有其他衍生品合约，这些合约可分为两大类：信用违约掉期合同（Credit Default Swaps，CDS）、卖出长期的股票指数看跌期权。

值得注意的是，放弃外汇投资，收购海外公司，是巴菲特不愿持有太多美元资产及现金的最新投资策略。正如巴菲特指出，伯克希尔的主要基地仍在美国，但为了防范美汇下挫，收购海外优质企业，有一举两得之效。

总之，后期的巴菲特，思想更加开放，技术更加全面。在常规投资的选择技巧上更加炉火纯青，更加集中投资，而且开始加大了海外投资和购并的力度；在非常规投资上则更加多样化，更富进攻性。当专家学者把大师的经典策略总结成教条时，大师又进化了。

（二）巴菲特的投资思想是一个开放式的投资系统

巴菲特投资思想是一个开放式的体系，不断博采众家之长，为我所用。不仅向其他投资流派、投资行家学习，而且向各个领域、各个学科的高手学习，在生命的每个细节中学习。这也是巴菲特投资思想得以不断进化的主要原因。巴菲特说："如果我只学习格雷厄姆一个人的思想，就不会像今天这么富有。"芒格认为巴菲特的成功是多种因素合力的结果，但是具有决定性的因素是持续学习的结果。他在2007年威斯科年度股东大会上指出："沃伦是这个世界上最佳的持续学习机器。乌龟最终战胜兔子是持续努力的结果，一旦你停止了学习，整个世界将从你身旁呼啸而过。沃伦很幸运，直到今天，即便是早已过了退休的年龄，他仍可以有效地学习，持续地改善其技巧。"

那么，我们总结一下巴菲特从其他投资大师那里吸取了如下营养：

①格雷厄姆的三个基本思想观点：你应当把股票看作许多细小的商业部分；要把（市场）波动看作你的朋友而非敌人——利润有时来自对朋友的愚忠而非参与市场的波动；《聪明的投资人》的最后一章中，格雷厄姆道出了有关投资的最为重要的几个字眼："安全边际"。

②费舍的"只有最优异的企业经营与远景是唯一值得投资的商业价值"和"没有一个时间适合将最优秀企业脱手"的理论。

③芒格的聚焦高品质企业投资和格栅理论。

④彭博的"消费独占企业"是最佳投资价值的理论。

⑤威廉姆斯的投资价值理论：今天任何股票、债券或公司的价值，取决于在资产的整个剩余使用寿命期间预期能够产生的、以适当的利率贴现的现金流入和流出。

⑥凯恩斯的集中投资理论和"我宁愿模糊地正确，而不是精确地错误"的思想。

⑦史密斯的保留盈余是企业的附加价值思想。

⑧彼得·林奇的过早卖出表现良好的杰出公司股份是"拔苗助长"以及在公司表现良好时忙于抛售股票，兑现盈利，却死抱着令人失望的公司的人是在"铲除鲜花，浇灌杂草"的思想。

此外，巴菲特还从威廉姆斯的击球技巧中得到了灵感，联想并发展了投资领域的"挥棒"概念，他说："我的工作就是等待轻松击球的机会。"从韦恩·格兰斯基的忠告"到冰球要去的地方，而不是它现在待的地方"体会到专注于当期收益和短期收益是愚蠢的；从伊索寓言中学到了"一鸟在手胜过二鸟在林"的灌木丛理论，甚至从一个球童的成功故事中获得启发发展了"与赢家共事"的经营哲学和投资哲学。

参 考 文 献

1. 梁勇:《我国财务报表列报改革研究》,经济科学出版社 2016 年版。

2. 刘李胜:《上市公司财务分析》,中国金融出版社 2001 年版。

3. [美] 斯蒂芬·佩因曼著:《财务报表分析与证券定价》,刘力、陆正飞译,中国财政经济出版社 2002 年版。

4. 斯蒂芬·H. 佩因曼、林小驰、王立彦:《财务报表分析与证券定价》,北京大学出版社 2013 年版。

5. 英国特许公认会计师公会:《财务报表解释》,上海教育出版社 2003 年版。

6. 丁远、埃韦尔·施托洛韦、米歇尔·J. 勒巴:《财务报告与分析——一种国际化视角》,机械工业出版社 2013 年版。

7. 袁天荣:《企业财务分析》,机械工业出版社 2014 年版。

8. 张新民、钱爱民:《企业财务报表分析》,北京大学出版社 2008 年版。

9. 陆正飞:《CEO 财务报告与分析》,北京大学出版社 2009 年版。

10. [美] 利奥波德·伯恩斯坦、约翰·维欧德著:《财务报表分析》,许秉岩、张海燕译,北京大学出版社 2004 年版。

11. 王冬梅:《财务报表分析》,东北财经大学出版社 2013 年版。

12. 张鸣、张艳、程涛:《企业财务预警研究前沿》,中国财政经济出版社 2004 年版。

13. 单喆敏:《上市公司财务报表分析》,上海财经大学出版社 2004 年版。

14. 编写组:《财务会计报告分析实务》,经济科学出版社 2004 年版。

15. 史德刚、傅荣:《财务报告编制与分析》,东北财经大学出版社 2008 年版。

16. [美] 路易斯·洛温斯坦著:《公司财务的理性与非理性》,张蓓译,上海远东出版社 1999 年版。

17. 张新民、王秀丽:《财务报表分析》,高等教育出版社 2016 年版。

18. 中国注册会计师协会:《会计》,中国财政经济出版社 2017 年版。

19. 张嘉兴:《中国上市公司资本结构与融资行为异化及治理研究》,经济科学出版社 2012 年版。

20. 魏明海、谭劲松、林舒:《盈利管理研究》,中国财政经济出版社 2000 年版。

21. 郑德理、沈华珊、张晓顺:《股权结构的理论、实践与创新》,经济科学出版社 2003 年版。

后　记

　　本书是我在多年授课经验与资本市场投资实践中锤炼总结而成的。近30年的会计报表阅读习惯使我懂得：会计报表是会说话的。一个拥有良好发展前途的上市公司是可以通过财务报表的阅读与分析发现的。具有核心竞争力的优质上市公司的资本回报远高于社会平均回报，随着时间的推移，这些好公司的内在价值会持续增长。因此，投资人和优秀的企业一起成长，应该是一件非常快乐的事情。在价值投资者看来，资本市场并不是零和游戏，真正优秀伟大的企业，就长期而言确实是最有价值的资产，这是最根本的投资哲学。投资者赚到的钱是所投资上市公司长期价值增值所带来的。能让我们长远赚钱的，是企业，而不是市场的涨涨跌跌。

　　2017年6月20日，摩根士丹利资本国际公司（MSCI）宣布，将中国A股纳入MSCI新兴市场指数。2019年6月A股正式纳入富时罗素全球指数体系。2019年9月1099只中国A股正式纳入标普新兴市场全球基准指数（S&P Emerging BMI）。从横向看，中国股市的市盈率已经很低；从纵向比，中国股市的市盈率已接近历史最低。可以预见，未来国际资本的不断涌入将会使中国资本市场价值投资的理念进一步发扬光大。通过财务报表的阅读与分析选择优秀上市公司将会是证券投资基本面分析的必备法宝。盲目听消息、炒概念在证券监管机构严监管的背景下会变得越来越少。

　　事实上，2017年以来的中国资本市场白马价值股的慢牛走势恰恰正是价值投资的胜利。随着中国资本市场的国际化以及外资流入加速，中国市场的发展会更加成熟，也会向成熟市场靠拢。国内的机构投资者，例如养老金、社保基金、险资、公募基金、私募基金等，也会加大对于中国股市的配置比例，这些都提高了中国股市资金来源以及规模的扩张，这也会大大支持实体经济的发展。只有那些主业清晰，盈利能力保持高增长，现金流量充裕，不断给投资人带来较高分红的上市公司才是我们未来应该长期持有的宝藏。

　　本书成书过程凝聚了家人与内蒙古财经大学众多同事的鼓励与帮助，在此一并致谢！

　　价值投资，我们一直在路上！

2020年3月2日

于呼和浩特